부산대학교 한국민족문화연구소
로컬리티 자료총서 4

식민지 조선의 이주일본인과 통영
—핫토리 겐지로

핫토리 마사타카 엮음

우정미 옮김, 차철욱 역주 및 해제

국학자료원

* 이 자료총서는 2007년 정부(교육과학기술부)의 재원으로 한국연구재단의
지원을 받아 수행된 연구임(NRF-2007-361-AL0001).

『식민지 조선의 이주일본인』
시리즈를 발간하며

근대 식민지 지배의 유형·무형의 유산은 오늘날에도 여전히 지역사회에 영향을 미치고 있다. 최근 일부 지역에서는 식민지시기의 건축물을 보존하거나 일본인거류지나 청국조계와 같은 역사적 장소를 복원하는 사업이 전개되면서 이를 둘러싸고 상당한 논란이 있었다. 그동안 식민지 잔재 청산이란 명분이 우세했으나, 세월이 흘러 객관적인 역사 성찰이 가능해지면서 식민의 기억도 역사의 일부라는 발언이 설득력을 얻고 있다.

종래 근대 지역사회 연구에서 일제 지배 정책이나 이에 저항하는 각 부문의 운동에 대한 연구는 많이 이루어져 왔다. 그러나 상대적으로, 36년간 조선사회를 지배해 온 이주일본인들이 어떻게 조선으로 건너와 특정 지역에 정착하여 자본을 축적하고, 사회단체를 조직하여 지역사회의 여론을 주도하면서 직간접적으로 식민통치에 기여했는지에 관한 연구는 드물었다.

일본 내각 총리대신 야마가타 아리토모(山縣有朋)는 1890년 11월 제1회 제국의회 연설에서, 오스트리아 헌법학자 로렌츠 폰 슈타인(Lorenz von Stein)의 논리에 의거하여 일본을 주권선(主權線), 조선을 이익선(利益線)이라고 규정하고 일본의 안전 보장을 위해 조선반도에 대한 주의깊은 감시가 필요하다고 하며 조선 침략의 논리를 설파했다. 그는 1894년 청일전쟁 당시 조선군 제1군사령관으로 올린 <조선정책상주>에서 가장 시급한 정책으로 철도 부설과 함께 "조선 주요 지점에 일본인을 이식하는 것"이라고 함으로써, '식민'이 제국주의의 기본 정책수단임을 주지시켰다. 실제로 일본제국주의가 조선을 침략하여 빠른 시간에 지배체제를 구축할 수 있었던 것은 청일전쟁 후부터 증가한 일본인들의 이주와 정착에 의한 '풀뿌리 제국주의' 덕택이었다. 이런 점에서 일본제국주의 연구는 이제 '풀뿌리 제국주의'에 대한 연구로 심화되어야 할 단계라고 본다.

식민지시기 지역사회에서 활동한 이주일본인의 전기 혹은 평전을 번역한 『식민지 조선의 이주일본인』 시리즈는 식민지시기 일본인들이 무슨 사정으로 현해탄을 건너 조선의 특정 지역에 정착했는지, 그리고 거류민단과 현인회(縣人會) 등의 자치단체와 사회기구를 조직하여 어떻게 지역사회를 지배하고 주도해나갔는가 하는 기초적인 물음에 답해줄 수 있는 좋은 자료이다. 이러한 기초자료의 번역은 풀뿌리 식민자와 근대 지역사회에 대한 지식과 인식의 폭을 확장해나가는 데에 큰 도움이 될 것이라고 기대한다.

마지막으로 이 자료의 까다로운 문체를 번역하시느라 수고하신 우정미 선생님과 교열 · 감수작업을 맡아 주신 한국해양대학교 국제해양문제연구소 이수열 교수께 감사드린다. 특히 사진 배치와 교정 작업을 꼼꼼하고 성실하게 도와준 김경미 연구원에게 깊은 감사의 마음을 전한다. 이 책이 독자들과 만날 수 있게 편집과 출판을 맡아주신 국학자료원 관계자에게도 감사드린다.

2016년 8월
부산대학교 한국민족문화연구소
HK로컬리티의인문학 연구단

해제

차철욱(부산대)

식민지 조선의 이주일본인과 통영 – 핫토리 겐지로

1. 통영의 근대화와 일본인 이주

1876년 개항은 조선 수군 통수권자인 통제사가 근무하던 통제영이라는 조선시대의 군사시설을 근대도시로 바꾸어 놓는 계기가 되었다. 물론 통제영 해체는 1895년 7월 15일 고종의 칙령에 따른 것이지만, 이전부터 통제영은 개항 이후 진행되는 경제구조에 편입되고 있었다. 통제영에서 생활하던 인구는 자료에 따라 약 8,208명이라는 설, 15,073명이라는 설 등으로 약간의 차이를 보이기는 하지만 이 정도만으로도 적지않았음을 알 수 있다. 전통적인 군사도시 통제영 공방에서 생산하던 생산물 공급지로서의 기능과 소비에 필요한 각종 생필품들의 소비 시장으로서의 기능이 공존하고 있었다. 통제영 해체직전 고성부사로 근무한 오횡묵은 統營에서 釜山, 仁川을 왕래하는 汽船이나, 統營場을 왕래하는 배가 고성의 쌀을 무역하므로 고성 쌀값에 영향을 미치고 있다는 사실을 목격하였다. 그리고 고성을 거쳐 통영을 왕래하는 일본 상인들로부터 일본에서 수입한 의약품을 선물 받아 기뻐하였다.[1] 그리고 비슷한 시기에 釜山領事館에서도 통영에서 생산되던 갓(笠)과 부채(扇) 등 공산품에 대해서 관심을 가지고 있었다.[2] 이런 몇 가지 사실에서 통제영은 해체되기 전에도 이미 인근 개항장에 출입하던 일본인들의 관심 대상이었다. 1900년 이전까지 통영을 왕래하던 일본인 상인들은 정착하지 않고, 주로 마산이나 부산에 근거지를 두고 陸路를 이용하여 행상을 한다든지 바다를 건너 對馬島에서 오는 상인들도 있었다.[3] 일본인의 이주와 정착은 1900년부터 본격화된 것으로 보인다.

1900	戶數	人口		
		男	女	計
1900	1	1	0	1
1901	2	2	0	2
1902	6	7	2	9
1903	11	16	5	21
1904	25	34	26	60
1905	29	43	31	74
1906	43	78	57	135
1907	77	121	110	258
1908	127	158	208	439
1909	215	358	325	710
1910	335	687	636	1,323
1911	367	725	698	1,423
1912	395	763	732	1,495
1913	408	789	754	1,543
1914	471	806	805	1,611
1915	574	1,137	990	2,127

日本人 移住狀況
資料: 山本精一, 『統營郡案內』, 1915, 93~94쪽.

1) 吳宏默, 『固城叢鎖錄』; 李性雨譯, 『國譯 固城叢鎖錄』, 固城文化院, 2007, 306~382쪽.
2) 「朝鮮國慶尙道巡廻報告」, 『通商彙纂』(明治 28년 5월 15일 재부산항영사관보고).
3) 「韓國鎭海, 固城, 統營及巨濟島情況」, 『通商彙纂』(明治 32년 11월 27일 부산제국영사관보고).

위 표에서처럼 1900년 이후 조금씩 이주해 오기 시작하던 일본인들은 러일전쟁과 한일합방을 기점으로 급증하였다. 일본인 입장에서 정치적 안정이 이주를 시도하게 했던 것으로 보인다. 일본인들이 증가하자 일본인들은 1905년 1월 日本人會를 만들었다가, 갑작스럽게 해산하고, 다음 해 5월 다시 조직하였다.

職業名	日本人	비율
農牧林業	30	2.6
工業	49	4.3
公務及自由業	53	4.7
無職	8	0.7
漁業	540	47.6
商業及交通	408	35.9
其他有業	47	4.1
合計	1,135	

統營郡 일본인 직업호수와 비율
資料: 山本精一, 『統營郡案內』, 1915, 7쪽.

1915년 무렵 통영에 거주하는 일본인들이 종사하는 직업은 대체로 어업과 상업이었다. 어업 종사자가 많고, 농업 종사자가 적다는 점이 타 지역과 구별된다. 수산자원이 풍부한 통영이라는 점, 이주어촌4)의 건설 등에서 어업인구의 증가를 이해할 수 있다. 반면 통영의 지형상 농지가 적다는 점이 일본인들 가운데 농업종사자가 적은 이유 가운데 하나일 것이다. 일제강점기 통영의 농업 지주는 대부분 조선인이었고 일본인은 소수에 불과했다.

---

4) 통영의 대표적인 이주어촌은 岡山村(1910년), 土佐村(1911년), 廣島村(1919년) 등이다 (김수희, 『근대 일본어민의 한국진출과 어업경영』, 경인문화사, 2010, 77~79쪽).

2. 服部源次郎의 통영 정착과 활동

핫토리 겐지로는 1878년 10월 3일 미에현 미에군 미에촌 오아자 고스기 605번지(三重縣三重郡三重村大字小杉 605)에서 출생하였다. 아버지 야스지로는 상업에 종사하면서 겐지로에게 아주 엄격하였다. 어린시절 고등소학교를 중퇴하고 주산을 배워 남다른 재능을 발휘한 것이 후일 그의 인생에서 결정적인 역할을 하였다. 1903년 결혼한 뒤에도 아버지가 경영하는 쌀 장사에 종사하였으나 성격차이를 극복하지 못하고 1905년 처음으로 가출하여 조선 마산에서 점원으로 생활하였다. 첫 가출을 한지 약 1년 후 귀향했다가 다시 고향을 떠나 1908년 통영에 정착하였다. 이후 1928년 10월 8일까지 핫토리는 통영에서 경제가, 공공활동가로서 다양한 활동을 하였다.

핫토리가 1908년 통영에 정착한 후 개인 사업으로 대부업, 미곡상, 토지매입 등에 전념하였다. 일반적으로 개항장 일본인들 가운데 상업자본이나 생활자금으로 돈을 빌려주고 이자 혹은 담보물을 확보하는 방식으로 재산을 늘린 자들이 많았다. 핫토리 또한 대부업으로 자본을 모아 미곡 유통에 손을 댔다. 고향에서 아버지의 가업을 도우면서 축적된 경험을 토대로 하였다. 주로 통영인근의 곡창지대인 고성에서 쌀을 사서 일본으로 보냈다. 쌀 시세와 관련한 정보는 부산에서 쌀 무역을 하던 大池忠助의 도움을 받기도 하였다. 쌀 수출을 하면서 토지의 필요성이 커지자 거제, 고성을 비롯해 멀리 전라도까지 땅을 사러 다니면서 토지사업에도 관심을 가졌다. 통영의 대지주들은 대부분 조선인이었는데, 일본인 가운데서는 드물게 핫토리가 많은 토지를 소유하였다.

핫토리가 근대적 회사를 경영하는 것은 1913년 주식회사 체제로 개편되는 통영해산물주식회사가 처음이었던 것으로 보인다. 원래 해산물동업조합으로 설립되었던 이 회사는 溝口라는 자가 경영하였으나 성적이 좋지 않자 핫토리가 맡아 경영하게 되었다.[5] 이 회사는 통영의 주산품인 멸치 위탁판매를 주로 하면서 통영의 대표적인 회사로 성장하였고, 핫토리를 탁월한 회사 경영자로 만들었다. 다음은 『朝鮮銀行會社要錄』에서 핫토리가 참여한 회사를 정리한 자료이다. 통영에 설립된 회사와 부산에 설립된 회사로 나눌 수 있는데, 대부분 전자이고, 후자의 사례는 조선기선과 일본해산홍업(주) 뿐이다. 대체로 핫토리가 경영에 참여한 회사의 대부분은 통영에 설립된 회사들이다. 통영 경제계에서 핫토리의 위상을 잘 확인할 수 있다.

회사명	자본금	불입금	설립 연월일	대표	핫토리 지위	비고
統營罐詰(주)	15,000	15,000	1920.12.1	服部源次郎	대표	
통영비료(주)	10,000	10,000	1921.2.22	服部源次郎	대표	
통영해산(주)	180,000	180,000	1921.4.1	服部源次郎	대표(556)	
조선제망(주)	300,000	75,000	1922.8.1	陶山美賀藏/ 服部源次郎	이사(690) 대표	1925년 부터
服部商店 (합명)	100,000		1923.5.25	服部源次郎	대표	
통영 금융조합			1920.1.28	服部源次郎	대표	
통영해운(주)	250,000	62,500	1920.4.1.	福島彌市良	이사(220)	
통영제망(주)	25,000	12,500	1913.8.4.	陶山美賀藏	이사(17)	
통영칠공(주)	50,000	25,000	1918.11.1	富田儀作	이사/ 부사장	
통영어로(주)	150,000	45,000	1920.4.25	藤光卯作	이사	
통영토지(주)	25,000	25,000	1922.4.25	山口精	이사	
통영주물(주)	30,000	21,000	1921.11.28	陶山美賀藏	이사(40)	
일본해산홍 업(주)/부산	100,000	40,000	1922.2.4.	武藤欽	대주주 (558)	
통영무진	30,000	30,000	1924.5.5	福島彌市良	이사(500)	
조선기선(주)	1,000,000	500,000	1925.2.10	石垣孝治	이사(350)	

자료: 中村資良편, 『朝鮮銀行會社要錄』, 東亞經濟時報社, 1921, 1925, 1927년판

참고: ( )안은 주식 수

---

5) 「統營港一般」, 『朝鮮時報』1914.11.25. 통영해산물동업조합 설립자에 대해 이 책에서는 핫토리라고 기록하고 있으나, 『朝鮮時報』에는 溝□라는 인물로 표현하고 있다.

한편 핫토리는 통영의 대표적인 경제인이면서 통영의 일본인 사회를 위해 다양한 사회활동도 수행하였다. 통영학교조합의원(1911년~1920년), 1914년 설립된 통영번영회 회장, 통영면협의원(1917년~1920년, 1923년~1928년), 1918년 조직한 통영통상조합장, 이를 기반해 1920년 통영간담회를 발족하여 간사로 활동하였다. 핫토리의 공적인 활동에서 가장 중요한 점은 통영면장이다. 1920년 6월 14일 43세의 나이로 면장에 취임하여 1922년 1월 사임하기까지 통영 발전을 위해 다양한 사업을 추진하였다. 가장 중요한 사업이 상수도 부설사업이다. 통영의 가장 큰 단점이 식수 부족이었다. 핫토리는 조선총독부 예산에 통영 상수도 사업비가 책정될 수 있도록 한 인물이다.[6] 상수도 준공은 핫토리가 면장을 그만둔 뒤인 1923년 6월 24일이지만, 통영의 식수난을 해결하는데 중요한 역할을 하였다. 오늘날까지 통영시민의 휴식공간으로 역할하고 있는 남망산공원 조성을 실현하였다. 통영은 지형상 산이 많고 평지가 적어 도심지는 항상 비좁았다. 핫토리는 시구개정을 위한 기본조사를 실시하여 이후 통영이 근대도시로서 모습을 갖추는데 기반을 다졌다. 그 외에도 오늘날 통영초등학교 전신인 통영공립심상소학교 교사를 증축하고, 통영항을 준설하여 대형 선박의 입출항을 가능하게 하였다.

면장 사임 이후 핫토리는 1924년 부산의 大池忠助, 香椎源太郎, 文尙宇, 울산의 中部幾次郎 등과 함께 경상남도 평의원으로 활동하면서, 폭넓은 인맥을 만들 수 있었다.[7] 핫토리가 경상남도 평의원으로 활동하면서, 그는 통영항의 숙원사업이던 太閤堀 運河건설을 위한 기성동맹회를 조직하고, 경상남도지사는 물론 조선총독부를 방문하여 백방으로 노력하였다.

---

6) 「通水式의 統營上水道-統營面長」, 『朝鮮時報』 1923.6.24.
7) 「新任 各道 評議院」, 『매일신보』 1924.4.6

핫토리는 글쓰기에도 재능을 보여 다수의 저서를 출판하였다. 1925년 3월 2일 출발하여 중국 전역을 돌아다니면서 여행하고 6월 14일 돌아올 때까지 88회에 걸쳐『釜山日報』에 연재한 내용을 책으로 출판한『一商人の支那の旅』(부산일보사, 1925년), 주산 보급에 노력한 핫토리의 강의법을 소개한『珠算十二講』(國際書房, 1927년)의 출판이 대표적이다.

3. 統營研究와『服部源次郎傳』의 사료적 가치

회고록이나 전기문, 생활일기 등과 같은 개인의 자료가 역사연구의 사료로 활용된 것은 그리 오래되지 않았다. 이들 자료는 개인의 생애를 미화할 목적으로 간행된 것이기 때문에 객관성을 요구하는 역사연구에서 배제되어 왔다. 최근 역사적 상황에서 개인의 경험에 대한 중요성이 강조되면서 이들 자료를 재평가하려는 움직임이 있다.『服部源次郎傳』은 1934년 간행된 것이기는 하지만, 핫토리가 통영에 정착한 1908년부터 사망한 1928년까지의 통영 역사를 연구하는데 중요한 자료이다. 저자인 동생 핫토리 마사타카(服部正喬)의 언급에 의하면 이 자료를 편찬하기 위해 핫토리가 평소에 수집한 신문 스크랩 2권, 핫토리의 개인 일기를 비롯하여 그가 집필한 책을 참고하였다고 한다.

이 자료를 통해 통영 연구에서 중요한 자료로 기여할 수 있는 몇 가지를 언급해 보면 다음과 같다. 우선 개항 후 조선으로 이주해 온 일본인들의 정착과정에 대한 구체적인 모습을 살펴 볼 수 있다는 점이다. 즉 주로 경제활동에서 재산을 모았던 일본인들의 재산 축적 과정을 엿볼 수 있다. 핫토리의 경우, 적은 자본으로 대부업을 시작하고, 이를 기반으로 쌀장사, 땅 투기 등으로 성장의 발판을 구축했던 것을 확인할 수 있다. 그 과정에서 발견할 수 있는 핫토리의 경영관, 종업원 관리, 조선인과의 관

계 등은 핫토리만이 아니라 통영에 정착했던 일본인들의 생활을 이해할
수 있는 부분이다.

　그리고 관심을 가질 수 있는 부분은 일본인들이 통영이라는 조선의 한
어촌을 어떻게 이해하고 있었느냐이다. 핫토리는 자기의 고향인 미에현
고스기와 끊임없이 왕래하고 있다. 통영에서 수출하는 쌀을 이곳으로 보
내기도 하고, 자주 고향을 방문하여 기부를 하는 등의 모습에서 핫토리
는 지방과 지방을 왕래하면서 살아온 사람이다. 하지만, 통영에서의 그
의 업적, 즉 다양한 회사경영, 사회활동, 면장 역임 등에서 보여지는 다양
한 활동은 그를 '통영의 왕' '성공자' '호상' 등 다양한 닉네임의 소유자가
되도록 하였다. 그가 사망한 후 그의 유해 일부는 통영으로 돌아왔다. 전
근대 군사도시였던 통영을 근대도시로 만들고, 그곳이 자신의 삶터라는
생각을 잊지 않았던 것으로 보인다. 핫토리의 생각은 통영에 살고있는
일본인에게만 머물지 않고, 통영이라는 공간을 단위로 함께 살아가는 구
성원들에 관심이 많았다. 조선으로 이주한 이후 조선어 공부에 열심이었
고, 면장 취임 때는 일본인들이 감탄할 정도로 조선어로 연설하였다고
한다. 핫토리가 통영의 조선인과 일본인의 융화를 시도한 대표적인 업적
은 주산보급운동이다. 주산보급운동은 1915년부터 시작된 것으로 기록
되고 있는데, 성적 우수자를 선발하여 일본으로 유학을 보내기도 하였
다.[8] 그의 주산지도를 받은 자 가운데는 일본인뿐만 아니라 조선인도 다
수 포함되었다. 이처럼 핫토리는 조선인과 공존을 역설하였다. 그렇지
만 그의 주장 이면에는 항상 일본의 보호를 전제로 하고 있었다는 점에
서 일본의 식민지배 논리가 깔려 있었다.

　또 다른 주목할 내용은 핫토리의 개인적인 네트워크이다. 추도문을

---

8) 핫토리의 주산지도는 전조선에서도 유명하여, '조선 주산계의 名人', '전선 주산계에
　일류'라는 별명이 붙었다(『매일신보』 1925.7.17; 11.23).

쓴 인물을 보면 핫토리의 형제와 조카, 핫토리가 집필한 저서의 출판사 관계자, 일본 고향의 친구, 부산의 일본인, 통영에서 경제 혹은 사회활동을 통해 친분을 쌓은 일본인, 핫토리로부터 경영수업을 받은 점원 등이다. 핫토리 인맥의 공간적 위치 또한 통영, 부산, 고향 미에현, 일본 동경 등으로 연결되어 있다. 이러한 네트워크는 그에게 통영에서의 사회적 지위를 부여하고, 경제활동에 중요한 정보를 제공하기도 하고, 문화적인 욕구를 충족시켜주기도 하고, 고향의 그리움을 달래주는 중요한 요소가 되었다. 근대도시 통영에서 핫토리의 개인적 네트워크를 분석하는 작업은 식민자의 지배방식을 이해하는 중요한 전제가 될 것이다.

결혼 20주년 기념(1923년)

공동사업 초기(1918년)

개인영업 융성시기(1919년)

통영 면장 시기(1920년)

유럽 여행 출발 전(1928년)

유럽 여행 중(1928년, 암스테르담에서)

통영 저택(현관)

통영 저택(측면)

통영 점포

통영 정미소

통영 묘비

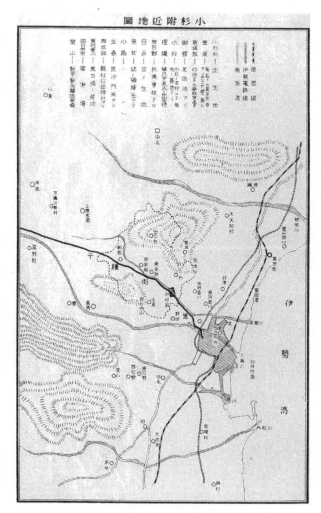

고스기(小杉) 부근 지도

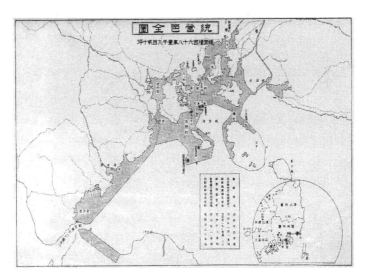

통영읍전도

凡例

○ 형의 사후, 통영에 있는 형의 친구, 점원 등이 중심이 되어 전기 편집 계획을 세웠지만 일은 지지부진하여 진척되지 않았다. 그 후 시미즈 다메토모(淸水爲朝) 씨가 통영에 가서 자료를 수집하여 일단 정리를 하셨다. 고향 고스기(小杉)에서 둘째 형 겐이치로(源市郞)로부터 그 원고를 건네받고, 이 자료를 가지고 개정간행을 위탁받은 것은 1929년 9월 하순이었다. 이후 새로운 자료가 모아졌고, 여러 번 원고를 고쳐 겨우 체제를 정돈하고, 기고문도 준비한 것이 1931년 봄이었다. 그런데 셋째 형인 하루카즈의 갑작스런 죽음으로 형의 유업 정리 및 국제서방(國際書房)의 사업 계승 때문에 제 생활은 정신없이 바빠져, 원고 교정을 뒤돌아볼 여유가 없었다. 그 후 형이나 누나들의 재촉을 받으면서도 쉽게 탈고가 되지 않았는데 느린 말에게 채찍을 가하면서 교정에 교정을 더하여 이번 7주기를 계기로, 형의 영전에 이 전기를 바치게 되어 동생으로서 정말로 다시없는 영광으로 생각한다.

○ 본서는 시미즈 다메토모 씨의 원고를 기본으로 하고 있으나, 가장 많이 이용한 자료는 돌아가신 형의 신문 스크랩 2권이다. 책으로는 간베 마사오(神戶正雄) 박사의 『조선농업이민론』, 통영읍에서 발행한 『통영안내』(1932년 11월 발행), 형의 저서인 『한 상인의 중국 여행』, 『주산 12강』, 『주산 보급운동의 외침』과 그의 수기(手記)인 「러시아 · 중국 수산

무역 조사복명서」, 「지도사건기록」(紙島事件記錄), 통영해산주식회사에서 발행한 「해삼 안내」(海参の栞), 이시바시 박사의 『미에 현 지리』(三重縣地理), 오사카매일신문사(大阪毎日新聞社) 경제부 편집의 「경제풍토기 긴키 전편」(經濟風土記近畿前編) 등을 이용했다. 또 미즈타니 나오지로(水谷直次郎) 씨, 미즈타니 마츠지로(水谷松治郎) 씨, 나가토미 요이치(永富陽一) 씨, 데라니시 요시하루(寺西義治) 씨, 오가타 히데오(緒方秀夫) 씨, 그 외 여러분들로부터 자료를 지원받았다. 특히 두 분의 미즈타니 씨는 귀중한 자료를 제공해 주셨다. 여러분들의 도움을 돌아가신 형은 진심으로 기뻐할 것이다.

ㅇ 본서 편집에 있어, 저는 친애하는 친구 오카다(岡田) 로부터 사상적 영향을 많이 받았다. 또 절친한 이노우에 다카오키(井上貴興記) 군은 일찍이 도쿄 『아사히신문』(東京朝日新聞) 기자였는데 문장의 이면(裏面)을 이해하는 탁월한 능력으로 자료의 취사선택 및 문장 교정을 위해 수고해 주었다. 두 친구에 대해서 깊은 감사를 전한다. 도쿄아사히(東京旭) 인쇄주식회사의 경영자 나카무라 모리오(中村守雄) 군은 일찍이 형의 『주산 12강』 출판을 해 주었고, 또 형과 의기투합하는 친구였다. 이렇게 존경하고 믿음직한 세 친구의 도움을 받아 본서를 완성한 것은 돌아가신 형이 가장 기뻐할 것이라 생각한다. 장정(裝幀)은 도쿄아사히신문사 판매부 차장인 다바타 다다하루(田畑忠治) 씨가 애써 주셨다. 중앙에 날개 모양의 실인(實印)을 배치한 이 디자인을 보고 형은 크게 기뻐할 것이다. 사상적 여명을 상징하기 위해 특히 이러한 색채를 사용했다.

ㅇ 본서 후반부는 돌아가신 형의 지인들로부터 받은 기고문이다. 그것들은 형에 대한 지극한 애정의 발로라는 점에 편집을 맡고 있는 사람으로서 감격하지 않을 수 없었다. 진심으로 감사드린다. 또 편집 사정상 개찬한 곳도 있으니 깊은 양해를 바란다.

○ 히노 백일주산(日野百日算) 연습반 사진은 동문인 사카시타 하츠지로(坂下初治郎) 씨로부터 빌린 것으로 최고의 기념 자료이다. 진심으로 감사를 전한다.

○ 제 편지 복사본을 보면, 고향의 형과 누나에게 전기 편집 허락을 통지한 것이 1929년 9월 27일의 일이었다. 그리고 마지막으로 교정 펜을 놓은 것이 1934년 12월 12일이다. 실로 5년 2개월 반이란 세월이 흘렀다. 그 사이 겐이치로 둘째 형과 다이코(たい子) 누나로부터 많은 격려와 재촉을 받았다. 본서를 보시고 가장 홀가분한 기분을 느낄 사람은 저를 제외하면 아마도 둘째 형과 큰 누나일 것이다. 감히 부언한다.

1934년 12월 12일
핫토리 마사타카(服部正喬)

| 목차 |

연보

1878년 10월 3일 미에 현 미에 군 미에 촌 오아자 고스기 605번지(三重県三重郡三重村大字小杉 605)에서 출생. 부 핫토리 야스지로(服部泰次郎). 모 치에코(ちゑ子). 가계는 반농반상(半農半商).

1884년(7세) 사카베(坂部) 소학교에 입학하다.

1888년(11세) 욧카이치(四日市) 고등소학교에 진학하다.

1892년(15세) 츠(津) 중학교에 입학. 1학년 때 낙제하여 그 다음해에 급제했지만 성적이 좋지 않아 아버지의 노염을 사서 중도 퇴학하다.

1894년(17세) 이후 집에서 가업을 돕다. 다루자카야마(垂坂山) 관음사의 주지 요시다 쇼타츠(吉田性達)에게 진언밀교(眞言密教)의 법을 익히다.

1897년(20세, 만19세) 1월부터 미에 군 히가시히노 교코학사(東日野共興学舎)에서 초대 교장 이노우에 치카스케(井上親亮) 씨로부터 주산을 배우다(백일 주산수업). 이때 맹연습한 결과 1등을 하다. 8월 동 학사 조교 부임을 권유받고 백일 동안 일하다.

그 후 히노에서 돌아온 뒤 다시 가업에 종사하다. 스기모토(杉本) 씨로부터 성학(星學)을 배우고 소익성(小翼星)을 찬양하다. 훗날 이것을 인감에 새기다.

1903년 3월(26세) 미즈타니(水谷) 씨의 딸 히사코(18세)와 결혼하다.

1905년 2월(28세) 혼자서 조선 마산으로 가다. 나중에 부인도 도항했고, 약 1년 후에 함께 귀향하다.

1908년 2월(31세) 부인(23세)과 이혼. 3월 다시 조선으로 도항. 경상남도 통영(統營)에 거처를 정함. 다음 달 부인도 도항. 요시노초(吉野町)에 일가를 이루고, 금융업을 개시하다. 고향과는 소식 단절하다.

1910년 3월(33세) 미곡상을 개시하고 외국쌀 수입을 하다. 가업은 눈부시게 발전하여 다음해 12월 점포를 신축하다.

1911년 7월(34세) 통영학교조합의원(임기 3년)에 당선되다. 공직에 처음으로 취임하다(1917년 7월 재선되다).

12월 통영해산물동업조합을 설립하고 조합장으로 추대되다. 최초의 공동사업이다.

1912년(35세) 이때부터 토지투자를 시작하다.

1913년(36세) 해산물조합을 확대하여, 통영해산물주식회사를 설립, 사장에 취임하다.

1914년(37세) 유지들과 함께 통영번영회를 조직하여 회장이 되다.

1915년(38세) 부친 환갑을 계기로 부모 허락을 얻어 부부가 함께 귀향하다. 부인 복연(復緣).

4월 1일부터 30일간 통영에서 주산 야학강습회를 개최하고, 주산강습회에 처음으로 관여하다.

여름, 가와치 가즈무네(河內一宗) 씨의 인도로 기독교 신앙에 입문하다. 가을, 부인과 함께 목사 다카야먀 고지로(貴山幸次郎) 씨로부터 세례를 받다.

8월, 지도(紙島) 사건이 일어나고, 소송 기간 5년이 걸리다.

1916년(39세) 막내 동생 히사오(久榮, 16세)를 양자로, 구루베 고레무네(訓覇是宗) 씨의 장녀 스마코(ス▽子, 3세)를 양녀로 삼다.

6월, 늑막염과 복막염을 앓고 있던 부인을 우지야마다(宇治山田)에서 요양하게 하다.

1918년 2월 9일(41세) 통영 통상조합을 조직하고, 조합장으로서 세관 검사파출소 설치 운동에 진력하다.

여름, 이구치 목사와 알게 되어 기독교의 신앙이 더욱 깊어지다.

8월, 부인 늑막염이 재발하여 규슈제대병원(九州帝大病院)에 입원, 부인 간호를 하다. 다음해 1919년 4월 퇴원, 11월, 부인 완쾌 감사 야유회를 개최하다.

11월 1일, 통영칠기공주식회사를 설립하다(부사장).

1919년(42세) 정미공장을 신설하다. 이때부터 해산물상을 크게 운영하고, 점포 및 저택을 증축하다.

1920년 2월 29일(43세) 부친 67세로 고스기에서 사망. 일주기를 기념하여 『핫토리 야스지로 옹』을 간행하다. 일가 모두 데리고 잠시 고스기로 돌아오다.

4월 1일, 통영해운주식회사를 설립하다(이사).

4월 8일, 양자 히사오 요절하다. 『추억집』을 간행하다.

5월 1일, 동생 핫토리 겐이치로(服部源市郎)의 장남 마스야(益也, 7세)를 양서자로 하다.

6월 14일, 통영 면장에 취임. 상수도 부설, 항만 준설, 학교 증축, 공원 설치 등 면정에 매진하다.

12월 5일부터 통영 주산야학 60일 강습회를 개최하다. 이후 강사가 되다.

통영통조림주식회사를 설립하다(사장).

1921년 3월(44세) 통영실업동지회를 조직하고 위원장으로서 통영우체국 승격 운동에 진력하다.

4월 1일 해산물 회사와 중요 물산회사를 합병하여 통영해산주식회사를 설립, 사장이 되다.

1922년 1월(45세) 갑자기 면장을 그만두다. 재임 1년 8개월.

4월 25일, 통영토지주식회사를 설립하다(이사).

신탁회사를 설립, 조합장이 되다.

10월, 통영군 수산품평회 개최에 즈음하여 협찬회장이 되다.

1923년 6월(46세) 핫토리상점을 합자회사로 하다.

통영항만 기성회장이 되어 다이코보리(太合堀)운하 준설 운동을 일으키다.

1924년 3월 15일(47세) 통영금융조합장에 취임하다.

3월 23일, 조선제망주식회사 사장이 되어, 회사를 정리 갱생시키다.

4월 1일, 경상남도 평의원(임기 3년)에 관선되다.

5월 5일, 신탁회사 조직을 변경하여 통영무진주식회사를 설립하다(이사).

11월 30일, 부인 히사코가 39세로 사망하다. 다음해 이구치 목사에게 부탁하여 『히사코 부인』을 간행하다.

1925년 1월 10일(48세) 모친 치에코 사망하다. 향년 70세.

3월 2일부터 6월 5일까지 조선총독부의 촉탁으로 러시아, 중국의 수산무역조사에 종사하다.

그해 말 『한 상인의 중국 여행』이라는 저서를 발표하고, 여러 군데에서 강연하다.

12월 16일, 목사 이구치 야스오 씨 사망하다.

조선기선주식회사를 설립하고 이에 관여하다(이사).

1926년(49세) 백미와 현미를 일본으로 송출하다.

6월 10일, 고 이왕(李王) 전하의 국장에 도평의원으로서 참석하다.

6월, 조선주산보급회를 설립, 회장이 되고, 8월 하기특별강습회(이후 매년)를 열다. 여름 내내 전 조선에 주산 순회 강연을 하다.

11월, 재혼, 이렇다 할 이유 없이 파혼하다.

1927년(50세) 여름 경상남도 촉탁으로 순회 강연을 하다. 가을에 상경하여 『주산 12강』을 국제서방(國際書房)에서 간행. 각지에서 강연하다.

1928년 6월(51세) 오사카매일신문사 주최 유럽관광단에 참가하여 6월 25일 오사카를 출발하다.

귀국 길에 시로야마마루(白山丸) 선상, 콜롬보 앞바다에서 장티푸스에 걸려 9월 19일 상하이에 상륙, 복민병원(福民病院)에서 입원하다.

1928년 10월 8일 사망하다. 향년 51세.

계보

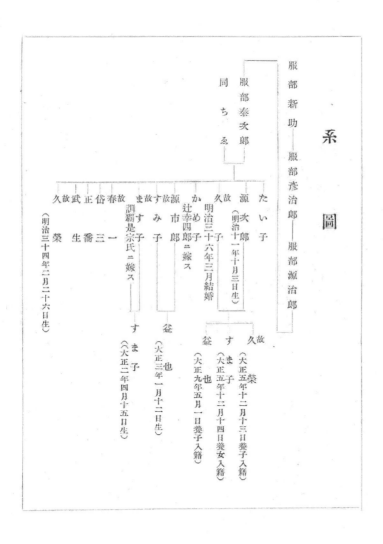

系　圖

服部新助 ── 服部彦治郎 ── 服部源治郎

服部泰次郎

同　ちゑ

たい子

源次郎（明治十一年十月三日生）故

　明治三十六年三月結婚

久榮　故（大正五年十二月十三日養子入籍）

すま子（大正五年十二月十四日養女入籍）

益也（大正九年五月一日養子入籍）

かめ子　辻幸四郎ニ嫁ス

源市郎　故

　益也（大正三年一月十二日生）

すみ子　故

まき子

　すま子（大正二年四月十五日生）

春喬　故　訓覇是宗氏ニ嫁ス

岱三

正一

武生

久榮　故（明治三十四年二月二十六日生）

서언

　대개 인간의 성장은 뱀과 매미가 허물을 벗는 것과 같은 일일 것이다. 단순한 지식과 견문의 확대, 사회적 지위 향상, 재산 증대와 같은 외견상의 것은 결코 진정한 향상이 아니다. 진정한 의미의 향상이란 인간의 내면적인 성장, 즉 좁은 천지에서 두려워서 몸을 사리기보다 크고 자유로운 천지를 찾아내는 것이다. 육체와 마찬가지로 사람의 정신도 항상 신진대사를 필요로 한다. 만약 그것이 없다면 바로 경직되어 무거운 정신상의 껍질을 만들기에 이른다. 그리고 뱀과 매미의 허물벗기와 같이 인간이 정신상의 허물을 벗고 비약을 이룰 때 이것을 깨달음, 혹은 해탈이라고 하며, 또는 갱생이라고 한다. 이 껍질을 깨려고 하는 결심을 분발이라 한다.

　그러나 인간은 일반적으로 안이하기 쉽고, 또 과거에 대하여 강렬한 집착을 가진 까닭에 분발은 극히 힘든 일이다. 특히 자기 운명을 바꾸려는 것과 같은 대분발은 실로 어려운 일에 속한다. 분발이 어렵기 때문에 분발의 동기 여하가 자연스럽게 중대한 문제가 된다. 사람이 분발할 기회를 얻게 될 때는 대개 실패를 하거나 또는 불행을 만나 절체절명의 궁지에 빠진 때이다. 대부분의 사람은 이때 비관절망의 늪에 빠지지만 만약 한 번 죽은 목숨이라 생각하고, 마음을 바르게 하고, 최선의 노력을 다한다면 결국에는 혈관의 혈로가 열리고, 인생의 광명을 볼 수가 있다. 그리고 분발하는 것이 많고 큰 만큼 − 따라서 난국을 타개하고, 해탈하고 갱생하는 일이 많고 큰 만큼 − 사람은 점점 향상되고 개성은 한층 더 빛이 난다. 생각건대 인생고가 많다 하더라도 정신적 질곡으로 말미암아 자신의 진정한 향상을 저해하는 것만큼 큰 괴로움은 없다. 또한 인생의 기쁨이 많다 하더라도 스스로 정신적 질곡의 껍질을 깨고 진정한 향상 발전을 맛보는 만큼 큰 기쁨은 없을 것이다. 예로부터 우리나라 사람은 옛것을 존중하는 마음에서겠지만 여차하면 고정적이고 형식적인 인물을 모범으로 삼아 받들고, 그 결과 인물은 하나의 유형이 되어 개성의 발전 향상을 경시하는 경향이 있었다. 그러나 유형적 인물이 아무리 큰 인물이라 하더라도 단순히 모방하는 데 그친다면, 내면적 향상은 있을 수 없다. 우리들이 모범으로서 삼아야 할 인물은 이러한 유형적 인물이 아니라 자기 내면의 절규에 따라 고정관념에 구속되지 않고, 구태(舊態)의 형태를 타파하고, 당당히 노력 향상하여 멈추지 않는 유동적(流動的)이고 입체적(立體的)인 인물일 것이다.

나는 형을 존경하고 스승으로 삼아야 할 인물로 하려는 것은 결코 아니다. 그러나 파란만장한 겐지로 형의 성장 과정, 인물됨, 분발 노력하는 생애는 후진으로서 배워야 할 점이 많다고 믿는다.

형이 절체절명의 상황에 있었던 적은 한두 번이 아니다. 그의 일생은 올바른 분발의 연속이라고 해야 할 것이다. 형은 항상 분발하였고, 항상 자기의 껍질을 깨려 했고, 그리고 새로운 천지를 개척했다.『대학』(大學)에 "날로 날로 새로워진다"라는 말이 있는데 형은 말 그대로 그러했고 잠시도 같은 자리에서 머무는 일 없이 많은 형제들 중에서 가장 적게 교육을 받았음에도 불구하고 형은 최고의 교육을 받은 사람 못지않게 정신적 향상을 이루었다.

내가 아는 바로는 형에게는 그의 일생을 통하여 대분발이라고 해야 할 것이 전후 4번 있었다고 생각된다. 첫 번째는 주산(珠算)수행, 두 번째는 조선 도항(朝鮮渡航), 세 번째는 크리스트교 입신(入信), 그리고 네 번째는 형수의 죽음이다. 그리고 서구 여행 귀국길에 객사할 즈음에 남긴 "그저 감사할 뿐이다"라는 한 구(句)는 형의 50년 인생에 대한 결론이기도 했다. 분발과 감사, 이것이야 말로 앞으로 본서에서 전달하려고 하는 형의 생애 그 자체이다.

그리고 첫 번째와 두 번째는 고향 고스기에서 아버지를 상대로 한 분발이었고, 세 번째와 네 번째는 조선 통영(統營)에서 히사코 형수(久子)를 대상으로 한 분발이었다. 내가 본서에서 아버지와 형수, 특히 아버지에 관해 상세하게 언급하는 것도 바로 그런 이유에서이다.

◆

제1편

고향 · 생가 · 아버지

제1장 고스기

생가는 이세(伊勢) 욧카이치 항(四日市港) 서북쪽으로 약 1리 떨어진 곳 고스기에 속하는 흔히 고스기마에(小杉前)라고 하는 20호 정도의 작은 촌락 — 정확하게 말하면 미에 현 미에 군 미에 촌 오아자 고스기(三重縣三重郡三重村大字小杉) 605번지이다. 지금부터 57년 전 10월 3일, 형은 우렁찬 울음소리와 함께 이곳에서 태어났다. 이 부락은 카이조 천(海藏川)이라는 작은 하천과 제방을 그대로 이용한 치쿠사 가도(千草街道)를 따라 생긴 아담한 마을이다. 먼저 나는 형이 태어나고 자란 고향에 대해서 설명하고 싶다.

이세를 지리적으로 고찰하면 스즈카 산맥(鈴鹿山脈)과 이세 평야, 그리고 이세 만(伊勢灣)이 일체를 이루고 있다. 학자들에 의하면 이 평야는 스즈카 산맥의 연봉들이 비를 맞고, 바람에 깎이여, 녹아 흘러내려 생긴 삼각주이고, 그 한쪽 끝에 밀려왔다 밀려가는 것이 이세 만의 바닷물이다. 이 삼각주는 산악지대에서 해안까지 폭 4~5리, 남쪽 시마(志摩)의 산들로부터, 북쪽 기소(木曾) 강에 이르기까지 길이 약 30리, 구불구불 해안선을 따라 생긴 대상(帶狀)이 아름다운 평원이다. 그리고 스즈카 산맥, 이세 평야, 이세 만은 이세를 산림, 농산, 수산물이 풍부한 지역으로 만들었다.

고스기마에

이세 평야는 충적토로서 땅이 비옥할 뿐만 아니라, 평야 전체가 산에서 바다로 완만하게 경사져 있기 때문에, 평야를 관통해서 흐르는 12~13개의 하천은 대체로 평행하여 평야에 과부족 없이 물을 공급하고 있다. 그 위에 기후는 지극히 온난하고, 큰 폭풍이나 홍수와 같은 재해를 당하는 일이 없어 농업지역으로서 100%의 조건을 갖추고 있다. 농산물 중에서 수위를 점하는 것은 명실상부한 이세 쌀이다. 이세 북쪽 특히 미에군(三重郡)이라 하면 특히 쌀농사가 성한 지역이다. 이세의 마을들은 이 평야 중에서 특히 바다 가까이에 점점이 흩어져 있는데, 그것들을 연결하여 마치 이세 전체의 산물을 흡수하여 운반해 가는 듯한 철도가 부설되어 있다. 철도 외에 연안의 항구에서 이세 쌀과 그 외의 풍부한 산물이 현(縣) 밖으로 반출되고 있다. 그 중에 알려진 항구가 욧카이치 항이다.

원래 스즈카 산맥에는 화강암이 많아서 이세 평야도 화강암 모래가 많고, 또한 잘게 부서진 돌도 많다. 따라서 평야에서 받는 인상은 '하얗다'와 '딱딱하다' 이다. 사방 산들을 바라보면 수목이 없는 곳은 눈이 부실

정도로 하얗다, 구릉을 보아도, 도로를 보아도, 자갈을 보아도, 강 아래를 보아도 모두 하얗다. 또 수목은 소나무가 많아서 이세의 해변은 문자 그대로 백사청송(白砂青松)이다. 공기는 투명하고, 하늘은 선명하여 모든 것이 깨끗하고 맑다. 또 곳곳에 쌓임진 하천의 제방 위에는 인가와 대숲, 수목(대부분 소나무)이 있기 때문에 전망이 가려져 가까운 곳이라도 잘 보이지 않는다. 하얀 땅, 견고한 화강암, 푸른 소나무, 좁은 시야, 이것은 평야가 사람들에게 주는 끊임없는 감화가 아니겠는가? 그리고 평야 안에서는 기와지붕과 노는 땅 없이 모두 재배되고 있는 경지가 안정된 조화를 드러내고 있다. 강과 제방으로 보기 좋게 구획되어 넓게 펼쳐진 풍요로운 농촌 풍경! 이것이 이세 평야이다.

이 평야와 가장 아름다운 대비를 이루고 있는 것은 사방에 연립(連立)해 있는 샤카가다케(釈迦ヶ岳), 고마가다케(駒ヶ岳), 고자이쇼다케(御在所岳) 등이 있는 스즈카 산맥이다. 이들 산들로부터 조금 떨어져 있는 한층 높은 봉우리가 이부키 산(伊吹山)이다(그 쪽에서 불어오는 겨울바람을 이부키 바람이라고 한다). 스즈카 산맥의 봉우리들은 그 색채, 모습, 경사(傾斜), 웅장하게 솟아 있는 위용 등 넘칠 만큼의 우미(優美)함과 자애(慈愛)를 나타내고 있다. 흡사 이세 평야의 수호신인 것처럼. 고스기마에에서 정서(正西) 쪽에 보이는 이러한 산들을 마을 사람들은 한마디로 서쪽 산이라 총칭하고, 일기예보 대신으로 삼고 있는 것은 어디에나 있는 대로이다.

우뚝 솟은 자주색의 산들과 엎드린 초록의 기름진 평야. 아! 이 얼마나 대단한 자연의 조화인가. 이세 민요 중에

  '彌長久 世怡彌成 安樂樂 是者伊勢 善所伊勢'

  (하타 가몬(畑嘉聞) 씨의 설명에 의하면 지금부터 2,000여 년 전에 스

이닌(垂仁)천황의 황녀 야마토히메노미코토(倭姫命)가 아마테라스 오오미카미(天照皇大神)의 어체(御體)를 모시고, 궁지(宮地)선정을 하기 위해 여러 지방을 편력하였는데 이스즈(五十鈴) 강가에 도착했을 때 기뻐하시며 "여기는 이세, 좋은 곳 이세, 아~ 이로써 안심했네. 세상의 오랜 바램이 이루어 졌네"라고 했다. 이세 민요의 반주는 이 감탄사로부터 나온 것이라 했다.)

여기서 말하는 이세는 이스즈가와(五十鈴川)의 강변을 가르키는데, 이세 북쪽인 미에(三重) 마을도 바로 선소이세(善所伊勢)이다. 참으로 이세 전체가 좋은 땅이었다. 이 땅에서 태어나고, 사랑받고, 감화되면서 성장해 가는 근면한 평야의 사람들이여! 산들이여! 들이여! 그들을 보호하라. 평화와 행복을 그들에게 주라! 마음이 올바르고 재능 뛰어난 사람들에게, 또 넉넉한 마음과 큰 포부를 가진 인물들에게, 그들을 화육(化育)시켜라! 선소이세(善所伊勢). 세이미성(世怡彌成)은 영원히 이세 인들과 함께해야 한다.

고스기마에를 중심으로 하여 생각해 보면, 이 평야와 서쪽 산 다음에 있는 것이 치쿠사 가도이다. 욧카이치 시(四日市市)의 가도에서 시모무라(下村)를 거쳐 치쿠사(千種) 촌으로 통하는 이 가도는 상당히 넓은 도로이다. 천 수백 년(?) 이래 몇 백만 명일지도 모르는 사람들의 발들이 화강암의 자갈을 깨고, 밟아 단단하게 만든 탄탄한 대로가 평야 한 가운데에 주변보다 한층 높게 동서로 가로지르고 있는 모습은 장관이다. 특히 고스기마에, 더우기 히라마츠(平松)에서 욧카이치에 이르는 사이는 폭이 넓고, 또한 주변의 밭보다 2칸 정도 높다. 산을 뒤에 두고 그 위에 서서 상업항구 욧카이치의 하늘을 바라볼 때, 사람들의 마음은 저절로 고양되고 비약했을 것이다. 하물며 어린 나이에 뜻을 품은 자에게 전도(前

途)는 탄탄한 대로와 함께 이어지고, 원기왕성하고 힘찬 기상을 금하기 어려웠을 것이다.

그러나 어린 시절에 가장 흥미를 끄는 것은 뭐니 뭐니 해도 마을 뒤쪽에 흐르는 가이조 천 — 아이들이 큰 강이라고 부르는 강이다. 이 강은 물이 깨끗하고 모래가 새하얗고, 어떠한 가뭄에도 항상 물이 많아 부근 논에 물을 대고 있었다. 아이들로서는 이 이상 없는 놀이터였다. 형의 어린 시절은 특히 그러했다. 붕어, 뱀장어, 모로코,[1] 잉어, 메기도 있었다. 개구쟁이 사내아이에게 여름의 작은 강가, 이 강이야 말로 형이 백일하에 알몸이 되어 대자연의 세례를 받은 성지였다. 물고기를 잡고, 물놀이 끝에 다 젖은 옷으로 돌아와서는 어머니를 곤란하게 한 적이 한두 번이 아니었다. 훗날 형이 혈혈단신 이역 하늘 아래에서 사업에 몰두하며 오랫동안 고향에 돌아오지 않았을 때, 나는 이 강가에서 놀던 천진난만한 형의 모습을 상상하곤 했다. 이 강에 있는 다리는 고스기로 연결된다. 이렇게 보면 고스기마에는 극히 좁은 땅이지만 강이 있고, 도로가 있어 교통의 요충지였다. 그리고 이 강과 도로는 물의 흐름에 의하여, 또 인마우차(人馬牛車)에 의하여, 말없이 아이들에게 유동(流動)이라는 관념을 심어주었다.

가이조 강을 건너 북쪽으로 몇 리 떨어진 곳에 다루사카 산(垂坂山)이 있다. 육군이 자주 훈련하는 곳으로 알려져 있는 이 산은 완만한 호(弧)를 그리고 있고, 복스럽고 보기 좋은 산세이다. 조용히 바라보고 있으면 마음이 편해지는 기분이 든다. 그도 그럴 것이 산에는 자혜(慈惠)대사[2]가 창립한 다루사카 산 관음사(観音寺)[3]가 있다. 자혜대사는 정월 3일에

---

1) 잉어과 담수어의 일종.
2) 일본 천태종 중흥의 祖. 헤이안시대 천태종의 승려. 시호는 자혜대사이고, 일반적으로 원삼대사(元三大師)라고 한다.
3) 928년 자혜대사가 朝明郡의 영주였던 후나키 료켄(船木良見)의 지원으로 건립하였다.

입적했기 때문에 이 지방에서는 원삼(元三)대사라는 별칭이 있다. 형은 청년시절에 자주 이곳을 찾아가 운명개척의 비법을 얻으려고 했다. 당시는 정월 3일을 길일이라 하여, 대사당(大師堂)의 영험을 바라고 모여든 주변의 선남선녀로 인산인해를 이루었다.

소학교에서 자주 놀러가던 곳이 이쿠바(生桑)의 비사몬(毘沙門) 산이다. 산놀이, 버섯채집, 매미잡기, 강놀이 등에 다루사카 산, 비사몬 산, 가이조 강은 소년시절 형의 쾌적하고 둘도 없는 활동 무대였다. 이 외에 고스기에는 우지가미사마(氏神様)라는 절이 있다.

참고로 미에 촌의 유적 중에 제일인 것이 미타치(御館)에 있는 아시아라이 연못(足洗池)이다.

(역사적으로 유명한 이 유적은 다음과 같은 전설을 가지고 있다. 야마토다케루노미코토(日本武尊)[4]가 이즈(焼津)에서 적을 소탕하고 사가미(相模) 앞바다의 큰 파도를 다치바나히메(橘姬)의 희생으로 이겨낸 뒤, 아즈마(東) 땅에서 적을 섬멸하고 이부키(伊吹) 산에서 큰 뱀을 퇴치하고 큰 공을 세운 이후에 미에 촌 부근을 통과하시다가 이 연못에서 발을 씻으면서 병고피로(病苦疲勞)의 극치를 표현하여 '다리가 세 개로 접혔다'라고 했다. 이것이 미에라는 지명의 기원이 되었다. 따라서 미에라는 말은 단순히 병고피로를 나타내는 말이 아니고, 이루고자 하는 과업을 다 이룬 대장부의 마지막 영광스러운 말이라 할 수 있다.)

그리고 서쪽 산은 고스기마에에서 5~6리 정도 떨어진 곳에 있었고, 또 동쪽 1리 반 정도에는 연파담묘(煙波潭渺)한 이세 만이 있다. 이상 고스기마에를 중심으로 한 지리적 기술을 마치고 다음에는 고향의 전통적

미에 현 욧카이치 시 지정문화재이다.
4) 12代 景行天皇의 皇子로 일본 고대전설 속 대표적인 영웅.

인 정신에 대해 언급해 보겠다.

오사카매일신문사 경제부가 편집한 『경제풍토기』(經濟風土記) 긴키 전편에서는 '보수적이고 고립적인 것이 이세 사람들의 전통적인 성격이다'라고 하고 그 유래를 다음과 같이 적고 있다.

'…이 지역은 원래 군웅 할거하는 지역이었다. 즉 이세는 츠(津, 도도 씨藤堂氏), 가메야마(龜山, 이시카와 씨石川氏), 구와나(桑名, 히사마츠 씨久松氏), 나가시마(長嶋, 마스야마 씨增山氏), 간베(神戶, 혼다 씨本田氏), 고모노(菰野, 히지카타 씨土方氏), 히사이(久居, 후지도 씨藤堂氏) 등 7개의 번(藩)에서 분봉관치(分封官治)하던 곳이다. 시노부(忍, 마츠다이라 씨松平氏), 후키아게(吹上, 아리마 씨有馬氏), 이치노미야(一の宮, 가노 씨加納氏)가 3개의 외읍(外邑) 형세를 취하고 있고, 야마다 봉행소(山田奉行所), 오츠(大津) 및 가사마츠(笠松) 대관소(代官所) 등의 지관(支管)도 산재해 있다……. 그래서 이 좁은 땅을 서로 나누어 갖기 위해 다툴 수밖에 없었고 그 결과 자연스럽게 보수정치가 행해졌다 해도 전혀 이상할 게 없다. 와우각상(蝸牛角上)의 싸움이 계속되는 동안 일본의 무대는 크게 변했다……. 그러한 고식적인 정치 아래 뿌리내린 것이 주아사상(主我思想)이었다. 이 전통이 지금 어딘가에 화(禍)를 미치고 있을 것임에 틀림없다.'

이 왜소한 정권과 군웅할거의 유풍(遺風)이 지금도 이세인을, 또 고스기인을 보수적이고 비공동체적으로 만들고 있지는 않을까?

고스기인은 근검역행(勤儉力行)하는 점에서는 아마 유례가 없다고 해도 좋다. 더구나 지기 싫어하고, 독립심이 강하다. 또 정직하고 성실하며 확실하다. 향락에 빠지지 않는다. 그리고 실업에서는 열심히 하고 근면

하지만 정치에는 둔하고 열정이 없다. 그들은 무엇보다도 우수한 생산자, 모범적인 농민이다. 그리고 앞에서 『경제풍토기』 기자가 지적한 대로 독립심이 왕성한 반면에 고립적이고, 공동사업에 흥미가 없다. 보수적이고 견실한 결과 진취적, 발전적이지 못한 경향이 있다.

어떤 촌민이 참으로 개탄스런 어조로 다음과 같이 말한 적이 있다. '일 잘하는 것은 고스기는 어디에도 뒤지지 않지만 틀렸어 틀렸어! 배포가 작아 벌이가 된다는 것을 알면서도 모든 것을 걸고 큰일을 하려들지 않아.'

이 유례없는 근면과 독립자존, 그리고 보수적이고 비공동체적인 전통은 고스기 사람으로 하여금 재물을 이루게 하고 실패로부터 보호하였다. 그리하여 메이지(明治) 중기 다른 지역 촌민이 초가지붕 집에서 기거할 때, 고스기에서는 기와지붕 집들이 속속 증가했다(세상 사람들이 대불황의 이면에서 신음하고 있을 때조차 매년 십 수채의 기와지붕 건물이 건축되었다). 그리고 아버지는 가장 좋은 의미에서 전형적인 고스기 사람이었다.

형은 근면하고 독립심도 왕성했다. 그러나 결코 보수적인 것은 아니었다. 아니 대단히 적극적이고 진보적이었다. 또 고립적이지도 않고, 많은 공동사업을 주재하고 더구나 그 관계한 일들은 단순히 상업에만 그치지 않았다. 형의 출생은 폐번치현(廢藩置縣)[5])이 완료되고, 국민정신이 해방된 지 얼마 안 된 1878년이고, 성장기에는 아직 구습의 향토적 기질이 강하게 남아 있었다. 원래 진보적이고 공동체적인 형의 존재는 이러한 구

---

5) 폐번치현(廢藩置縣)은 일본 메이지 정부가 1871년 8월 29일 이전의 지방 통치를 독자적으로 담당했던 번(藩)을 폐지하고, 여기에 중앙정부가 직접 통치하기 위해 '부(府)'와 '현(縣)'으로 개편한 행정개혁정책이다.

태정신에 대한 하나의 '변화'이지 않았을까? 발전적 진취적 혹은 모험적 성격은 항상 새로운 세상을 갈망한다. 이것이 형이 고향을 떠나야 했던 이유 중의 하나이기도 했다.

그러나 형은 고향의 자연과 사람들에 대해 조선으로 도항한 후에도 깊은 애정과 그리움을 간직했을 것이다. 그리고 고스기에 돌아오게 된 후부터는 그 향토애가 점점 농후하게 표출되었고 촌민들로부터도 환영받았다.

제2장 생가·아버지

 눈을 감으면 선하게 떠오르는 건 내가 5~6살 경 － 1900~1901년 －
고스기의 우리 집 정경이다.

 집 동쪽으로 인접한 곳에 흙으로 만들어진 창고(벽 두께는 약 2척. 창
이 많고 중앙에 각이 진 크고 검은 기둥이 있고, 2층은 전면에 판자를 깔
아 아래에서 물건을 올리기 위한 바이스 장치도 있고, 추동기는 미곡창,
춘하기는 녹차 제조공장이 된다) － 우리들은 이것을 동쪽 창고라 불렀
다 － 안에서는 찻잎 따는 시기에 굉장히 바쁜 모습이 빚어지고 있었다.
아래층에서는 20~30명의 남녀가 바쁘게 찻잎을 비비고, 문지르고, 위
층에서는 40~50명의 여공이 다투어 선별작업을 하고 있다. 그 사이에
큰 차 상자가 바이스로 끊임없이 오르내린다. 창고 밖에서는 좁은 곳까
지 차 상자와 차를 담은 포대가 널려 있고, 여공들의 아이들이 즐겁게 놀
고 있다. 작지만 견고한 이 공장에 넘쳐나는 분주함. 이 보다 앞선
1891~1892년부터 수년간은 훨씬 더 바빴다고 한다.

 어쨌든 차는 시세 변동이 심했기 때문에 제조가 늦어지면 부패할 우려
가 있어서, 저녁에 창고 앞에 산처럼 쌓인 찻잎을 가공해서 다음날 욧
카이치 시로 운반하기 위해 연일 온가족이 밤낮으로 격심한 노동을 해야
만 했다. 훗날 내가 어머니에게 "용케도 그렇게 일하셨네요"라고 하자
어머니는 "처음 닷새 간이 힘들고, 그 시간이 지나면 점점 편해지고 나중
에는 괴로운 것도 느껴지지 않아 계속 일할 수 있었지"라고 하셨다.

이 번잡스러운 일의 원천은 말할 것도 없이 아버지였다. 주간에는 제차(製茶) 판매를 위해 욧카이치로 달리고, 밤에는 찻잎 매입, 제조 감독, 장부 기입, 다음날 계산 등 팽이 돌듯 움직였다. 활력의 화신처럼 생각되던 아버지께서도 찻잎 따는 시기만큼은 자주 힘들어 하시는 모습을 보였다. 하루 일을 끝내고 잠자리에 들 때 일하는 사람들 식사준비, 차의 근량과 임금 등의 계산으로 파김치가 되어 버린 어머니를 돌아보며 "내년에는 이제 차는 그만 둬야겠어"라고 입버릇처럼 말했다. 그러나 해가 바뀌고 봄이 오면 언제 그랬냐는 듯이 다시 원기왕성하게 이 사업에 몰두했다. 그리고 양친의 손발이 되어, 아니 그 이상으로 분투한 사람은 큰형인 겐지로(源市郎)와 큰누나 다이코(たい子), 둘째 누나 가메코(かめ子)였다.

또 마을 사람들도 서로 힘을 모아 활기차게 일했고, 그들 중에는 성공한 동종업자도 있었기 때문에 근검하고 열심히 하는 풍조는 고스기 상인의 명예를 크게 드높였다고 전해진다. 아무튼 이 사업이 지방의 일대(一大) 생산군(生産軍)이었던 것은 상상할 수 있다.

찻잎 따는 시기가 끝나고 햅쌀이 출하될 때가 되면, 고스기마에는 몇 가지 풍경이 전개된다. 앞서 진술한 창고에서 마을 동쪽으로 약 200m의 거리는, 점포 앞을 제외한 모든 빈터에는 가까운 마을에서 온 가마니가 산처럼 쌓였다. 아버지는 그 사이를 눈에 안 보일 정도의 민첩함과 정확함으로 쌀을 닥치는 대로 검사하며 돌아다녔다.

이 쌀가마니 산은 얼마 후 욧카이치로 이동하여 요코하마(横浜)로 출하되는데 이때도 형과 누나 세 사람은 몸이 가루가 될 정도로 부지런히 일했다. 형은 물론이고 누나들도 여자의 몸으로 직접 쌀을 사러 도매상에 가는 일도 있었다. 또 누나들은 밤 9시~10시라도 인적이 드문 제방 길을 걸어 전보를 치러 욧카이치까지 갔다. 사실 당시 부모형제들의 노동은 정말 대단한 것이었다. 이 노동 삼매는 아버지의 생애에 있어 사업 및 사상의 핵심이었고, 동시에 일가(一家) 가풍의 근간이었다. 아마도 훗날 겐지로 형의 활동력도 여기에서 배양되었을 것이다.

본래 아버지가 태어났을 때 집안은 결코 넉넉하지 않았다. 농사를 지으면서 잡화상을 했기 때문에 아버지는 13~14세 때부터 일용품 행상에 나섰다. 그때는 메이지 초기로 미에 군(三重郡)6) 일대에는 숲과 작은 산 사이에 좁은 길뿐이어서 자칫하면 길을 잃기 일쑤였다. 이때 고생이 골수에 박혀 있었는지, 노년에 아버지는 군 전체에 도로 이정표를 세워 세상 사람들에게 선물했다. 1875년 22살 때 가업을 이어받았다(같은 해 조부 겐지로 사망). 녹차 제조를 업으로 삼고, 1882년(29세)부터 미곡상을 시작했다. 출하처는 요코하마였다.

요코하마는 개항장으로서 갑자기 번성하였는데 관동지방(關東地方)의 쌀은 전부 도쿄로 흡수되어 먹는 쌀은 달리 구해야 했다. 이때 주목받은 것이 욧카이치 항에 대기하고 있던 이세 쌀이었다. 아버지는 품질을 정선하고 거래상 신의를 중요시하였기 때문에 1897년경부터는 아버지가 취급하는 쌀(黑久星 또는 赤小天이라는 상표)이 요코하마 시장에서 최고 표준 쌀이 되었고, 동시에 거래량도 단연 뛰어나 절대적인 신용과 세력을 획득하였다. 요코하마 상인들이 아버지를 마치 상평창(常平倉)7)처럼 여기는 것 같았다. 마침내 아버지는 이세 쌀을 요코하마에 출하하는 데 성공하여 그 이름이 관동에까지 알려지게 되었다. 이세 평야, 욧카이치 항, 요코하마 항민(港民), 이 세 가지 요소를 쌀로 묶을 때 주재자(主宰者)의 출현은 당연한 일일 것이다. 즉 아버지는 필연적으로 미곡상이 될 수밖에 없었다.

---

6) 미에 군은 에도 시대 이세국(伊勢國)에 속한 하나의 행정단위였는데 1872년 현(県) 명칭으로 바뀌어, 미에 현(三重県)으로 불리었다. 미에 현 아래에 미에 군이라는 하부 행정단위는 1879년 다시 발족했다.
7) 중국에서 물가 조절과 농민구제를 위해 만들어진 관창(官倉).

고스기마에는 큰 도로변에 있는 조그마한 제방 부락에 지나지 않았다. 그러한 협소한 토지에서 어느 누구의 후원도 없이, 아무런 자원도 없이, 단지 일가를 이끌고 사업을 창립했다는 점에서 아버지의 존재는 빛났다고 생각된다. 더구나 100명에 가까운 사람들을 부리고 있을 때조차 아버지는 서기 사무원 한 사람 쓰지 않고, 모든 사무를 스스로 정돈하고 기록했다. 그 절대적인 기억력, 명민한 두뇌, 뛰어난 정력, 건강한 신체 등에 모든 사람이 놀라워했다. 그러나 아버지가 크고 작은 일들을 혼자서 처리했다는 사실은 이면에 사람을 쉽게 받아들이지 않는 비공동체적(非共同体的)인 일면을 보여주는 것이기도 했다.

아버지가 얼마간 성공을 거둔 것은 1894~1895년의 청일전쟁과 그 다음해인 1896년 도카이도(東海道) 흉작이었을 때 이세 쌀이 욧카이치 항으로 출하가 급증한 때이다. 정말로 미곡상 개시 이래 15년, 독립한 이래 22년 만의 일이다. 이때 아버지는 44세로 한창일 때였고, 형은 츠(津)중학교를 중도에 그만두고 아버지 아래서 가업을 전수받으며, 히노(日野)의 교코학사(共興学舎)[8]에서 주산을 배웠다.

이후도 아버지는 고향을 떠나지 않았고, 상거래 상 그다지 유리하다고 생각되지 않는 고스기에서 매일 1리의 길을 걸어서 욧카이치 시까지 갔다(이 점은 형도 같은데, 죽을 때까지 통영을 떠나지 않았다). 또 거래 상품도 반년 교대로 쌀과 차에만 정진하여 차는 50년, 쌀은 40년의 긴 세월 동안 계속 했다. 아버지가 회사 중역이 된 것은 욧카이치의 정미회사(精米會社)와 무사시(武蔵)상업은행 정도이고, 정치운동은 마을과 관련된 일 외에는 관여하는 것을 좋아하지 않았다. 아버지는 원래 당파심이 없고, 단체의 힘에 의지하려는 마음이 없었던 것 같다. 그 점에서는 결벽

---

8) 교코학사는 일본 미에 현 욧카이치 시 히가시히노쵸 1677번지에 위치해 있으며, 井上親亮(1841~1900)이 1872년 주산교육을 목적으로 설립한 학교이다.

하다 할 정도로 자신만을 믿고, 오로지 한 길을 곧게 나아갔다. 형의 사업 활동이 다변적이었던 것에 비해서, 어떤 한 곳에 집중하며 움직이지 않는 것이 아버지에게는 있었다.

아버지는 실로 정력적이고 집중력이 강했다. 저녁에 욧카이치의 가게에서 돌아오면 바로 장부에 기록 정리를 마치고 내일 일을 생각했다. 그리고 계획을 세우면 바로 쉬었다. 그 사이 잠깐의 틈도 없었다. 아버지는 자신의 일에 대해서 숙려, 결심, 단행, 반성을 매일 철저하게 반복했다. 따라서 자기에 관한 한 일체의 일을 바로 결정하고 빈틈없이 준비했다. 겨울 아침, 고스기마에의 집에서 욧카이치까지 아버지와 길동무해서 간 어떤 사람은 아버지가 1리 가까이 걸어가는 중 아침 인사 한마디만 하고 시종 침묵하며 생각에 잠겨 있어, 마치 옆에 사람이 있는 것을 모르는 것 같은 모습에 놀랐다고 했다.

아버지의 말은 간결하고 왕왕 신랄하게 폐부를 찌르는 일도 있었다. 또한 일에 실수가 없고, 원래부터 독단적이고 전횡적이었다. 형이 가업을 익힐 때 자주 아버지의 엄한 질타를 받으며 거래상의 요령을 체득하였다. 훗날 사업가로서 성공한 뒷면에는 아버지에게 배운 바가 적지 않다. 아버지는 항상 빈틈이 없고, 긴장하고 있었기 때문에 자연 그 풍모에 범하기 어려운 위엄이 넘치고 있었다.

아버지의 집무상 특색 중의 하나는 장부정리였다. 그것은 젊을 때부터 습관이어서, 장부 정리에는 남들보다 몇 배의 주의를 기울여 계산하고 기록의 정확을 꾀했다. 형도 정리를 잘 했는데 전적으로 아버지에게서 물려받은 것이다.

아버지는 당시 어떤 사람에게 2,000엔을 두 번에 나누어 송금했는데 처음에는 999엔, 그 다음엔 1,001엔을 보냈다. 이것은 자신이 기억하기 편리한 방법이겠지만 송금을 받은 쪽에서도 오랫동안 기억에 남아서, 시비가 일어나지 않았다.

또 『주산 12강』의 한 절 「이승과의 마지막 작별」 중에 아버지가 교코 학사의 초대교장인 이노우에(井上) 씨의 편지를 읽는 구절이 있다. 한 줄씩 읽어 내려가면서 "이것은 이대로 좋아"라고 끄덕이며 읽어 내려가는 모습이 눈앞에 선하다. 혼자서 뭔가를 읽을 때만이 아니라 만사가 아버지에게 있어서는 "이것은 이대로 좋아"였다. 아버지는 성급한 반면에 그러한 음미가였다.

도대체 아버지의 이러한 활동의 동기는 어디에 있었던 것일까? 공명 부귀인가, 경쟁의식인가. 아니 그것보다도 훨씬 강하고, 아버지를 지배한 것은 '사회의 부(富)'라는 신조였다. 그 긴 생애를 통해 체득하고 스스로 증명한 이 신념을 설명하는 일은 쉽지 않지만, 지상의 모든 것은 아버지에게 있어서는 사회의 부였다. 단지 유형에 그치지 않고, 무형의 시간, 혹은 정신 같은 것도 자연 그러하여, 자기 육체는 물론, 재능 숙련 등에 이르기까지 모두 사회의 부(흔히 자식을 보물이라고 하고, 혹은 두 개의 팔이 자신의 보물이라고 하는 것과 상통하는 관념)이므로 소유자 마음대로 낭비 혹은 사장(死藏)하는 것을 허락하지 않았다. 소유자는 그러한 것들을 사회를 위해 가장 유효하게 활용할 수 있도록 하늘로부터 기탁 받은 것이다. 사람이란 즉 이러한 사명을 띠는 자이다. 그러므로 사치와 낭비는 사회적 부를 파괴하는 것은 물론이고, 일에 있어서 사려주도(思慮周到)하지 못한 것도 사회에 대해 변명할 수 없는 죄라고 했다. 아버지는 이런 점에서는 사람으로서, 또 실업인으로서 대승적(大乘的) 자각에 도달해 있었다. 밥알 하나를 밥상에 흘려도 아깝고 그대로 버리면 벌을 받는다는 사상. 이것은 일반적으로 종교적 정열을 다분히 포함한 부에 관한 사상이고, 죄악관(罪惡觀)이지만 아버지는 이 사상을 보편화하고 강화해서 대외적 활동은 물론이고, 일상생활 속에서 실현했다. 그리고 이러한 부를 실천하는 사람으로서 자기를 규제할 뿐만 아니라 가족을 격려, 편달 하는 일 또한 게을리 하지 않았다. 정말로 입신, 출세, 공명, 성공 등의 말들은 메이지 시대 어느 가정에서나 가장(家長) 혹은 연장자가 그 자제들에게 지시하는 최고 표어였지만 아버지의 경우는 그러한 표어와 전혀 무관한 중생이었다. 집에서 아버지로부터 그러한 말을 들은 사람은 한 사람도 없었다. 아버지는 단지 자신의 천직을 다하기 위해 묵묵히 행동했고 말년에는 부의 실천자로서 간결한 포교만 했을 뿐이었다.

또 아버지는 사회적으로 평범하고 내실 있는 생활을 표준으로 삼았다. '사회생활의 상식'이 그 표어였고, 사회생활 상 '격식'의 관념에 도달해 있었다. 예를 들면 신사(神社) 불각(佛閣)에 기진, 공공사업에 기부, 친척 지인과 교제, 증답과 같은 것에 대해서도 자신만의 정석이 있어, 타인과의 관계, 역량에 따라 과부족 없이 노력하면서, 직간접적인 효과에 있어서 가장 중요하고 귀중한 것을 자신의 것으로 했다. 사회의 부를 고조시키는 만큼 일상생활은 소박하고, 사치와 낭비를 사갈(蛇蝎)처럼 혐오했지만 일면 인색하지 않은 사람이었다. 또 향토애가 강한 사람이었다. 고스기의 신사, 불각, 초등학교 등에 현재 아버지의 사회 사랑을 표현한 것이나 혹은 향토애를 기념하는 것이 있는데, 그것들은 아버지가 정석에 따라 한 사회봉사이다. 아버지는 호언장담을 싫어하고, 타인의 열성에 감탄하여 행동하는 경우라도 이성적 판단에 의거하고 온건타당(穩健妥當)하여, 어디까지나 의지적이었다. 사회생활의 상식에 대해서 훗날 형은 아버지를 닮았지만 형에게는 형만의 독특한 관찰안이 있어 소위 아버지의 주의(主義)를 넘어서고 있었다.

아버지는 친척이나 오랜 친구들은 물론이고, 주위 사람들에 대해 정말로 정이 많은 사람이었다. 고스기의 어느 늙은 농부는 일찍이 병들었을 때 받은 호의에 대해서 "지금도 그때의 친절을 잊을 수가 없다"며 생전의 아버지를 그리워했다. 아이들에게 대해서도 각자 하고 싶은 만큼 상급 학교에 보냈다. 단 느슨한 생각을 극단적으로 싫어했고 멍청한 태도에는 덮어놓고 야단쳤다. 특히 가업에 대해서는 준엄한 사부로서 임하고, 간단명료하고 강한 어조로 가차 없이 나무랐다. 이것은 상대방의 혼을 극도로 긴장시키고, 발분 자극하려고 한 것으로, 이 방법이 틀림없고 확실하다고 믿고 있었다. 사자가 어린새끼를 골짜기로 떨어뜨려 시험해 보는 것에 비할 수 있을까. 아무튼 이 경우 아버지의 확신은 반석과 같고, 그 박력도 굉장했다. 그러나 평상시에는 아이들에게 놀랄 정도로 관대한 아버지였다. 아이들 일은 아이들 자신과 학교 당국에 일임했다. 이것은 아버지가 자신이 모르는 일에 대해서는 일체 말하지 않고, 다른 사람에게 완전히 일임하는 성격을 나타내는 것이었다. 또 아이들에 대한 태도는 극히 공평하여 편애하는 일은 조금도 없었다. 이렇듯 일가(一家)는 아버지를 중심으로 긴장된 생활을 했기 때문에 모두가 무병하고 건강했다.

아버지는 착실한 진종(眞宗) 신자이고, 씨족신의 숭배자이고, 또 주택 창고 내에 있는 모든 신(八萬神)의 찬미자였다. '자신의 업무 외의 것은 다른 사람에게 위임'하는 주의로서 단지 신불을 숭경하고 귀의했다. 종교가 하나의 실천이고, 또 교양이었던 형의 경우와 비교하면 이 점에서는 상당히 다르다.

이상으로 이세 평야 특히 고스기 사람인 아버지의 면목에 관해 이야기했다. 또 실업인으로서의 자각을 가진 사람, 사회인으로서의 정석, 규범을 가진 사람, 신앙심을 가진 사람으로서의 아버지를 묘사했다. 그리고 이러한 성격 ─ 독립적, 정력적, 수세적, 몰두적, 이성적, 상식적인 성격에 소박, 근면, 극기, 사회봉사 등의 제 특징이 융합하여 아버지를 입체적인 인물로 이끌어내었다. 요컨대 아버지 인격의 왕좌를 점하는 것은 자각 있는 견고한 의지였다. 이것을 왕성절윤(旺盛絶倫)한 정력과 명쾌정치(明快精緻)한 두뇌가 좌우에서 보좌하며 받들고 있었다. 아버지는 그

러한 사람이었다. 생각해 보면 만약 아버지가 조직을 만들고, 실업계의
중심과 연결을 꾀하는 술수를 체득하고 있었다면 그 족적은 지방 미곡업
계의 패자(覇者)에 그치지 않았을 것이다. 혜안을 가진 스승이 있고 그 가
르침에 눈과 마음을 열고 있었다면(아버지에게는 그 방면의 소질이 있
었다고 생각함) 아버지의 정의관(正義觀), 실업인으로서의 자각은 한층
더 빛났을 것이다. 아버지는 말씀하셨다. "나이 60에 비로소 장사치 1학
년이 되었다. 앞으로 10년이 지나면 2학년이 될 수 있을 것이다"라고. 이
것은 상인으로서 신의 경지에 이른 사람의 말이 아니겠는가! 그 결벽함
과 엄격함의 영역에까지 도달해 있던 명확한 판단력과 계산 능력은 마치
순수과학자와 같았다.

형은 아버지가 25세 때 장남으로 태어났고, 이 의지의 인물 밑에서 성
장했다. 이후 형의 정신적 안식처가 되어 운명을 좌우하고 지배한 것은
바로 이 의지였다. 형은 아버지에 비견할 수 있는 사람을 그 후 두 사람
더 가졌다. 한 사람은 형수(히사코 부인)이고, 또 한 사람은 이구치 야스
오(井口弥寿男) 목사였다. 아버지, 형수, 이구치 목사 이 세 사람은 50년
형의 생애에 가장 많은 영향을 주었고 인생을 좌우했다. 간절하게 생각
하는 의지와 공조하면서 때로는 항쟁하는 그 무언가가 형으로 하여금 번
뇌와 기쁨, 고통과 위안을 반복 체험하게 하여, 파란 많은 인생에 개가를
올리게 했다. 그 무엇인가는 무엇인가? 소위 사랑이다. 위에서 말한 세
사람은 강한 의지력과 함께 각각 아버지로서의 사랑, 처로서의 사랑, 기
독교도로서의 사랑을 소유한 자였다. 형은 개인 생활에 있어서도, 사회
생활에 있어서도, 또 물질상의 경영에 있어서도 정신적인 활동에서도 이
세 사람을 스승으로, 동반자로, 혹은 목표로 하며 성장했다.

어머니는 밝고 낙천적이고, 붙임성이 좋은 성질로 기억력이 정말로
좋았다. 매사 구애되지 않고, 어디라도 따라 가는 일이 가능한 사람이었

다. 견실하고, 사람에게 호의를 가진 인색함이 없는 사람이었다. 그러나 저 기운이 넘치고 더군다나 엄정(嚴正) 그 자체인 아버지 성격과 생활에 동화 순응하는 데에는 새댁 때부터 남모르는 강한 인내심을 요구받았을 것으로 생각된다.

그리고 아버지와 조화로운 생활을 하고, 전력을 다해 좋은 내조자가 되었을 뿐만 아니라, 어머니로서 10명의 아이를 건강하게 키워 내었다. 어머니는 어떤 운명에도 주위 사람을 다치게 하지 않고, 동시에 자신도 살아갈 수 있는 방법을 가지고 있었다. 어머니는 불행을 만나도 "어차피 내 팔자인 것을"이라며 인내하는 운명관을 가지고 있었다. 그리고 밤에 틈만 나면 불단 앞에서 경을 읽었다. 인사(人事)를 다한 후에는 일체의 것을 신불에게 완전히 맡겼다. 어머니는 또 아이들 인격을 전적으로 인정했다. 시종 간섭을 받지 않고 성인이 된 아이들을 붙잡고 잔소리를 하는 일은 없었고, 또 자신의 감정으로 아이를 좌우하는 일도 없었다. 또 아이들에게 의지하는 모습도 보이지 않았다. 그것은 아버지도 어머니도 자신들의 일이 있고, 또 일을 성취하고 있다는 생각을 가졌기 때문일 것이다. 형이 눈물이 많은 점, 성격이 밝고 낙관적인 점, 해학적인 점, 거드름 피우지 않는 점, 관용적인 점, 경쾌하고 발전적인 점에서 어머니를 닮았고, 평소 '나는 어머니를 닮았다'라고 스스로 말하기도 했다. 형이 히가시히노(東日野)에 있는 교코학사(共興學舍)에서 주산을 배울 때는 어머니의 친정인 히나가 촌(日永村)의 마에다 가(前田家)에서 신세를 졌다.

◆

제2편

전반생(前半生)

(1878년 출생에서~1908년 조선 도항까지)

제1장 소년시절

    형은 1878년 10월 3일, 아버지 25세, 어머니 23세 때 태어났다. 1876년의 이세(伊勢)폭동,[1] 1877년의 세이난(西南)전쟁[2]으로 세상은 아직 뒤숭숭할 때였다. 가업이 점점 바빠지는 시기였고, 이미 장녀와 그 후로 줄줄이 여동생, 남동생이 태어났기 때문에 넉넉한 사랑을 받지 못했을 것이다.

    1884년 7살 때 마을에 있는 사가베(坂部) 소학교에 입학했다. 당시 학우로는 현 미에 촌장인 가토 치카라(加藤主計) 씨, 현 미에촌 신용조합장 다치 도모에몬(館友右衛門) 씨 등이 있다. 1888년(11세) 소학교를 졸업하고 바로 욧카이치 고등소학교(현 욧카이치 제일심상고등소학교)에 입학했다. 그때 동급생은 지금도 옥란회(玉蘭会)라는 모임을 계속하고 있다. 형은 모든 면에서 월등하고 활발한 개구쟁이로서 운동으로는 사격과 검도(당시 학교에서는 정규과목)를 특별히 좋아했다. 학교 성적은 나쁜 편은 아니었지만 아버지가 1등을 표방하는 사람인지라 때로는 심하게 혼난 것 같다. 학우에 대하여 지극히 정이 많았다는 것은 앞서 말한

---

1) 이세폭동은 1876년 일본 메이지정부의 근대적 세금징수 정책인 지조개정에 반발한 농민운동이다. 지조개정은 과세기준을 기존의 수확량이 아닌 토지소유에 두었다. 메이지유신 이후 토지소유자가 된 농민의 세금부담이 증가하자 일으킨 폭동이다. 이 폭동은 미에 현 이이노군(飯野郡)에서 출발하여 다른 지역으로 확산되었다.
2) 세이난전쟁은 1877년 구마모토(熊本県), 미야자키(宮崎県), 오이타(大分県), 가고시마(鹿児島県) 등에서 사족들이 메이지정부의 지방세력 기득권 박탈에 반발하여 일으킨 무력반란이다.

두 사람과 옥란회(玉蘭会)로부터 받은 기고문에서도 알 수 있다.

1892년(15세) 욧카이치 고등소학교를 졸업하던 해, 당시 현 안에 유일한 중학교인 츠(津)중학교에 입학했다. 중학교 입학에서 주산 수행까지의 과정은 『주산 12강』중 '이승과의 마지막 작별'에 상술해 두었기 때문에 여기서는 가능한 한 중복을 피했다. 아무튼 당시 중학생에게는 군자형과 호걸형 두 종류가 있었고, 호걸형이 학교 안팎으로 활보하며 예의 '鞭聲肅肅'[3] 등의 시음을 읊조리고 다녔다. 그때 호걸형의 대표가 일찍이 경시총감을 지낸 미야타 미츠오(宮田光雄) 씨이고, 군자형의 대표는 전 제8고등학교장인 시바타 뎃신(芝田徹心) 씨이었던 것 같다. 훗날 『주산 12강』이 완성되었을 때, 형은 당시의 경시총감 미야타(宮田) 씨, 또 전 조선정무총감 미즈노 렌타로(水野錬太郎) 씨에게 저서를 증정했다(이 증정문 집필을 나에게 명했다). 그리고 이 두 사람의 소개로 고이즈미 사쿠타로(小泉策太郎) 씨 외 정계의 여러 명사들과 알게 되었고, 주산 강연을 하는 데 종종 편의를 얻었다. 훗날 얘기지만 중학교에 입학한 형은 그들의 억세고 씩씩한 태도에 많은 감화를 받은 것 같다. 이때의 만성(蠻性)이 훗날 조선에서 활약으로 나타났고, 습득한 수영이나 사격 검도 등은 통영에서 점원을 훈련하는 데에 도움이 되었다. 영어는 잘했지만 수학이 형편없었기 때문에 첫 학년은 낙제를 했다. '이승과의 마지막 작별'에 의하면 이때 낙제생이 1학년만 해도 53명에 이르러, 형은 그 가운데에서 세 번째로 이른바 낙제생 중에서 우등생이었다고 스스로 위로하고 있지만, 당시 학교 당국의 시험이 얼마나 까다로웠는지를 엿볼 수 있다. 형에게 어학의 재주가 있었다는 것은 훗날 조선어에 숙달하여 조선어로 연설을 자유롭게 구사한 사실에서도 추측이 가능하다(수리 면에서는 뒷

---

3) 頼山陽의 詩「不識庵機山を撃つ図に題す」에 나오는 문구로 기습할 때 적에게 들키지 않기 위해 말 채찍 소리도 죽인다는 의미.

면의 주산 항목 참조). 다음해 2학년에 잠시 진급했지만 꼴찌에서 두 번째라는 좋지 않은 성적으로 아버지의 노여움을 샀고, 끝내는 어쩔 수 없이 퇴학하기에 이르렀다.

이후 부모님 아래에서 가업을 전수 받았지만 충족되지 않는 형의 지식욕은 점차 가정 밖으로 향했고, 당시 집에 출입하던 히토미 게이스케(一海景亮) 씨라는 점쟁이를 방문하기도 하고, 그의 인도로 다루자카(垂坂)산 원삼대사당(元三大師堂)의 요시다 쇼타츠(吉田性達)를 방문하여 반야심경(般若心經) 및 진언밀교(眞言密敎)에 관한 설법을 들었다.

형은 무슨 일이든 말만으로는 만족 못 하는 사람이었다. 실행을 동반하지 않는 말은 그림의 떡과 같다며 말이 어떤 구체적인 형태로 되지 않으면 납득하지 못 했다. 그런 의미에서 형은 사유즉행(思惟則行)이었다. 이것은 형이 일생동안 관철한 일이었다. 단순히 지식만을 전달하는 학자나 교언영색(巧言令色)을 싫어한 것도 이 때문이다. 형은 이들 연장자로부터 아낌을 받았다. 아마 메마른 스펀지처럼 이 같은 선배들의 가르침 외에 많은 애정을 흡수한 것이라 생각한다. 그러나 이러한 연배들을 만나는 것도 대부분 쉬는 날(예를 들면 젊은 혈기가 넘치는 욧카이치 축제 같은 날)에 했다. 주변 사람들과 교제하는 가운데 형은 구도자로서의 일면과 사교가의 소질을 향상시킬 수가 있었다고 생각한다. 정규 학교 교육을 받은 것은 고작 7세에서 17세까지, 다시 말해 소학교 8년, 중학 2년의 10년이고, 그 후 청년시대는 집에서 힘든 실무 훈련과 자기 수양에 정진했다.

제2장 히노(日野)의
백일 주산수업(百日算)

　　1897년 1월 6일, 열아홉 살 봄을 맞이한 형은 아버지의 허락을 받아 욧카이치 남서쪽으로 약 1리 떨어진 곳에 있는 미에 군 히가시히노(東日野)의 교코학사에 입문하여 초대 교장인 이노우에 치카스케(井上親亮) 선생님(선생을 형은 생전에 항상 은사라고 불렀다. 또한 3대 치카스케(親亮) 씨는 본서에 추도문을 보내주셨다)에게 주산을 배웠다. 그때의 일은 『주산 12강』 중에 가장 중요하게 서술하고 있는데 아버지께서 명백한 어조로 말한 '이승과의 마지막 작별'이란 한마디는 뜻밖에도 형이 일대 분발하는 계기가 되었다. 입문 다음날부터 연일 몸을 돌보지 않을 정도로 연습한 결과 매 주산 시험마다 뛰어난 성적을 거두어, 형은 마침내 남료산정(南寮算正)[4] 최우위를 획득했다. 이때의 일을 '이승과의 마지막 작별'에서

　　'21일째에는 오른손 검지 손톱이 오른쪽으로 비뚤어지고 마모되어, 살갖이 쓸려 피가 나왔다'라고 했다. 그리고 이것을 일대전환으로 하여

　　'중학교 시절, 뱀처럼 싫어했던 수학도 점점 이해하게 되었고 곧 대수(代數)까지도 즐길 정도로 수학이 좋아졌다'고 했다.

---

4) 교코학사의 성적순위표.

백일주산기념사진 · 앞줄 중앙 초대 이노우에선생 ·
제일 뒤에 서있는 사람이 형

형은 본디 재주가 많지는 않았다. 게다가 당시 연령으로 보더라도 주산 수업을 하기에는 나이가 너무 많았다(형의 말에 의하면 주산 수업의 적령기는 14~15세이다). 그런데 얼핏 기적에 가까운 결과를 얻을 수 있었던 것은 이 학사의 가장 큰 특징인 철저한 연습경기 중심주의(형은 훗날 이 연습법을 기준삼아 60일 습득법을 고안하였다) 덕분에 지기 싫어하는 형은 배수의 진을 치고 각고 노력하여 일체의 난관을 극복할 수 있었다.

아무튼 조부 이래 전통적으로 계수(計數)와 기억력이 뛰어난 핫토리가에 있어서 오직 형만이 결코 그 예외일 수만은 없었다. 아니 오히려 세상에서 보기 드물 정도의 수리적 두뇌를 갖고 후반생을 쌓아 갔다. 생각하면 불과 100일 동안의 주산수업이 형의 전 생애에 미친 영향은 절대적이었다. 이후 주산은 형의 운명 개척의 무기가 되었고, 공공사업(公共事業)의 초석이 되었다.

'남료산정' 순위표를 손에 쥐었을 때 형의 기쁘고 자랑스러움은 어느 정도였을까? 백일 주산수업 성적은 그때마다 학사에서 순위표 형식으로 인쇄하여 부근 은행과 회사에 넓게 배포했다. 무뚝뚝한 아버지도 이것을 언뜻 보시고

"이거 인쇄가 잘못 된 거 아닌가."

라며 눈이 휘둥그래졌다고 했다. 욧카이치 고등소학교에서 츠 중학교로 진학하고, 당시로서는 보기 드물게 행복감에 취해 있던 형이 그 후 급전직하(急轉直下), 낙제생의 비운에 빠졌고, 실의와 사람들의 비방에 힘들어했던 것도 잠시, 주산(수학)으로 적지 않은 자신감과 칭찬을 받았다. 그리고 거기에 일찍이 없었던 정신 도약, 인생관을 체험한 것은 상상하기 어렵지 않다.

그 해 8월, 형은 교코학사의 요청에 응하여 수석 조수가 되었다. 그리고 생도들로부터는

"이노우에 선생님보다도 오히려 더 잘 가르친다"며 환영받았다. 단 이때 아버지의 허락을 얻을 수 없었기 때문에 밤에 몰래

'집 서람에서 시로카스리(白絣)[5] 유카타를 꺼내 입고, 마메시보리(豆紋)[6]로 허리를 묶고, 돈 한 푼 없이 37단 주판을 옆구리에 끼고…… 속으로 이제 죽어도 돌아오지 않겠다며 야음을 타고 히노 학교로 도망치듯 달려갔다.'

그때 입고 나온 유카타가 누나의 것이었다고 들었는데 얼마나 당황했을까. 다음날 아침 옷을 챙겨 온 심부름꾼으로부터 아버지의 승낙을 전해 들었다고 한다. 정말 미소 짓게 하면서도 눈물 나는 형의 청년기의 한 삽화이다. 그러나 형의 무단가출(나중에 조선으로 두 번)은 이미 이 시기에 발아하고 있었다.

---

5) 흰 바탕에 검은색이나 감색이 살짝 스친 무늬가 든 옷감.
6) 홀치기 염색을 한 옷감.

제3장 가업(家業), 동경(憧憬)

히노의 교교학사에서 돌아온 이후 다시 아버지 밑에서 가업 전수에 힘썼다. 키도 있고 몸도 튼튼하여, 일상 쌀가마니를 취급하는 일에서 형의 어깨는 발군의 힘을 발휘했다. 쌀가마니를 양손으로 들어올려 10칸 정도 달리기도 했다. 이 무렵은 아침 일찍부터 저녁 늦게까지 몸을 아끼지 않고 일한 덕분에 아버지로부터 큰 신임을 얻었다.

그러나 얼마가지 않아 아버지와 가끔씩 충돌이 일어나기 시작했다. 성격이 급하고 감정적인 형과 냉정 그 자체인 아버지. 더구나 가업에 있어서는 대스승인 아버지로부터 불문곡직하고 날아오는 질타에는 그것이 어떠한 것이라도 형은 겉으로는 해학적인 몸짓이나 우스개로 넘기고 매진해야 했다.

이때 생긴 버릇이 말년까지 남아 집무 중 혹은 뭔가 일이 이루어질 때에 왕왕 우스꽝스러운 몸짓을 하여 옆에 있는 사람들을 웃겼다.

형은 한때 격심한 위하수증(胃下垂症)에 걸렸었다. 이미 이야기한 것이지만 '물구나무서기를 할 때 턱하는 하는 소리가 나면서 아래로 내려간 위가 가슴 부근까지 떨어졌다'고 했다. 머리도 아프고 기분도 안 좋아, 쓸데없이 성질만 부렸던 것으로 생각된다. 그리고 아버지와 형 사이에서 어머니가 곤란을 자주 겪곤 했다. 그래도 진지하게 가업을 배우고 있었기 때문에 상거래상의 기량은 점점 발전했다.

한편 형은 원삼대사를 모신 사당을 자주 방문했다. 진언밀교에 상당히 열중한 것으로 보여, 창고 뒤에 소나무를 심고 그 옆에 오두막을 세워 거기에 틀어박혀 있었다고 한다. 또 스기모토(杉本) 씨에게는 성학(星學)을 배웠다. 그렇지 않아도 고민이 많은 청춘시대의 형은 광명과 위안을 가정 밖에서 찾았을 것이다. 형수의 전기『히사코 부인』에 의하면 '너무나 맑은 가을 하늘, 수많은 별들 중에 푸르게 빛나는 한 무리의 별은 28좌 가운데에서도 익성(翼星)이다. 어릴 때 스기모토 선생님에게 배웠던 소익성(小翼星)'을 온몸으로 동경했고, 그 이후 남모르게 가슴 속에 소중한 마스코트로 자리잡았다'고 했다.

형의 도장 문자가 '翼'인 것은 많은 사람들이 알고 있는데 그 유래에 대해서『히사코 부인』이 간행될 때까지 알지 못했다. 또한 당시 형이 이러한 일에 열중하는 것에 아버지는 일체 무간섭이었던 모양이다.

히노에서 습득한 주산에 대해서도 형은 연구 궁리를 열심히 했다. 예를 들면 생략산(省略算)의 한 문제를 풀기 위해 이웃 마을의 어떤 사람을 수십 번이나 방문했는데 끝내 가르침을 얻을 수 없었다고『주산 12강』에서 말하고 있다. 이것은 누구라도 쉽게 할 수 없는 행동으로 형에게는 이러한 집요함이 있었기 때문에 그 후 자수성가했다고 생각된다.

또한 특기해야 할 것은 이 시기 형의 즐거움 중의 하나가 누나와 동생들을 돌보는 일이었다는 사실이다. 이점에서 형은 분명 아버지 대행이었고, 혹은 그 이상의 경우도 있었다. 1901년 4월, 당시 24살인 형이 큰 누나와 일본여자대학(日本女子大學), 둘째 형과 히토츠바시(一橋)의 고등 상업학교 입학시험에 동행한 일은 두 사람 다 추도문 속에서 적고 있는데 그 외 남동생과 여동생들도 모두 그와 비슷한 배려나 혹은 애정 어린 관심을 받은 기억을 가지고 있다.

제4장 결혼

그 무렵 아버지는 오십 고개에 접어들고 있었다. 오랫동안 분투한 결과 가업은 점차 발전하고, 열 명의 자녀들은 쑥쑥 성장했다. 츠지(辻) 씨에게 시집간 둘째 누나 가메코를 제외하고, 큰 누나 다이코는 일본여자대학에, 둘째 형 겐지로는 도쿄고등상업학교에, 셋째 누나 마쓰코(まつ子)는 츠(津) 고등여학교에, 셋째 형 하루카즈(春一)는 욧카이치 상업학교에, 넷째 형 다이조(岱三)는 가나자키 촌(神崎村) 고등소학교에, 그리고 나는 미에 촌 심상소학교에 각각 다니고 있었다. 내 아래로는 다케오(武生)와 히사오(久栄)가 있었다. 가족은 모두 무병무탈하고, 집안에는 활기와 생기가 넘쳤다. 그런 만큼 어머니의 일상은 늘 바빴다. 형이 결혼한 것이 이때이다.

정해진 방식대로 "이것도 아니다, 저것도 아니다"라며 신붓감을 고른 결과, 눈에 띈 사람이 이웃마을 아사히(朝日) 촌 우즈나와(埋縄)의 재산가인 미즈타니 진에몬(水谷甚右衛門) 씨의 장녀 히사(久)였다. 미즈타니 씨는 시골에서는 보기 드문 진보적인 사람으로서 당시 새로운 농사법을 시험하여 현농회(縣農會)로부터 표창을 받은 일이 몇 번이나 있었다. 생각하기 좋아하는 형수의 성격은 그 아버지로부터의 물려받은 것이라 생각된다.

형수에 관한 일은 소전(小傳) 『히사코 부인』에 상세하므로 여기서는 간단히 언급하는 데 그치지만, 여럿 형제들 중에 외동딸이고 더구나 미모 출중한 아가씨여서 가족들에게 귀여움을 많이 받았고, 지극히 느긋한 성격으로 여성의 교양을 두루 갖추고 있었다.

1903년 3월, 형은 26세, 형수는 18세 때 결혼식을 올리고, 아버지는 집을 증축하여 형 내외의 거처를 마련했다. 형 내외는 금실이 좋았다. 형수는 궁리를 좋아하는 사람이었던 만큼 자주 감탄할 일을 했고, 형의 의견에 맞장구를 치고, 또 스스로의 의견을 말하기도 했다. 원래 형은 진보적인 두뇌를 가지고, 매사 호기심이 많고, 뛰어난 창의력을 가지고 있었지만 성급하여 모처럼의 명안(名案)이 강바닥의 사금에 그치는 일이 많았다. 따라서 형수와 같은 좋은 상담 상대 혹은 조수가 있어 형의 의견의 적절성을 취사보완하면 안성맞춤인 계획이 되었다. 형은 관용적이었고, 인색하지 않았고, 성실한 성격이었다. 또한 상대의 의견을 들어주었으므로 형수도 일하는 보람이 있었을 것이다. 그러나 신혼생활은 원만하지 않았다.

약골이고 잔병이 많고 불임의 체질을 가진 형수는 주부로서의 역량은 충분했지만 상가(商家)의 아녀자로서는 전혀 배운 것이 없었다. 어린 나이에 이 폭풍 지대처럼 바쁜 상가의 며느리가 된 점은 깊이 동정할 부분이었다. 환경의 변화, 정신없이 바쁜 가업, 가풍 차이, 성격 차이 등이 존재했다. 가정에서 가장 미묘한 관계는 며느리와 시부모 사이에 잠재하고 있었다. 한 번 일말의 어두운 그림자, 혹은 한 줄기 부정이라도 생기면 그 관계는 순식간에 허물어져 버린다. 번잡하고 바쁜 가업 돕기, 시동생과 시누들 챙기기, 시부모님 봉양, 특히 아버지와 형의 의견 차이, 충돌에 대한 세심한 배려 등. 마치 바쁜 도시의 소용돌이 속에 빠진 세상물정을 모르는 시골 처녀처럼 그 소용돌이로부터 떨어져 나가지 않으려고 필사의 노력을 했을 것이다. 그러나 그 반면에 당찬 면도 있었다.

집 가까이에 선술집이 있었다. 거기에서 한잔한 취객들이 왕왕 현관 앞에서 시끄럽게 해서 집안사람들에게 골칫거리였지만 이렇다 할 큰일은 생기지 않았다. 그런데 갓 시집온 새댁인 형수는 지극히 차분한 태도로 그들을 조용히 시키고 그 자리를 떠나게 했다고 한다.

이러한 성격이었지만 극도로 과민했던 탓인지 결국 신경과민에 걸려 버렸다. 그래도 찻잎을 따는 시기나 햅쌀 출하기와 같은 바쁜 시기에는 아침 일찍부터 저녁 늦게까지 식모와 함께 부지런히 움직이며 일했다.

제5장 조선 도항

한편 아버지와 형 사이는 점점 악화되어, 상거래상의 의견 충돌이 자주 일어났다. 형은 매사 호되게 질책을 받았다. 한두 예를 들면, 형은 아버지가 부재 중 이세 쌀 200가마 정도를 샀다. 물론 이익을 기대하고 샀지만 요코하마에서 돌아온 아버지는(그날은 시세가 쌌다) 매입가격이 너무 비싸다고 하면서 일하는 많은 사람들 앞에서 사정없이 나무랐다. 그러나 그 이세 쌀은 요코하마에서 뜻밖으로 평판이 좋아 높은 가격에 팔렸다. 형은 그 후 결산서를 아버지에게 보이며 "심려를 끼쳐드렸습니다. 조금이긴 하지만 이익이 생겼으니 안심하십시오"라고 말했다. 아버지는 결산서에 눈길도 주지 않고 "초보의 요행이다!"라며 무섭게 화를 내었다. 실제로 촌철살인의 분노가 있었음에 틀림없다.

또 어떤 때 형은 쌀을 시세보다 싸게 샀다. 이번에는 "싸게 사면 사람들이 질려서 팔러 오지 않게 된다"라며 크게 노했다. 그 다음에는 시세보다 비싸게 샀다. 이번에는 "비싸게 사면 손해만 볼 뿐 아니라 사람만 바보가 된다"라며 또 노성을 퍼부었다. 당시 28세, 혈기 왕성한 형은 아버지의 노성을 들으면서 이성을 잃었다.

1905년 2월 추운 밤, 형은 몰래 소우다(左右田)은행 지점장 사카키바라(榊原) 씨 댁을 찾았다. 그리고 평소부터 알고 지내던 그에게 가출 사유를 말했다. 형은 예금통장을 건네고 60여 엔을 받자마자 차가운 이부키의 겨울바람 속을 헤치고 일단 고스기로 돌아왔다. 조용히 문을 열고 집 안으로 들어온 형은 우리 집 수호신에게 기원을 한 뒤, 형수에게 사정 얘기를 하고 바로 욧카이치로 향했다. 달빛이 선명했던 그 날의 기억을 형은 일생동안 잊을 수 없었다. 다음날 아침 첫 기차로 형은 고향을 떠나 조선으로 향했다.

그때 형이 의지했던 사람은 히노에서 친하게 지냈던 다가와 가즈야 (田川一也) 씨였다. 다가와 씨는 당시 인천에 있는 잡화상 후쿠마타(福又) 상점[7]에서 일하고 있었는데 그의 배려로 우선 후쿠마타 상점 마산지점에서 일했다. 지점이라고 해도 점원은 형 혼자뿐이었기 때문에 형은 마음 편하게 일할 수 있었는데 그 때문에 동료들의 적지 않은 질시를 샀다고 한다. 그리고 여가를 봐서 조선인 통역에게 조선어를 배웠다. 천성적으로 말하는 것을 좋아해서 대충 공부하지는 않았을 것이다. 그 후 형수가 아버지의 허락을 받고 조선으로 건너가 부부가 열심히 일해서 어느 정도 저축까지 할 수 있었다. 두 사람은 다음해 3월 아버지의 명을 받고 같이 귀국했다.

그 후 고향에서 보낸 1년간은 아버지, 어머니, 또 형과 형수에게 참을 수 없이 슬프고 힘든 시련의 시간이었다. 그리고 결국 1908년 2월, 형수는 이혼하고 친정으로 돌아갔다. 형이 흥분하여 다시 집을 버리고 조선으로 간 것은 그로부터 1개월 후의 일이었다. 인생의 십자로에 서서 좌원우면(左顧右眄), 고민에 고민을 거듭하던 형은 마침내 이렇게 해서 자신의 길을 개척하게 된다.

아버지와 형의 충돌은 운명이었을까? 그것은 일종의 가정병(家庭病)이었다. 실로 슬픈 운명의 장난이라고 말하지 않을 수 없다. 이것을 미연

---

7) 후쿠마타 상점은 1900년 무렵 권련지를 취급하는 기무라(木村) 합명회사 인천지점의 경성특약판매점으로 확인되고 있다(『황성신문』1900.7.11(3)1; 1900.10.17(3)2).

에 막기 위해 아버지나 형 누구든지 좀 더 높은 곳에 서서 상대와 자신의 개성을 함께 살릴 길을 찾든가, 그럴 수 없었다면 제3자가 중간에서 조정해 주었어야 했다. 이러한 경우 종교가 힘을 발휘한다는 것을 훗날 지도(紙島)사건 때 형 스스로가 체험하게 된다. 아무튼 당시 아버지로서는 형이나 형수를 그대로 긍정하는 것은 긴 세월 속에서 형성된 인생관을 근본적으로 뒤엎는 일이었을 것이다. 결국 이 불행은 끝내 제3자가 들어 화해의 방법을 강구하는 일도 없이 끝이 났다.

부자지간 갈등의 또 다른 원인으로서 성격과 나이 차이를 들 수 있다. 아마 아버지는 형의 성격을 알았겠지만 형은 아버지의 마음속을 읽을 수 없었던 것으로 생각된다. 보수적인 아버지는 이미 50대 중반의 사리분별이 명확한 중년으로, 독단전행하는 것에 비해, 진취적인 형은 이제 겨우 30살로 독립심이 왕성할 때였다. 큰 나무 아래에는 어린 나무가 자라지 않는 것이 하나의 진리라면, 이 경우 위기에 처한 형의 영혼을 해방시키는 길은 결국 가출 이외에 없었을 것이다.

생각해보면 중학교를 퇴학하고 나서 15년 동안 형은 한편으로 인내하고 한편으로 열심히 일했다. 흔히 물의 높이가 수원지의 높이에 비교되듯이, 다년간 억압된 형의 천성은 일대 폭발과 함께 하늘을 찌를 듯한 기세로 계기를 찾아낸 것이다.

그렇긴 하지만 형은 결코 무일푼으로 조선으로 간 것은 아니었다. 품속에는 2천여 엔의 돈(이 돈은 당시 조선에서 사업을 일으키는 데 결코 적은 돈이었다고는 할 수 없다)이 있었지만, 형은 이러한 유형적인 것보다도 훨씬 값어치 있는 것을 가지고 갔다. 즉 생가에서 다년간의 훈련과 습관으로 형성된

 (1) 상거래상의 습관과 그 외 재화와 이익에 관한 실제 지식

 (2) 정확하고 민첩한 계산 능력

(3) 사무 정리정돈 습관

(4) 어떤 일이라도 경제를 기초로 하여 경영하지 않으면 성공하지 못한다는 신념

등으로, 이러한 것들은 모두 아버지에게서 직접 전수받은 것이었다. 마침내 아버지의 상업적 재능이 바다를 건너 조선에서 발아하게 된다.

단 여기서 덧붙이고 싶은 것은 형의 과단성이다. 이 과단성 있는 성격은 형 특유의 것이었다. 속담에 '강건한 사람과 폭포는 스스로 길을 만든다'라고 했다. 형의 운명은 그 후에도 항상 그런 성격에 의해 개척되었다.

아무튼 가출, 도망이라고 하는 것은 어떠한 시대라도, 우리나라 가족제도에 대한 일종의 항의이고 반역이다. 이 가정 비극의 주인공으로서 형이 얼마나 번민하고 괴로워했는지 쉽게 상상할 수 있다. 당시 아버지에 대한 형의 감정을 드러낸 다음과 같은 에피소드가 있다.

어느 날 형이 의형인 미즈타니 씨를 방문했을 때 하이쿠(俳句)를 습작하고 있던 의형이 고민하고 있었다. 사연을 물으니 "선생님으로부터 시의 아랫부분을 받았는데, 윗부분을 붙이려고 하니 힘드네"라고 했다는 것. 그 아래 구가 무엇이냐고 물으니 "어둡고, 밝고, 덥고, 차고"라고 했다. 이 말을 들은 형은 "이런 구는 쉬워"라며 그 자리에서 윗부분을 붙였다. "세상 사람들의 마음 깊은 곳은 모두"라고.

"세상 사람들의 마음속은 모두 어둡고, 밝고, 덥고, 차고" 이렇게 지어진 하이쿠는 시모임에서 일등을 했다고 한다. 알 듯 모를 듯한 시이지만 적어도 다음과 같은 것을 추측할 수 있다. 즉 형의 인생관은 성선설도 성악설도 아니다. 사람의 마음은 명암(明暗), 냉열(冷熱), 선악(善惡), 정사(正邪)가 서로 섞인 것이라 생각했을 것이다. 그리고 형에게 '인간'으로서 가장 강한 인상을 준 사람은 말할 것도 없이 아버지였다. 그렇기 때문에 하이쿠를 빌려 형은 아버지에 대해 스스로 토로하고 있었던 것은 아닐까.

◆

제3편

후반생(後半生)

(1908년에서 1910년까지)

제1장 **사생활과 개인사업**

1. **통영, 갱생**(更生)(1908)

부산에서 서쪽으로 10해리 떨어진 곳에 통영이라는 어촌이 있다. 한
일병합 전이어서 일본인이 아직 극히 적을 때인데, 그 어촌에 미토모야
(三友屋)라고 하는 상점이 있었다. 세 사람의 친구가 공동 출자하여, 각
자 포목, 잡화, 철물을 분담하여 경영하고 있었다. 그 중에 형이 처음 조
선에 갔을 때 후쿠마타 상점에서 같이 일한 다가와 가즈야 씨도 있었다.
1908년 봄 아직 이른 3월, 욧카이치를 떠난 형은 곧 부산으로 갔다. 부산,
경성, 대구, 고성 순차적으로 돌며 정착할 곳을 찾았지만 뜻대로 되지 않
았다. 다시 다가와 씨를 찾아가 미토모야에 행장을 풀었다. 다가와 씨는
그 후 비운을 만나 궁지에 빠졌는데, 형이 1920년 면장을 하고 있을 때
면사무소 회계원으로 채용하여 생활의 안정을 찾게 해주었다. 왕년의 은
혜의 보답에 다가와 씨는 감격하며 기뻐했다고 한다. 형이 사업을 시작
하는 장소로 특별히 통영을 선택한 것은 이 지역이 장래 항구도시로서
발전할 가능성이 높았기 때문이었다(욧카이치와 요코하마에서 형은 그
예를 보고 있었다). 여기서 통영에 대해 조금 설명해보겠다.

통영전경

　1592~1596년 도요토미 히데요시가 조선 침략할 때 구키 요시타카
(久鬼嘉隆), 우키타 히데이에(浮田秀家) 등이 이끄는 수군이 조선의 맹장
이순신과 싸워 조선 남해안에서 산산이 격파당한 사실을 아는 사람은
그 지점이 오늘날 어떤 곳일까 하고 상상할 것이다. 이 대해전은 통영 앞
바다에서 일어난 것으로, 통영의 이순신 충렬사(忠烈祠)[1]와 다이코보리
(太閤堀)[2]는 지금도 여전히 400년 전의 기억을 머금고 있다. 지리를 잘
모르는 일본 수군이 패배한 곳인 만큼 통영 항은 실로 요새이다. 부산에
서 남서 40해리, 경상남도 남단 고성반도 돌출부에 위치하여, 배후에는

---

1) 충렬사는 통영시 명정동 213번지에 위치해 있다. 임진왜란 후 주민들이 이순신 제사를
　지내오다가 1606년 통제사 이운룡이 왕명으로 사당을 세웠다. 1663년『충렬사』라는
　사액을 받았다(통영시사편찬위원회,『통영시사』, 1999, 553~554쪽).
2) 통영시 당동과 미륵도 사이의 연결지점이다. 임진왜란 때 일본군이 이순신군에 패배
　하여 도망하다가 이곳이 막혀있자 수로를 만들어 도망하였다고 전해지는 곳이다. 이
　곳에는 1907년 통영의 김삼주가 사비를 들여 판교를 가설하였고, 1915년에 돌다리를
　만들었다(山本精一,『統營郡案內』, 1915, 127쪽). '다이코보리(太閤堀)'라는 명칭은 일
　제 강점기 때 일본인들이 임진왜란을 일으킨 도요토미 히데요시의 존칭어를 가져다
　사용한 것이다.

구릉이 이어져 있고, 항은 깊게 들어와 내항과 외항으로 나뉘어져 있다. 부근 일대의 해안선은 굴곡이 심하고, 통영 앞바다에 가로놓인 거제도를 비롯하여 수원지(水源池) 미륵산이 있는 미륵도(彌勒島), 아름다운 진달래가 피는 한산도(閑山島), 그리고는 욕지(欲知), 연화(蓮花), 비진(比珍), 매물(每勿) 외 무수한 섬들이 산재하고 있어 참으로 다도해(多島海)라는 이름이 어울린다. 사계절 내내 비가 적고 대기가 맑다. 풍경은 웅휘명비(雄輝明眉), 정말로 조선 남부 제일이라는 이름이 부끄럽지 않다. 게다가 난류가 가까이에 흐르고 있기 때문에 겨울은 따뜻하고, 여름에는 서늘하여 기후가 좋고 온화한 것이 조선 제일이라고 일컬어진다. 이 점에서 통영은 낙원이라고 해도 과언이 아니다.

통영에는 이 기후풍경에도 뒤지지 않는 천혜자원이 있다. 그것은 다름 아닌 어업이다. 연안에 굴곡이 많고 또 조류 관계상, 근해는 어류 서식에 적합하여 무진장 대보고(大寶庫)라고 여겨진다. 어류가 다양하고, 어획량이 많고, 또 사계절 내내 어로가 가능한, 이 세 조건을 겸비한 많은 어장들로 둘러싸인 통영은 그야말로 조선 전국에서 유례없는 어항이다. 현재 통영을 중심으로 하여 어업에 종사하는 인구는 1만 7, 8천명에 육박하고 있으며, 매년 수산업 총액은 통영만으로도 800만 엔, 통영군 전체를 합하면 총액 2천만 엔에 달한다고 한다. 현재 통영 인구는 일본인 약 3천, 조선인 약 1만 8천, 여기에 통영 항을 근거지로 하는 부근의 어민을 더하면 3만 명을 족히 넘을 것이다. 옛날부터 있어 왔던 마을인 만큼 명승고적도 많고, 부산은 물론 마산, 진해, 여수 사이에 정기항로가 있어, 문명적 시설도 상당히 완비되어 있다.

세병산 기슭으로 시가지가 이어지고,
푸른 파도가 씻어내는 해안에는 수많은 배들
미륵산에 웅장한 봉우리가 솟아있고, 거제의 섬들은 지척에.

봄날 새벽을 그린 것 같은 한산도의 숲, 가을 저녁 도미가 춤추는 미인의 섬
왜란의 유적인 충렬사, 다이코보리는 백년의 귀감
조선의 남단 부산의 서쪽, 조선의 일본인 2만에 이르고
해산물은 해마다 늘어, 솟아오르는 아침 해와 같은 통영 항구

                                                            (핫토리 겐지로 작)

그러나 지금부터 20년 전, 한일합방 이전 형이 홀로 통영에 도착했을
때는 전혀 이렇지가 않았다. 군항(軍港)으로서 또 조선 나전칠기(螺鈿漆
器)의 산지로서 오래전부터 알려져 있기는 했지만 칠기공업은 쇠퇴하였
고 어업 중심지로서 얼마 되지 않는 어선의 출입이 고작이었다.

일본인은 내항에 인접한 구획에 주거하고 있었고, 그 수는 불과 240명
에 지나지 않았다. 시설로서는 일본인회(1910년 한일합방까지 존속)3)와
소학교 교사(校舍)4)와 우편소5)가 있었을 뿐이었다. 우편소는 전보를 취
급하지 않았는데 이것만으로도 그 나머지 상황을 대략 상상할 수 있을
것이다. 조선인은 상당 수 있었고, 더구나 그들은 상당한 부를 가지고 있
었다. 또 임진왜란 중 전투가 있었던 곳이라 기질이 강한 지방색이 있었
다. 모든 것이 아직 유치한 단계였지만 항구 전면에 놓여있는 풍부한 바
다의 대자원은 마치 욧카이치 항 뒤쪽으로 이어진 이세 평야와 같이 통
영의 장래 발전을 암시하는 것 같았다. 그리고 형에게 최고의 정착지였
다는 것은 이 지역이 일본인들 사이에 아직 기성세력이 없어, 누군가로

---

3) 통영에 일본인이 이주하기 시작한 것은 1900년경이다. 1904년 무렵 60명으로 증가하
   여, 1905년 1월 일본인회가 설립되었으나 그 해 8월 해산되었다. 1906년 다시 일본인
   회가 재건되고, 일본인회립소학교도 설립되었다(山本精一, 『統營郡案內』, 1915, 90~
   91쪽).
4) 1906년 5월 설립된 일본인 교육기관인 통영공립소학교를 말한다. 조선인 교육을 목적
   으로 1908년 설립된 통영공립보통학교와 다른 것이다(山本精一, 『統營郡案內』, 1915,
   69~70쪽).
5) 통영우편소는 1902년 12월 마산우편국에서 야스모토 센이찌(安本善一)가 파견되어 처
   음 개설되었다. 1907년 우편소로 승격되었다(山本精一, 『統營郡案內』, 1915, 102쪽).

부터 간섭을 받을 필요 없이 마음껏 날개를 펼칠 수 있었을 뿐만 아니라 때마침 한일합방이라는 공전의 호기를 만나 그 활약이 한층 자유로웠고, 또한 충분히 보상받을 수 있었다.

앞서 말한 미토모야의 한 칸에 정착한 형은 우선 1개월 동안 굉장한 열의로 조선어를 습득했다. 형은 '이때 조선어를 배운 것이 내가 조선에서 성공한 근원이다'라고 훗날 지인들에게 말했다.

다음 달 4월 6일, 일찍이 고향에서 이혼했던 형수가 역경을 딛고 단신으로 조선으로 건너가 통영에 도착했다. 그리고 내외는 통영 요시노초(吉野町)6)에 방 두 칸 – 다다미 약 10장 정도 크기 – 초가집을 한 채 빌려 궁색한 살림을 시작했다. 외관은 총면적 5평 크기로 그야말로 외양간과 구별이 안 되는 오두막집에서 기거했지만 형 내외에게는 정말로 대궐에 비할 수 없는 편안한 생활이었을 것이다. 마음속에 불같이 타오르는 개척자의 열정과 강철처럼 견고한 결의를 품은 두 사람에게 정말로 어울리는 출발이었다. 부부가 그 후 향상의 길을 같이 이겨나갈 수 있었던 것은 아마도 밑바닥 생활부터 시작한 강한 의지에 기인하는 것이 아닐까?

이때부터 2~3년 후의 일인지 정확하진 않으나 형은 어떤 친구에게 다음과 같이 말했다고 한다.

"아버지는 정말로 상거래의 박사라고 해야 할 사람으로 잠꼬대도 상거래와 관련된 말을 할 정도였다. 아침에 눈을 뜨면 바로 주산 알을 튕기며 생각에 잠기셨다. 목욕을 해도 생각에 잠겨있어서 어머니가 목욕물 온도의 정도를 물어도 대답이 없을 때가 다반사였고, 신문도 물가란과 경제란만 보고 그 외의 것은 일체 보지 않고 바로 던져버렸다. 정말로 혼신을 다해 상거래를 하는 사람이었다."

"아버지는 경쟁심이 왕성했다. 동업자가 있으면 반드시 맹렬하게 경

---

6) 오늘날 항남동 일대.

쟁하여 그를 능가하고, 그를 능가하면 그 이상의 힘을 가진 동업자와 전력을 다해 경쟁하여 이를 이기지 못하면 참지 못하는 사람이었다. 아버지의 그러한 투지와 정열적인 정진은 아버지 사업의 밑거름이 되었다."
(편자에 의하면 아버지의 청년기는 그랬지만 장년기는 사회생활, 공존공영 등의 관념이 굉장히 강해져 다른 사람을 능가하기 위해 경쟁하고 동업자를 힘들게 하는 일은 거의 없었다고 한다.)

"아버지는 나이 60에 그만큼의 재산을 만들었다. 내 나이 50에 아버지만큼 재산을 만든다면 아버지의 자식으로 세상에서 인정받을 것이다."

이상의 말들은 형이 통영에서 상거래 활동, 특히 처음 7년간 분투했던 모습을 알고 있는 사람들은 바로 수긍할 것이다. 즉 노력 근면의 모범은 아버지이고, 목표는 효 – 성공 – 축재, 거기에 어떠한 희생도 불사한다. 그리고 아버지에게서 전수받은 상거래 훈련과 자신감 이것들은 형이 지난 날 백일 주산연습(百日算)에서 그러했던 것처럼 분명 정열적인 활동을 지속시키는 동기였다.

2. 대부업(1908)

형은 먼저 대부업을 시작했다.

당시 조선에서 일본인은 어중이떠중이 모두 대부업을 하고 있었다. 간베 마사오(神戶正雄) 박사의 『조선농업이민론』(1910년 출판)을 보면 당시의 정황을 엿볼 수 있다. 상업 특히 잡화상을 경영하면서 대부업을 겸하는 것은 흔히 있는 일로, 지주나 소작인이 대부업을 하고, 관리가 남몰래 대부업을 하거나 아예 관직을 버리고 말 그대로 대부업자로 전락하는 자까지 있었다. 어째서 이같이 앞을 다투어 그다지 평판이 좋지 않은 상거래를 했는가 하면, 하나는 금리가 굉장히 높았다는 점이고(장소와 대금의 종류에 따라 이율이 다른데 청주 시장의 시변(市邊)은 장이 설 때마다 월 6회 1엔에 대해 2전, 밀양 부근의 치계전(雉鷄錢)은 월 9부), 둘째는 조선인 특히 농민의 자산 신용상태 및 차입금액이 은행이 취급하기에는 너무 적었기 때문이었다. 그래서 대부업자는 2~3백 엔의 소자본으로 시작해도 생계를 유지할 수 있을 정도였다.

이 민간의 대부 중에 시장 대부(市場貸)라는 것이 있다. 조선에는 옛날부터 각 지방마다 매월 1일과 6일 또는 2일과 7일(통영에는 2일과 7일), 즉 매월 6회 시장이 섰다. 시장 대부는 시장 상인에게 다음 시장이 서는 날까지 빌려주는 것으로, 만약 갚지 못할 경우 그 자리에서 물품을 압류하여 경매에 부치는 등 재빠르게 이윤을 취할 수 있었다. 이 시장 대부는 물론 소자본 대부였다. 그 밖에 전지(田地)를 저당으로 하여 이자를 공제하고, 토지 가격의 30~40%를 대부하는 일도 있었다. 이것은 모두 큰 돈이어서 갚지 못할 경우 대부업자에게 더 많은 이익을 가져다 주었다.

형은 주로 시장 대부를 했다. 시작하면서 곧 조선인 통역을 고용했다. 허 모(許某)라고 하는 당시 19세 청년으로 형이 아끼며 교육시킨 조선인 중의 한 사람이었다.

대부업을 하면서 밀장사도 겸했다.

형은 열심히 일했다. 차용인을 잘 배려했다. 그러나 대부업은 이익이 많은 반면 손실 위험도 많았다. 그 중에는 돈을 빌려주고 재산을 모두 잃은 일본인도 있었지만 형은 세심한 주의를 기울이고 민첩하게 대응하여 손실을 보통보다 줄였다.

한편 가정에서는 극도로 절약하는 긴축 생활을 했다. 형수도 바느질에 힘쓰는 등 형에 뒤지지 않을 정도로 근검저축에 애썼다.

이 당시에 대해서 미즈타디(水谷) 씨는 편자에게 아래와 같은 편지를 보내왔다.

　고인이 시종 말씀하신 것으로 "상인은 아무리 많이 벌어도 새는 곳이 있어서는 아무 일도 되지 않는다. 일가의 기초는 경제를 기본으로 하여 1년 예산을 세우고, 그 범위 내에서 1년을 지낸다는 의지를 고수해야 한다"라고 했습니다. 통영으로 건너와 처음으로 가정을 가지게 되었을 때, 본인과 집사람, 그리고 통역 세 사람이었고, 통역은 자신의 집에서 식사를 하고 가게로 출근했습니다. 그때 고인이 말씀하셨습니다. "지금 나의 가게는 대부업이 9할이고, 상거래는 1할 정도이다. 자본이 적기 때문에 너무 크게 상거래를 하면 점원도 둘 수가 없고, 거기에 동반하는 경비도 많이 든다. 때문에 지금은 아내가 두 사람의 식사 준비를 하고, 바느질을 하여 그 만큼 교제비와 식사비를 덜어주고 있으므로 내가 금리와 상거래의 이익으로 점원의 급료를 지불하면 달에 2백 엔 정도의 이익이 생긴다. 1년이면 2천 4백 엔이다. 적으나마 1만 엔의 돈이 생기면 일본인 점원을 한 사람 정도 두어, 상거래도 확대할 생각이다"라고 말씀하셨습니다. 매년 연말에는 반드시 결산을 했습니다. 결산을 하면 예산보다 이익이 반드시 2~3백 엔 많았습니다. 그것은 고인이 오로지 성공을 위해 한마음으로 노력한 결과로 그러기 위해 고인이 얼마나 많은 고심을 했을 것이라는 것은 충분히 상상이 됩니다. 총총

　이처럼 열심히 일했기 때문에 사업 초기에 마침내 7, 8할의 이익을 얻었다. 그러나 대부업을 하는 사이 얻은 이익은 이런 유형적인 축재만이 아니었다. 첫째 통영 지방의 경제 사정, 인심의 향방, 풍속 습관 등에 통달하게 되었고, 장래 활동의 기초지식을 쌓았다. 다음으로 금리 이윤의 채산 등, 훗날 많은 사업, 회사 혹은 조합 등의 경영에서 보여준 탁월한 이재의 수완을 닦는 기회가 되었다. 셋째 적어도 스스로 옳다고 생각할 때는 다른 사람의 반대와 비난을 무릅쓰고라도 밀고 나가는 담력을 체득했다. 이러한 것들은 형이 대부업을 하면서 얻은 무형적인 이익이었다.

3. 형수의 내조

형수의 전기 『히사코 부인』을 읽으신 분은 당시 식수가 부족한 통영에서 매일 아침 새벽별과 함께 일어나 작은 두레박을 들고 우물물을 길러가는 가녀린 형수의 모습을 떠올릴 것이다. 형수의 내조의 공은 형 스스로가 누누이 말하는 것인데 그녀는 정말 훌륭한 배우자로서 형의 성공에 일조한 사람이었다. 집에서는 업무를 돕고, 점원을 챙기고, 또 형을 위로했다. 말 그대로 일심동체 협력노고(協力勞苦)를 아끼지 않았다. 여장부적인 일면과 취미가 풍부한 타고난 성격은 형의 생애에 좋은 반려자로서 그 무엇보다도 잘 어울리는 존재였다.

이때 형수의 노고는 형에 대한 온전한 사랑에서 비롯한 것이지만 이전 고스기에서의 단련이 그런 고난을 이겨내게 했다고 볼 수 있다. 이 점에 대해서는 이구치 목사도 장례식 연설 중에 "곤란이 너를 보석으로 만든다는 금언은 부인에게도 진리였습니다"라고 말하고 있다(『히사코 부인』, 35쪽).

그러나 형수가 형에게 진심을 다한 것은 이러한 분투적인 노력뿐만이 아니었다. 그에 못지않은 귀중한 선물을 주었는데 그것은 바로 크리스트교 신앙이었다. 1915년 여름, 형은 형수의 손에 이끌려 처음으로 신의 사랑과 은총을 알았고, 교양의 문호를 열었다.

형은 원래 술을 마시지 않고, 연극도 보지 않는 이른바 향락과 거리가 먼 고지식한 성격이었는데 만약 종교에 입문하지 않았다면 필경 선량하고 성실한 식민지신사(콜로니얼 젠틀맨, 가장 좋은 의미의)에 그쳤을지도 모른다. 후술하는 「정신생활」에서 가와치 가즈무네(河内一宗) 씨가 형의 입문 사정에 대해 말하는 부분을 보면, 형이 구도하는 데 있어 얼마나 겸손한 사람이었는지 알 수 있다. 겸손이란 실로 이러한 것이구나 하고 우리들은 배울 수 있다. 동시에 방만(放漫)과 완고(頑固)가 바로 그 반대라는 사실도 깨달아야 한다.

4. 장부관리

그 무렵 장부관리에 대해서 들은 바를 적어보면

1. 금전출납장:
   주부의 손에 건네지는 생계 제비용은 잡비로서 기입한다. 주부가 별도로 정리 기록하는 이 잡비 계산 내역은 아래와 같다. 1) 위생비 2) 피복비 3) 교제비 4) 부식물비 5) 소모품비(쌀값, 세금 등은 가계비에 속하고 주부가 정리하는 계산에는 넣지 않는다)
2. 원장(元帳)
3. 대부장(貸付帳): 대부금과 이자를 기입하고, 별도로 이자만의 장부를 준비한다.
4. 물품구입장(物品購入帳)
5. 물품매출장(物品賣上帳)
6. 물품출납장(物品出納帳): 상품 종류에 따라 항목을 나눈다.
7. 은행장(銀行帳): 은행과의 대차, 어음의 할인
8. 토지대장(土地臺帳): 논, 밭, 택지의 명세 및 매매
9. 소작미징수장(小作米徵收帳): 매년 새로 만든다. 벼, 보리, 금납을 구별한다.

이런 방식으로 다수의 장부를 준비하여, 매일 저녁 아무리 늦어도 반

드시 계산하고 기록하였다. 당시는 조선과 일본의 두 종류의 화폐가 유통되고 있었기 때문에 매일 저녁 장부정리를 마감할 때는 10엔, 5엔, 1엔의 각종 지폐, 50전, 20전, 10전 등의 각종 은화, 5전짜리 백동, 2전, 1전, 5리의 각종 동화, 그 외에 조선 동전에 이르기까지 구체적인 내역을 출납장에 명기하여 오차가 생기지 않도록 했다. 이는 형이 여행 등으로 부재중일 때 매일 저녁 이 일을 했던 미즈타니 나오지로(水谷直次郞) 씨로부터 직접 전해들은 이야기이다.

당시의 사업은 실로 미미했지만 초창기부터 회계와 장부정리는 철저히 하여 애매한 점을 없애고, 동시에 끊임없이 사업 성적을 평가하고 경영 방법 개선과 사업 선택에 부심했다. 그러한 점들은 상당히 공부한 결과였다. 훗날 많은 공사사업(公私事業)을 능숙하게 그리고 명확하게 경영, 정리, 관리한 재능은 이미 이 시기에 발아하고 있었다. 생각해 보면 정리하는 습관은 젊은 시절 생가에서 뼈 속까지 박혀있던 것으로 아버지의 숙달된 상거래 경영의 비결이었다. 산업 합리화란 부기(簿記) 합리화를 말하는 것이고, 또 사업 정돈은 치부의 중요한 방법이라 했는데 음미할 만한 것이다.

5. 미곡상 및 경영상의 특징(1910년 이후)

열심히 일한 결과 얼마만큼 돈도 모여 1910년 3월부터는 미곡상을 시작했다. 재미도 없는 대부업에 염증을 느끼기도 했지만 형의 원래 목적이 일찍부터 배워 익힌 미곡상을 운영하는 데 있었다고 보는 편이 맞을 것이다.

당시 통영에는 아직 정미기계가 없었기 때문에 미곡은 껍질만 벗기고 현미 상태로 부산에 반출되었고,[7] 백미는 부산 혹은 고성 시장에서 사들였다. 그 당시 통영은 교통이 상당히 불편하고 도로도 울퉁불퉁한 길일 뿐만 아니라 여관의 불결함, 새까만 파리가 앉아 있는 보리밥, 빈대, 말이 통하지 않는 부락 등, 벼나 대두를 사러 먼 곳까지 나가는 것은 일본에서는 상상도 할 수 없는 일이었다. 그 중에서도 6리나 떨어진 고성 시장에 당일치기로 백미를 사러 가는 수고는 지금 생각해도 참 힘든 일이었다. 그 무렵 조선 술의 원료인 누룩은 소맥으로 만들었는데 이 소맥의 상거래가 가장 많아 출하하기는 정말로 바빴다. 그리고 대금을 징수하기 위해 매일 아침 일어나면 곧바로 나가서 하루 종일 분주하게 돌아다녔고 장날에는 먼지투성이가 되도록 바쁘게 쌀되를 움직였다. 이 무렵이 형에게 가장 힘든 노동의 시기였다.

다음해는 양곤 및 사이공의 쌀싸라기 수입을 시작했다.[8] 이것은 통영에서는 그때까지 시도되지 않았던 참신한 상거래로 특필할만한 일이었다. 조선인은 외국 쌀인 줄 몰랐기 때문에 처음에는 관심을 가지지 않다가 가격이 저렴하고 밥을 지으면 많이 부푼다는 교묘한 선전 때문에 점차 많이 구입했다. 흉작이었던 1912년에는 수요가 급증하여 일시적으로 수입쌀 전성시대를 맞이하여 시장이 서는 날에는 되로 파는 양이 50~60포대(한 포대는 7두 27~28관)에 달할 정도로 성황을 보이기도 했다.

이렇게 해서 가업은 순풍에 돛 단 듯이 기분 좋게 발전하였고, 점원의

---

7) 당시 조선에서 생산된 쌀을 일본으로 수출할 경우 백미로 수출해야 했다. 쌀을 생산하는 조선의 농촌에는 정미시설이 마련되어 있지 못해 개항장으로 반출해 도정하였다. 식민지시대 초기 개항장에 식료품공업 즉 정미업이 발달한 것은 이러한 이유 때문이다. 1911년 무렵 부산에는 大池精米所, 釜山精米所, 那須精米所, 日韓精米所, 土肥精米所, 上田精米所, 磯谷精米所가 운영되고 있었다(조선총독부농상공부, 『釜山方面商工業調査』, 1911, 21쪽).
8) 이 무렵 통영에서는 쌀값 안정을 위해 동남아시아뿐만 아니라 중국 쌀도 수입되었다(『매일신보』 1913.5.6(2)7).

수도 증가하여 종래 점포는 협소해서 시장에서 눈에 잘 띄는 곳에 당시 통영에서는 보기 드문 멋진 점포를 신축했다. 때는 1911년 12월, 즉 조선으로 건너간 이래 4년째이고 미곡상 개업을 한 다음 해로, 형이 얼마나 가업에 힘을 쏟았는가를 엿볼 수 있다. 형은 이때부터 영업 실무는 모두 점원에게 일임하고, 자신은 단지 전체를 관장하는 것에 그쳤다. 아마도 그것은 영업의 기초가 확립되고 내실이 충실하게 정돈되어, 형이 키운 오른팔과 같은 점원들을 상당히 신뢰했기 때문이다.

형의 사업 경영상의 특징은 어떤 사업을 집중해서 연구하고 실천하여 그 사업에 정통하게 되면(그러한 단계에 이르기까지 놀랄 정도로 정진을 거듭) 그것을 질서 있게 정돈하여 잘 훈련된 점원에게 일임하고 자신은 또 다른 새로운 일에 관심을 돌려 열중했다. 형은 같은 장소에서 정체되어 있는 것을 좋아하지 않았고, 언제나 새로운 것을 추구하지 않고는 견딜 수 없는 그런 사람이었다. 이 점에서 형은 사람이 어떻게 발전해야 하는지, 또 어떻게 향상해야 하는가를 몸소 후진들에게 가르친 사람이었다.

다음으로 영업상의 특징은 권리와 의무의 관념이 명확하여, 취해야 할 것은 반드시 취하고, 지불해야 할 것은 기분 좋게 지불하고, 그 사이 조금이라도 애매한 일, 당황스러운 일, 혹은 인정에 쏠리는 일이 없게 모든 일을 당당하고 명료하게 처리했다.

형의 가게는 일찍부터 매월 말이 되면 적극적으로 외상값을 지불했는데 이는 상대방에게는 적잖은 도움이 될 뿐만 아니라, 상거래 상 자신의 가게의 신용을 올리는 데도 도움이 되었을 것이라 생각된다. 따라서 점원도 그 같은 가게의 기풍과 경영방침 아래서 일하는 보람을 많이 느꼈을 것이다.

이렇게 하여 형은 다른 새로운 사업을 물색하고 열심히 그 일에 매진하였다. 그 사업이란 첫째는 회사사업이고 둘째는 다음에 이야기할 토지사업이었다.

상거래상의 형의 수완, 식견은 다음에 소개하는 미즈타니 씨의 편지 「쌀 시세 이야기」를 통해 대략 헤아릴 수가 있다.

쌀 시세 얘기 – 미즈타니 나오지로 씨 편지 2

분명히 1911년이라고 생각합니다. 저는 부재시 가게를 맡아달라는 부탁을 받고 통영에 갔습니다. 백미가 다 팔리면 부산의 오이케(故大池忠助 氏 ?)[9) 씨에게 전보로 가격을 묻고, 20가마나 30가마 정도 사서, 다 팔리면 그때마다 사고팔기를 계속해 달라고 했습니다. 저는 20가마 정도를 매입해서 팔고 있었습니다. 일본에서 돌아온 그는 "의형, 쌀을 살 때 맨 처음 전보로 가격을 물어보고, 생각하고 있던 가격보다 비싸면 20가마 사려고 했던 것을 30가마나 50가마로 늘려야 합니다. 그 반대로 가격이 싸면 30가마 사려고 했어도 10가마를 사던가 아니면 가격을 더 견주어 보고 하루라도 연기하는 편이 유리합니다. 그것이 상법입니다. 매일 가격을 물어 가격이 비싸면 쌀 시세는 한 가마 10엔인 것이 하루만에 20엔이나 30엔으로 오르지는 않습니다. 반드시 하루에 11엔이 되고, 이틀 째 12엔 50전, 삼일 째 13엔이라든가, 이런 식으로 최고가에 오르는데 3~4일은 걸립니다. 그 반대로 내리는 것도 매일 조금씩 내리기 때문에 이때의 시세를 전보로 물어보고, 가령 10엔이라 생각했는데 저쪽에서 11엔이라는 답이 오면 그때는 20가마 주문할 것을 50가마 주문합니다. 그 다음날 반드시 12엔이라는 시세가 됩니다. 그래서 다른 사람이 20가마로 20엔 버는 것을 저는 50가마로 50엔 법니다. 그 반대로 내릴 대는 10엔 하는 쌀이 9엔이 되면 그 다음날은 8엔이 되기 때문에 하루 연기함으로써 20가마에 다른 사람보다 손해가 20엔 적습니다. 시세라고 하는 것은 이런 식으로 정해지는 것입니다"라고 하셨습니다.

또 쌀값이 하락할 때는 전문가가 돈을 벌고, 초심자는 오를 때 돈을 번다라는 말은 옛날부터 의례히 하는 말인데, 요코하마에 쌀을 팔러 갔을 때의 이야

---

9) 오이케는 대마도 출신으로, 1875년 부산으로 건너와, 1928년 사망하였다. 그는 부산에서 무역, 여관, 창고, 정미, 부동산 등 다양한 업종에 종사하면서 하자마 후사타로(迫間房太郎), 가시이 겐타로(香椎源太郎)와 함께 부산에서 성공한 3대 부자로 불렸다. 그는 경제계뿐만 아니라 부산거류민단장, 부산상업회의소회장, 부산번영회장, 부산부협의회의원 등을 맡았다.

기를 다음과 같이 말씀하셨습니다. "요코하마에 가서 쌀을 몇 백 가마라도 그 날 시세로 팔고 집으로 돌아오면 시세는 반드시 더 내려가 있다. 내려간 시세 는 판 날 보다 하루나 이틀 있으면 반드시 더 내려가므로 내려간 시세로 사서 요코하마로 보내는 것이다. 그러면 수중에 쌀이 한 가마도 없어도 이익을 챙 길 수 있다. 그 하락세가 어느 정도까지 내려 갈 것인가, 이제 이 정도에서 멈 출 것이라 하는 것은 직감인데 이는 전문가들도 자주 실패하는 부분이다. 여 기까지 조심하면 시세 차이는 그다지 큰 손실을 초래하지 않는다"라고 하셨 습니다.

6. 토지사업(1912년 이후)

조선에서 성공한 사람이라고 하면 십중팔구는 토지와 관련되어 있 다.[10] 그러나 토지사업은 지가(地價) 변동이 있기 때문에 어느 정도의 혜 안과 신중하고 면밀한 연구에 입각하지 않으면 위험하기 짝이 없는 투기 사업이 된다. 형은 다른 사람 보다 앞서 토지로 눈을 돌렸다. 그가 우즈나 와(埋繩)의 처갓집에 머물렀을 때 형의 장인이 메이지 초부터 그때까지 의 우즈나와 토지등귀율을 상세하게 조사해 준 적이 있었다. 통영으로 돌아온 형은 열심히 조사하고 심사숙고한 뒤 확신이 서자 토지 매입을 개시했다. 재산을 다른 형태로 바꾼다든지, 사업을 변경하는 것은 형이 즐겨 하는 일이었다. 기회가 생기면 과감하게 결정했기 때문에 과거에 대한 집착은 전혀 없었다. 토지에 손을 댄 것은 1912년인가 1913년경일 것이다. 한 번 중지했던 대부업을 1914년경에 다시 시작한 것도 토지 저 당을 염두에 두고 있었기 때문이었다. 형은 토지사업에 굉장히 열중했고

---

10) 조선으로 건너온 일본인들의 대표적인 투자사업은 토지였다. 1905년 러일전쟁을 전 후해 경상남도의 낙동강 주변에 대한 투자는 대표적이다(최원규, 「19세기 후반, 20 세기초 경남지역 일본인 지주의 형성과 투자사례」, 『한국민족문화』 14, 1999).

매물이 있다는 소문을 들으면 멀든 가깝든 그곳으로 달려갔다. 또 어떤 때는 한 해가 저물어가는 28일에 신문에서 본 논을 보기 위해 멀리 전라남도 진도 부근까지 간 적이 있었을 정도로 고성, 거제(도) 등 형의 발자취가 닿지 않은 곳이 드물 정도였다. 그리하여 형은 조선인과 일본인을 통틀어서 통영군내 굴지의 대지주가 되었다.

생각건대 형의 일생에서 가장 수학적으로 성공한 사업은 이 토지경영이었고, 재산을 모은 주된 계기도 아마도 이것이었을 것이다.

이 토지매입에 왕성한 활동을 하고 있을 때 일어난 것이 소위 지도(紙島)사건이다. 이 사건은 여러 가지 의미에서 형에게 큰 사건이었다.

통영에서 동쪽으로 2리, 거제도 건너편에 있는 지도[11]라고 하는 섬에는 인가가 72호, 산야가 60정보, 밭, 택지가 약 500두락(斗落, 약 16정 7반보), 논(수전)이 약 160두락(약 10정 7반보) 정도 있었다. 이 섬은 섬 전체가 한 사람(魚允迪 씨)의 소유로 되어 있었는데 소유자는 재산정리를 위해 섬을 매각하려 했다. 때는 1915년, 미곡 가격은 굉장히 쌌고 토지도 비교적 싼 시절이었다. 형은 당시 토지 매매에 열중해 있었기 때문에 이 것을 5천 엔에 매수하는 계약이 성립되었다. 형은 보증금을 지불하고 소유권 이전증명 수속까지 추진하였지만 유럽에서 전쟁이 발발하여 금융계가 동요하고, 관청의 증명사무가 폭주하여 토지이전 서류가 많은 지도의 이전증명은 지지부진했다. 그 사이에 소유주인 채권자가 나타나서 채권보전을 이유로 지도의 논을 경매에 부쳤다. 이것이 원인이 되어 경매사건의 책임을 둘러싸고 형과 소유자 간에 의견대립이 발생해, 형은 문제의 해결을 옛 점원인 조선인 모 씨와 그 동생(이 두 사람은 매매교섭 당초부터 형의 대리인으로서 일했다)에게 일임하고 양수인(讓受人)의

---

11) 경상남도 통영시 용남면 지도리에 딸린 섬. 통영시에서 북동쪽으로 7km, 고성반도에서 1km 떨어진 해상에 있다. 면적 1,422㎢이다.

명의를 그 동생으로 변경하게 했다. 그때 점원을 굳게 믿고 모 씨에게 일체의 서류를 맡겼는데 한 장의 각서조차 작성하지 않았던 것이 화근이 되어 다음해 이전증명 완료와 함께 모 씨는 섬의 소유권이 자기에게 있다고 억지를 부려 분쟁이 일어났다. 마침 그때 형수는 늑막염으로 위독한 상태였고, 형은 배신감에 괴롭고 분해서 거의 잠을 잘 수 없을 정도였다. 그 후 한 번은 타협이 성립되어 형과 모 씨와의 공동사업으로 하자 했지만 모 씨의 무성의로 인해 결렬되었다. 그리하여 토지조사국(土地調査局)의 고등위원회(高等委員會)가 열렸으나 수속 상의 허술함으로 구 소유주 일족 중 84명의 연대서명으로 다시 대소송이 제기되었다. 1919년 토지조사령12)이 발효되고 사건이 종결되기까지 5년이란 긴 시간이 걸렸고, 그 우여곡절이란 마치 하나의 소설과 같았다. 이 사건에서 형이 입은 최대의 손해는 다년간 사랑하고 아끼고 신용했던 아랫사람으로부터 배신을 당했다는 사실이다. 병든 아내를 간호하면서 필사의 투쟁을 계속해야 했다. 그러나 형은 이 사건을 훌륭하게 마무리 지었다. '원수를 사랑하라'라는 기독교의 가르침대로(후술하는 「정신생활」 중에 「한 사건」에 기록되어 있다) 이러한 울분 속에서도 형은 항상 모 씨에게 연민의 정을 잃지 않았고 "이 같은 일을 해서는 다른 사람을 힘들게 한다"고 하며 고소 의사를 묻기 위해 찾아온 형사에게 "그는 19살 이래로 내가 가르친 사람으로 어떠한 일이 있어도 고소할 뜻은 없다. 그는 지금 악마의 포로가 되어 있지만 하루 빨리 반성할 기회가 찾아 올 것이라고 확신한다"고 답했다. 또 어떤 때는 신을 찬양하고, 혹은 정의의 승리를 노래하며 "신이여, 원컨대 그를 악마로부터 구해주소서, 불쌍한 그를 회개하게 하소서"라고, 그를 위해 진솔한 기도를 올렸다. 형의 수기 「지도사건기록」을 보

---

12) 일본이 조선을 식민지화한 뒤 1912년 8월 13일 제령 제2호로 토지조사사업을 실시하기 위해 발표한 법령이다. 토지조사사업은 토지소유권만의 권리를 인정하게 하여, 지세를 안정적으로 확보하는데 목적이 있었다.

면 그의 심중에 어떤 절대적인 것을 분명히 인식하고, 그것에 의해 판단을 내리고 있음을 알 수 있다. 이런 점은 진정한 살아있는 크리스천이라고 말할 수 있을 것이다. 모 씨는 그 후 죄를 빌고 다시 형의 집에 출입하게 되었다. 사회적으로 성공하여 여러 회사의 중역으로 사업을 함께 경영하면서도 항상 형이 특별히 돌봐 준 것을 감사하고 있었다.

7. 금의환향(1915)

통영 생활도 어느 듯 7년, 사업은 일취월장했지만 꿈에도 잊지 못했던 것은 고향이었다. 더우면 더워서, 추우면 추워서, 성공하면 성공해서, 실패하면 실패해서라는 이유로 생각은 고스기 생가에 가서 무한한 회한에 잠기는 일이 종종 있었다. "아버지는 60에 저 재산을 만들었다. 나는 50에 저 만큼의 재산을 모았다면 세상 사람들이 아버지의 아들이라고 인정해 줄 것이다"라며 피눈물 쏟던 형이 가끔 세상으로부터 혹평을 받으면서까지 활동을 감행한 원인이고, 떳떳하게 아버지의 아들로서 인정받을 날을 기대하는 것이 유일한 낙이었고 위안이었다. 형이 욧카이치에서 모습을 감추고 난 뒤, 그의 소식은 고향에서는 전혀 알 수 없었다. 한때는 일가 모두 비탄으로 보냈다. 아버지는 둘째 형 겐이치로(당시 나가사키 상고(長崎商高) 강사)를 학교에서 불러들여 가업을 돕게 했다. 그런데 형이 가출한 후 3, 4년째 매형인 츠지 고시로(辻幸四郎) 앞으로 반가운 서신이 도착했다. 그것은 형이 마음먹고 친척에게 보낸 최초의 편지였다. 그 후 감격어린 서신이 두 사람 사이에 왕래되었다. 기다리고 기다리던 고향 소식을 접하고 형은 뛰어오를 듯이 기뻤을 것임에 틀림없다. 점차 형의 사업과 근황은 점차 고향에 전해져 왔다. 가출 이래 주인 없는 밥을 떠 놓으면서 자식의 행운을 신불에게 기원하고 있던 어머니의 기쁨은 형 못지않았다. 그러나 그 대단한 아버지는 무표정한 표정이었다. 생가를 버리고, 일단 이혼한 처와 동거를 하고 있다! 형은 의절한 것과 같은 상태로 귀향은 물론이고 누나 동생들과의 연락조차 금지되어 있었다. 그러나 1913년 넷째 형인 다이조(岱三)가 조선은행에 취직하여 경성에 부임했을 때, 우선 이 두 사람 사이에 왕래가 시작되었다. 한편 형이 고립무원(孤立無援) 이국 땅에서 모든 환난 고생과 싸우며, 이제 겨우 세상으로부터 인정받을 정도로 성공을 거둘 수 있게 된 연유를 매형이 아버지에게 차근차근하고 분명하게 전달하자 아버지는 가만히 과거 수 십 년간 수많은 고생과 부지런히 힘쓰고 경영하여 오늘에 이르기까지의 자신의 지나간 날들을 떠올렸다. 그리고 그것은 이국에 있는 아들의 당당한 모습이 아닌가! 끊임없는 감격의 눈물이 아버지의 뺨 위로 흘러내렸을 것이다. 형의 노고와 뜻은 이해되었다. 이리하여 매형의 중개로 형은 용서를 받고 봄에 돌아왔다. 형수는 이전 이혼이 원상태로 회복되었고, 1915년 2월 아버지 환갑잔치를 계기로 형은 형수와 함께 고향으로 돌아왔다. 조선으로 간 지 8년 만에 고향 땅을 밟은 부부는 연세가 들었지만 그래도 아직 건강하신 부모님을 뵈었고, 누나와 건강하게 성장한 동생들에게 환영을 받았다. 부부의 기쁨은 얼마나 컸을까! 지금 실낙원(失樂園)의 악몽은 사라지고 꽃피고 새 우는 복낙원(復樂園)의 한가운데에 형 내외는 서성이며 미소를 나누었다. 형 내외의 환희는 동시에 핫토리 가의 환희였다. 이국땅의 개척자로서 위엄 있게 콧수염을 기르고 프로그 코트 차림으로 금의환향한 큰형을 맞이하여 기쁨에 찬 일가의 모습은 아버지 환갑 기념 사진 속에서 엿볼 수 있다.

아버지 환갑기념 촬영(1915년)

(앞줄) 오른쪽에서 츠지 가츠이치로(辻勝一郎), 구루베(訓覇)로 개성
한 가타야마 유키오(片山行雄), 아버지, 어머니, 핫토리 마스야
(服部益也), 구루베 노부오(訓覇伸雄)
(가운데 줄) 핫토리 다케오(服部武生), 고 핫토리 히사오(服部久栄), 핫
토리 겐이치로(服部源市郎), 핫토리 다이코(服部たい子), 고
구루베 마스코(訓覇ます子), 고 핫토리 스미코(服部すみ子)
(뒷줄) 핫토리 마사타카(服部正喬), 고 핫토리 하루카즈(服部春一), 핫
토리 겐지로(服部源次郎)

아버지는 생각하셨을 것이다.

"저것은 머리도 나쁘고, 말하는 것은 실로 데퉁스러운 거친 놈이지만
아무튼 사업을 이루었어. 대단한 놈이야. 히노에서 백일 주산수업으로
한 대 얻어맞았는데 이번에는 제대로 한 대 맞았구먼"이라고.

8년 전 아버지에게 대들었던 형은 이렇게 멋지게 자력으로 문제를 해
결했다.

암운이 걷히었다. 형 일가와 고향과의 관계는 급속하게 진전되었다.

같은 해 아버지는 둘째 형을 통영으로 보냈다. 그리고 그 해부터 욧카이치의 아버지 가게에서는 조선 쌀을 취급하게 되었다. 형은 또 기회가 허락하는 한 고향으로 오는 것을 즐거움으로 삼았다. 가끔 형 내외는 아이가 없어서 집안이 허전하고 삭막하다고 느끼고 있었는데 1916년 조카뻘인 구루베 고레무네(訓覇是宗)의 장녀 스마코(すま子, 당시 3세)를 양녀로 삼았다. 이때부터 고향에 오는 빈도수는 매년 증가하여 부모형제는 물론이고, 친척들이 아프거나 안 좋은 일이 생기면 지극정성으로 그들을 돌봤다. 이 시기를 경계로 형의 사생활은 지리적으로나 정신적으로나 그 범위가 넓어졌다.

8. 형수의 중병(1916~1918)과 완쾌 감사 야유회(1919)

큰 문제는 이렇게 해결이 되었지만 새로운 고난이 찾아왔다. 그것은 형수의 병마였다. 연약한 형수가 다년간 고생을 거듭하더니 결국 병마가 덮쳐온 것이다. 7년 동안 악전고투한 끝에 마음의 병은 치료되었지만 육체의 병이 새롭게 자라고 있었다.

조선에 간 지 9년째인 1916년 6월, 형수는 늑막염에 걸리고 다음해 1월에는 폐렴까지 겹쳐 한때 위기를 맞이했다. 잠시 건강을 회복하여 이세의 후타미가우라(二見浦)에서 요양 중, 새로 복막염이 생겨 다시 위험에 빠졌다. 다행히 호전되어 7월에 통영으로 되돌아갔는데 그 이후 건강은 이전처럼 회복되는 일 없이 걸핏하면 병에 걸리곤 했다. 1918년 8월 다시 복막염을 앓았다. 형은 이때는 철저한 치료를 결심하고 만사를 제쳐두고 스마코를 데리고 규슈(九州) 하카타(博多)로 가서 대학병원에 입원시켜 치료를 받게 했다. 그런데 그 기간 동안 결핵까지 생겨 결국엔 절망적인 상태에 빠졌다. 그리고 생사의 갈림길에서 약 3개월 정도 방황했다. 이때는 형도 어느 정도 마음의 준비를 하고 있었는데 구사일생으로 다음해 1919년 2월 퇴원하여 4월경에는 실로 9개월 만에 통영으로 돌아왔다. 이 큰 환난은 형 내외에게 있어 가장 큰 위기 중의 하나였다. 이때 형수를 구한 것은 형의 극진한 간호과 형수의 신앙이었다. 부부는 이전 가와치 씨의 인도로 이구치 목사의 지도를 받고 기독교 신앙에 입문했다. 그리하여 신을 독실하게 믿고 운명의 고통을 받아들였기 때문에 기적적으로 죽음의 고비를 넘길 수 있었다. 이후 부부의 신앙은 점점 굳건해져 갔다.

이때 하카타기행이라고 하는 형의 일기에 병세의 경과와 문병 온 사람, 혹은 병원 내부의 일 등이 아주 잘 기록되어 있다. 형은 틈이 있으면 교회나 그 외의 연설회, 예를 들면 무샤노코지(武者小路)의 새로운 마을(新しい村), 히로이케 센쿠로(広池千九郎)의 천리교 강연 등을 방청하고, 또 여러 권의 책을 섭렵하여 강연과 책 내용 및 그에 대한 형의 감상과 비평을 적고, 또 명문구(名文句)를 발췌했다. 재밌는 것은 한자를 외울 셈이었는지 일기 가장자리 등에 한자가 적혀 있고, 그 중에는 발음까지 달려있는 것도 있었다. 예를 들면 有繁, 瞠若, 絡, 骸, 怯懦, 蔑, 陷穽 등. 또 하카타 체재중 상거래상의 거래를 기록하는 일도 잊지 않았다.

퇴원 후 형수는 몰라 볼 정도로 회복되었다. 11월에는 형이 형수를 위해 완쾌 기념으로 성대한 감사 야유회를 열어 통영 관민 다수를 초대하는 등 진심어린 축하연을 열었다. 이 야유회는 통영에서는 실로 보기 드문 일이었고 형수에 대한 형의 절절한 애정이 가을빛을 받아 그윽한 향기를 발한 행사였다. 아마도 형수가 죽을 때까지 가슴속 깊이 품고 있던 아름다운 추억이었을 것이다.

9. 가업의 발전 정미업(精米業) 및
해산물상(海産物商) 개시(1918~9년 이후)

한편 가업은 나날이 발전을 더했다. 1919년 정미공장을 신설하여 8마력 발동기와 정미기 2대를 설치하였다. 다음해에는 요시노초의 매립지에 공장을 신축하여 25마력 발동기를 설치하고, 도정(搗精) 공장도 같은 동력으로 운전하게 되었다. 이 정미공장은 가장 견실하게 성장 발전했다. 1923년 6월 영업조직을 개인상점에서 합자회사(合資會社)로 변경했다. 1926년에 이르러 백미 및 현미를 일본으로 보내는 등 사업 발전을 꾀했다.

해산물상은 1919년경부터 성황 속에 시작되었다. 그 중에서도 특히 깻묵은 형의 독점상태로 멀리 욧카이치와 협력하여 좋은 매출을 올렸다.

그러나 형의 사업이 항상 성공하는 것만은 아니었다. 때에 따라서 실패도 하고 곤란에 처하기도 했다. 1922년 비료에 밝다고 하는 한 점원에게 모든 것을 맡기고 시모노세키(下関)에 있는 재고 깻묵을 사들였다. 그러나 이것은 보기 좋게 실패하여 상당한 손실을 입었다. 1926년에는 정미공장에 불이 나서 공장이 전소되었다. 그 다음해에는 재고 쌀이 장마기에 변질이 되어 가격이 떨어져 2년에 걸쳐 손실을 봤다.

그러나 이러한 불운은 한편으로 형의 사회적 지위의 향상을 가져왔다. 1919, 1920년 이후 형은 이제 단순히 핫토리 상점의 주인이 아니었다. 통영 실업계의 부침(浮沈)을 짊어진 중진으로, 공공사업의 중심적 인물임과 동시에 고스기 핫토리 집안의 버팀목이기도 했다. 예로 1920년 당시 형의 생활을 보면

(1) 통영에서의 공적인 생활. 6월 면장취임, 방역, 수도부설, 소학교사 증축, 항만준설 그 외 진력분주.

(2) 통영에서의 회사사업 생활. 3월 통영통조림주식회사 설립(회장 취임), 4월 통영 해운주식회사 설립(이사 취임), 12월 통영해산주식회사 설립(회장 취임).

(3) 핫토리 가. 2월 부친 상, 4월 동생 겸 양자인 히사오(久栄) 사망.『핫토리 야스지로 옹(服部泰次郎翁)』,『추억문』간행에 힘씀.

　　위와 같은 상태에서 가업을 꼼꼼하게 돌볼 틈이 없어 거의 점원에게 맡겨 자연 실패하기도 하고, 제때 피해를 예방할 수가 없었을 것이다. 이런 상태는 1924년 형수가 죽은 후에 더욱 심해져, 어떤 때는 중국 여행을 가고, 어떤 때는 고향에 돌아오고, 어떤 때는 순회강연을 하고, 또 어떤 때는 저술을 위해서 동경에 체류하고, 마지막으로는 유럽 견학단에 참가하는 등, 통영 집에 있는 날은 1년에 100일을 넘기지 못했다. 특히 1926년은 재택 일수가 겨우 74일에 지나지 않았다. 그럼에도 불구하고 가업이 위에서 말한 몇 가지 차질을 제외하고는 막힘없이 진행된 것은 무엇보다 형의 덕망 덕분이었다. 이런 상황에서 1928년 10월 상하이에서 객사하여 통영 활동의 마지막 장의 막을 내렸다.

　　또한 1919년 요시노초 내에 더욱 웅장한 저택과 점포를 신축했다. 그 후 증축한 것이 지금의 건물이다.

　　신년이 왔다. 아, 은총이 가득한 새해가 왔다. 나라는 생산을 장려하고 국민은 평화를 기뻐한다. 인권은 존중되고 생존은 보장된다. 세상은 양양(洋洋)하고 가득 찬 진순(眞醇)의 봄이 되었다. 대경기(大景氣)는 사해에 넘치고 대환성(大歡聲)은 구천을 울린다. 아, 이 끝없는 은총 누구를 향해서 어떻게 감사해야 하나. 우리 통영항의 경우 작년도 무역액은 전년의 2배를 넘었고, 수산물은 경남의 3분의 1을 차지했고, 인구는 날로 증가하여 학생들도 많이 증가했다. 산자수명(山紫水明)의 아름다움과 사시(四時) 온난함이 서로 어우러져 은진년(殷賑年)과 함께 가세한다. 아아, 이 한없는 은총을 누구에게 어떻게 감사해야 하는가. 되돌아보면 기대하지 않았던 아버지의 완쾌가 있었고, 아내 또한 건강을 회복하게 되었고, 모든 사람의 이해와 배려는 우리 사업을 빛나게 하고, 경영은 날로 번영했다.

아아, 이 끝없는 은총 누구를 향해서 어떻게 감사해야 하나, 아 이 감사 환희로 가득한 새해벽두에 끝없는 성대(聖代)의 은총과 새로운 봄을 거듭 감사드리며 앞으로 여러분들의 후원을 기대하면서, 댁내의 축복이 가득하시기를 빕니다.

1920년 1월 1일
조선 통영 핫토리 겐지로 배상

10. 거듭된 불행과 기념 출판, 생활의 대전환, 재혼(1920)

1920년 2월 29일 아버지가 67세로 세상을 떠났다. 형은 그 1주기에 맞춰 4·6판 102페이지 분량의 소전기(小傳記) 『핫토리 야스지로 옹』을 인쇄하여 친척과 친구들에게 돌렸다. 생전 아버지는 불언실행(不言實行)하는 사람이어서 그 진면목은 물론이고 과거의 사실조차도 가족들에게는 알리지 않았는데, 이 소책자에 의해 대략 그 전모가 알려지게 되었다. 아버지의 생애 결산보고서라고도 해야 할 이 책이 손자에게 좋은 교훈서가 된 것은 말할 필요도 없다. 본서 자료는 형이 수집하여 한 번 편집한 것으로 나는 그 출판에 관여했지만 그때의 형의 고심은 여간 아니었다. 첫째는 형의 정리 버릇이 드러났다고 볼 수 있는데 그것은 아버지가 만족할 만한 했다. 그리고 이것이 선례가 되어 떠나간 가족을 그리워하는 『히사코 부인』, 『추억집』(追憶草), 『회상』(面影) 등이 차례로 간행되었다. 형은 그 후 고스기의 묘지 한 켠에 큰 묘비를 세웠다.

아버지 사후, 형 내외는 일가 모두 고스기로 옮겨왔다. 어머니의 노후를 위로하고, 후회 없이 봉양하기 위해서였다. 목욕탕을 개축하거나 증축하여 어머니의 병 정양을 도왔다. 또 형수는 도저히 큰 병을 앓았던 사람이라고 생각할 수 없을 정도로 일을 잘했다. 과거의 보상으로서 마지막 온힘을 다한 노력으로 생각된다. 아쉬운 것은 한 번 크게 앓았던 형수의 몸은 영원히 건강을 허락하지 않았다. 그래서 불과 몇 개월의 체류 끝에 통영으로 되돌아갔다.

히사오의 죽음과 『추억집』 배포(1920년)

막내 동생 히사오는 1916년 12월에 형의 양자가 되었는데 1920년 4월 8일, 즉 아버지 사후 40일이 지나지 않아 제8 고등학교 재학 중에 복막염으로 죽었다. 동생은 일찍부터 형수로부터 감화를 받아 크리스트교를 믿고 있었다. 그리고 그 아름다운 기독교도적 임종은 형에게 천국의 존재와 죽음도 어떻게 할 수 없는 신앙의 권위를 확신시켰다.

당시(1919~1920년경)는 형의 신앙생활이 가장 열성적이었던 시기답게 신앙 일기가 3, 4권 남아 있다. 그 중에 루카전의 '죽은 자로 하여금 죽은 자를 장사지내게 하라. 가래를 손에 쥐고 뒤를 돌아보는 자는 신의 나라에 적합한 자가 아니다' 등의 문구가 뜨거운 감정과 함께 적혀 있다.

형은 히사오의 학우인 제8고 학생 가이츠카 마사토시(貝塚正俊)와 함께 『추억집』을 편집했다. 동생에 대한 기억은 이 책으로 인해 영원히 지상에 남을 것이다.

삼가 1921년 신춘을 맞이합니다. 뒤돌아보면 파란만장했던 한 해, 특히 하늘의 은총을 받아 아버지를 여의고 자식을 잃은 일을 당하여 심심한 동정을 받고, 하늘에 계시는 아버지의 은혜, 인정의 아름다움을 조용히 생각하니 감격을 금할 수 없습니다. 태풍이 지나고 새로운 해를 맞이하는 즈음에 희망과 환희로 충만한 올해의 사명을 체득하여 크게 신앙을 일으켜 인사에 치우치지 않기를 간절히 바랄 뿐입니다. 여기에 조용히 신년축하의 글을 올립니다.

1월 1일
조선 통영 핫토리 겐지로

형수의 죽음과『히사코 부인』배포(1924년에서 25년)

형수는 완쾌감사 야유회 이후 4년간은 가끔 잔병이 있기는 해도 큰 문제없이 지냈는데 1924년 6월 복막염이 재발하여 낙엽 지는 11월 30일 39세의 일기로 통영 자택에서 영면했다.

생각해보면 형수의 일생은 실로 인고의 세월이었다. 1903년 결혼해서 1908년 이혼까지 5년간의 고스기 생활, 이어서 통영에서 결사적인 분투 생활, 점차 여유로워지고 복연(復緣)한 후에는 계속적인 병마 치료와 요양으로 보낸 9년, 신앙적으로 신의 은총을 받고, 신의 사랑에 힘입고, 또 찬송가를 들으면서 지상의 생활을 마쳤다고는 하지만 그 생애는 고난의 연속이었다. 형수의 몸은 타고난 허약체질로 보통 사람보다 몇 배나 예민한 신경과 직감력을 가지고 있었다. 그래서인지는 모르겠으나 그 심중에는 보통 사람보다 훨씬 강한 종교상의 소위 죄악감, 또는 원죄의식이라고 하는 것이 작용하고 있었던 것 같다(이러한 단어는 가장 선의로 해

석해 주었으면 좋겠다). 따라서 구세주에 대한 강한 갈망이 마음속 깊은 곳에서 끓어 올라와 죽음에 대해서도 평상시에 마음의 각오를 하고 있었던 것 같다.

생전 자주 "준비가 필요하군요"라고 우리들에게 말한 적이 있었다. 이승 생활에 그다지 집착을 가지지 않았던 형수의 순교자적인 느낌이 지금 그 상냥한 모습과 함께 나의 뇌리에 떠오른다.

부부 일심동체로 형수의 생활은 곧 형의 생활이었다. 만 22년 동안 같이 한 생활은 정말로 고난과 기쁨의 연속이었다. 형수가 병상에 있을 때 형은 가장 다정한 남편으로서 최선을 다해 요양과 간호에 힘썼다. 병으로 신경이 과민해진 형수를 위로하고 다독거리는 모습은 다른 사람이 보아도 아름다웠다. 보기에는 비교적 통통하게 보였지만 병마의 소굴이 된 몸을 눕히고 저항 할 수 없는 운명을 조용히 응시하던 형수와 그 곁에 바싹 붙어 있는 든든한 형의 모습은 실로 한 폭의 그림 '병든 아내와 위로하는 남편' 그 자체였다.

형수 사후, 형은 그에게 가장 영향력을 준 이구치 야스오 목사에게 부탁해 『히사코 부인』을 간행하여 지인과 친구들에게 돌렸다.

"저 동경하는 별나라에, 히사코여, 당신이 살고 있는가. 올려다 보니 더욱 별빛이 빛나 점점 당신의 얼굴처럼 보이구나" "당신이 떠나고 나서 나는 세상일에 거의 관심이 없다. 정월은 왔지만 나는 마음에는 아직 봄이 오지 않았다. 가슴 속은 얼음과 같이 굳게 닫혀져 있다"

『히사코 부인』 속에 형이 쓴 한 구절을 읽어 보면 누구인들 그 절절한 애정에 눈물을 흘리지 않겠는가. 형수의 죽음은 형에게 있어 인생의 석양과 같은 일이었다. 이 충격적인 사건을 경계로 형의 인생은 일변했다. 한마디로 형의 생활은 형수의 죽음과 함께 여생에 접어들게 되었다.

형수의 장례식이 끝나자 형의 공적 생활은 다시 시작되었다. 여명기를 막 지난 공인으로서 이때의 형의 생활은 아름답고 화려했다. 중국 여행, 기행문 간행, 주산강연, 주산강습회, 주산 순회강연, 『주산 12강』 간행 등 형의 생애에 있어 가장 눈에 띄는 업적은 모두 이 시기에 남겨진 것들이었다.

어머니의 죽음(1925년)

형수가 죽고 난 뒤 41일째인 1925년 1월 10일, 어머니는 2년 정도의 투병 끝에 돌아가셨다. 향년 70세. 13일 고스기의 코넨지(光念寺)에서 장례식을 치렀는데 참석자가 수천 명에 이르러 시골에서는 보기 드문 성대한 장례식이었다. 형수는 형을 지극히 사랑했지만 형을 힘들게 한 일도 많았다. 어머니는 형을 형수 못지않게 사랑했지만 형을 힘들게 하는 경우는 극히 드물었다. 형의 탄생부터 조선으로 건너 갈 때까지 30년간 형을 키웠다. 아버지와 형 사이의 끊임없는 불화의 완충지대. 형의 결혼 초기 몇 년에 걸친 마음 속 번민의 위로자. 그리고 조선으로 간 후는 아버지 몰래 주인 없는 밥을 지어 올려놓고 형의 무사 성공을 신불에게 기원한 그 모성애 등. 형에 대한 어머니의 애정이 외부로 드러난 것은 적고, 형 또한 이것을 표현한 적이 없었기 때문에 실제로는 더 지극하고 깊었을 것이다. 아마도 형이 통영에서 꿈에도 잊을 수 없었던 사람은 어머니이었을 것이다.

형이 아버지의 용서를 받고 나서 가출한 불효를 보상하기라도 하듯 부모님을 극진히 섬겼다. 특히 아버지가 사망한 후는 더욱 어머니를 생각하여, 한때는 통영에서 고스기로 거처를 옮겨와 봉양에 힘쓸 정도였다. 평소부터 형은 자신이 어머니를 닮았다고 했다. 감정적이고 눈물이 많은 점과 쾌활한 성격을 어머니와 비교할 정도였기 때문에 어머니의 죽음으로 말미암아 큰 실의에 빠졌다. 조강지처의 죽음, 노모의 죽음. 그리고 그 후 1~2년 사이에 셋째 누나 마스코와 둘째 형수 스미코가 40 전후의 젊은 나이에 세상을 떴다. 낙엽이 떨어지는 소리가 빈번하자 형은 자연스럽게 회상적이고 감상적으로 되어갔다.

이구치 야스오 목사의 죽음(1925)

형의 생애에 마음을 쏟은 사람으로 이구치 야스오 목사가 있다. 형은 자신을 크리스트교로 인도한 가와치 가즈무네 씨와 스승으로 존경한 이구치 목사를 가진 것을 굉장한 행복이라 생각했다. 이구치 목사에 대해서는 본서 중의 가와치 씨가 「교우 핫토리 씨를 생각한다」에서 쓰고 있다. 종교가의 표리를 잘 아는 형이 말보다도 실천이 앞서는 선생에게 애모의 정을 품은 것은 당연한 일이었다. 선생의 저서 『십자가의 은총』을 보면, 그 독실한 신앙은 물론이고 타협을 허락하지 않는 강인한 의지, 어떠한 적이라도 두려워하지 않는 용기, 그리고 평민적인 점 등을 엿볼 수 있다. 형의 경우처럼 나이가 들어 신앙을 가지게 되면 그 설교 여하에 관계없이 교리를 전하는 사람의 고상한 인격에 마음을 움직이는 경우가 많다. 선생이 통영에 가셨을 때는 언제나 형의 저택에 머물렀다. 형 또한 가능한 한 원조를 아끼지 않았다. 그런데 형에게 하나의 정신적 지주였던 선생은 1925년 12월 16일 임종했다. 선생의 죽음으로 인해 형의 정신생활은 더욱 깊어져갔다.

재혼(1926년)

형은 의형 미즈타니 나오지로 씨의 중매로 아이치 현(愛知県) 도요하시 시(豊橋市) 무라마츠 마사코(村松満佐子) 양과 약혼을 하고, 1926년 11월 28일 나고야시(名古屋市) 일본기독교교회당에서 요시카와(吉川)

목사의 주례 하에 결혼식을 올렸다. 그리고 나고야호텔과 부산의 스테이션호텔에서 피로연을 열었다. 특히 부산에서의 피로연은 정말로 성대해서 이시가키(石垣) 조선기선13)사장과 와다(和田) 지사의 인사와 축하의 말이 있었고, 봄날 같은 화사함 속에 형의 새로운 인생 출발을 축복했다. 그러나 신부가 굉장히 굉장히 약골이었던 탓인지(형수의 병으로 고생했기 때문에) 얼마가지 않아 파혼했다.

11. 가정, 고향 방문

통영의 집안분위기는 쓸쓸했다. 열정적으로 일하던 시기에는 아이가 없었고, 아이가 생기고 부터는 형수가 심심찮게 앓아 누웠다.

그러나 원래 애정이 깊고, 어떠한 일에도 싫은 내색을 하지 않는 사람인데다 인생의 기초를 감정에 얽매이지 않고 욕구를 만족하는 것에 두고, 절제나 금욕과 같은 것에 얽매이지 않았기 때문에 일가는 지극히 느긋하고 화기애애했다. 점원이나 가정부 등도 유쾌하고 밝게 일했다.

형은 원래 의식주에 까다로운 사람은 아니고, 또 어떤 일에 대해서도 아는 체 하는 일도 없고, 지극히 단순생활을 좋아하는 편이어서 형수 쪽에서도 손이 많이 가지 않았을 것으로 생각되지만, 성급한 점에서는 다른 사람보다 몇 배 더 해, 여차할 때는 타인에 대한 생각이나 배려가 거의

---

13) 1925년 2월에 설립된 해륙 운송업을 목적으로 하는 회사. 자본금 1백만 원으로, 부산부 매립신정에 본점이 위치했다. 조선기선은 이 무렵 지역의 해운회사를 통합하는데, 통영의 자산가들이 설립한 통영해운주식회사도 합병되었다. 통영 자산가인 福島彌市良(상무이사, 1150주), 服部源次郎(이사, 350주)이 참가하고 있다(中村資良, 『朝鮮銀行會社要錄』, 東亞經濟時報社, 1925년판). 사장 石垣孝治는 일본우선주식회사 사장으로 1908년에 조선으로 건너와 1912년 조선우선주식회사를 만들었다.

없었다. 한 번에 해치워버리는 성격으로 일을 할 때는 폭풍과 같이 일을 처리하는 경우가 다반사여서 형수는 이점을 충분히 이해하고 거역하지 않고 헌신적으로 내조했다. '용서가 없기 때문에……'라고, 듣기 좋은 말로 형을 비평하기도 했지만 거기에는 부창부수라든가 부부사이의 예의라든가 하는 궁색함은 전혀 보이지 않았다.

형은 비교적 건강했고, 가끔 병으로 자리에 누워도 유별을 떨 정도는 아니고 바로 아무 일 없었다는 듯이 회복되어 형수의 간호를 받은 적은 별로 없었지만 형수를 간호하는 일은 시종 했었다. 형은 병에 대해서 전문가 못지않은 지식이 있었고, 환자를 위로하는 방법도 뛰어났다. 또 의사와 간호부, 병원 측과 환자 사이에 원만하고 따뜻한 관계를 만들어 병실을 밝게 하는 수완도 형수의 병으로 다년간 체득한 결과일 것이다.

아이를 굉장히 좋아해서, 형이 손수 애정으로 키웠다. 형수가 후쿠오카의 대학병원에 입원했을 때는 스마코와 둘이서 여관 2층에 묵고 있었는데 5살 아이를 돌보는 일에도 상당히 신경을 썼던 것 같다. 이때의 일기에 "딸아이가 밤에 소변을 가리지 못해 무척 곤란"이라고 적고 있다. 너무나도 형다운 내용이다.

통영 집에는 아이를 위한 축음기와 피아노가 있었다. 그리고 선생님에게 출장 개인교습을 받게 했는데 그것은 피아노뿐만이 아니라 영어, 습자, 또 거문고(琴)의 경우도 마찬가지였다. 형이 아이들과 같이 놀 때는 완전히 동심으로 돌아가 같이 어울려 놀았다. 스마코의 친구들을 등에 업고 집에 데려다 주는 모습은 형이 통영에서 상업계의 중심인물이라고는 도저히 믿기지 않을 정도였다. 그러나 형은 근본적인 하나의 정의관이 있어 무조건적으로 애정에 빠지는 일은 없었다. 그 결과 아이는 쑥쑥 자랐다. 사랑스런 딸이 여학교 2, 3학년일 무렵, 형은 편지를 보내어 "딸아! 너의 건강과 총명은 아버지한테 유일한 자랑이다"고 직접적으로 말했다. 일반적으로 아버지들은 사랑한다는 표현을 쉽게 드러내지 않았지만 형은 일체의 숨김없이 사실을 얘기하고 또 행했다(권두 사진, 결혼 20주년 기념, 형, 형수, 스마코).

한편 고스기의 핫토리 가의 가장으로서 형은 통영과 고스기 사이가 천리 길임에도 불구하고 집안의 중심으로서 여러 가지 일들을 처리했다. 형의 대중성이라든가 통속성이라고 하는 것이 상당히 도움이 되었다. 핫토리 가와 친척집에 불행이 계속되던 때, 가장 중요한 인물로서 활동했고 또 모두의 든든한 대들보가 되었던 사람은 통영의 형이었다. 그 외에도 여러 가지 일을 적극적으로 돌보고 극진하게 챙겼다. 즉 사업가다운 수완을 종횡으로 발휘하여 짧은 체재 기간 중에도 사람들 몰래 큰일을 해냈다. 병문안, 불행을 당한 사람을 위로하는 일, 혹은 사소한 방문에 이르기까지 표면적으로는 극히 가볍게 보이는 행동 속에 담겨진 온정은 상대방 마음속 깊이 각인되었다. 형이 죽은 뒤 쓸쓸함을 느끼고, 생전을 그리워하는 사람도 적지 않았을 것이다.

형의 고향 방문 ─ 귀성 ─ 에는 깊은 의미가 있었다. 머무는 시간은 물론 사정에 따라 차이는 있었지만 주로 4~5일 내지 1주일이었다. 형은 이 기간 중 짧은 틈을 이용해서, 미에 촌 마을사무소(학우 가토 치카라 씨가 촌장), 신용조합(학우 다치 토모우에몬 씨가 조합장), 소학교(당시 니시와키 진노스케(西脇甚之助) 씨가 교장)를 방문하고, 그 다음 히가시히노의 교코학사를 들러 히나가(日永)에 있는 어머니 쪽의 백부 마에다(前田) 씨를 찾아뵙고, 돌아오는 길에 우네메(采女)에 있는 매제 츠지 고시로(辻幸四郎) 집에 들렀다. 또 우즈나와의 미즈타니 나오시로 씨를 방문하는 일은 정해진 프로그램이었다. 그 뒤 욧카이치와 근처의 지인, 옛 친구, 명사를 찾았고 시간이 허락하면 고지마(小島)에 있는 매제 구리베 고레무네도 방문했다. 그 사이에 고스기 사람들도 형을 만나기 위해 집으로 찾아왔다. 이렇게 해서 고스기에서 짧은 기간 동안 친척, 지기, 친구 등 거의 대부분을 만나 오랜만에 담소를 나누고, 서로의 안부를 묻고, 상대에 따라 정도의 차이는 있지만 그때까지 견문한 것들이나 혹은 사업상, 가정상의 각종 일에 대해 논의하고 장래 희망을 피력하곤 했다. 어떤 입장에서도 형의 귀성은 매우 효율적이었다. 지금 생각해 보면 형은 진정한 의미의 교제 또는 사교를 이해하고 있었던 것은 아닐까? 이렇게 자신의 지식, 견문, 경험에 대한 보고는 형의 심경 변화나 발전에 대한 보고로서 상대에게 더할 나위가 없는 선물이었고 이러한 선물을 건네는 일은 교제상 최고의 예의였다(나는 이것이 사교의 비결이라고 생각한다). 원래 우리 집은 이러한 보고를 대수롭지 않게 여기는 경향이 있었는데 그런 점에서 형의 태도는 독창적이고 위대했다. 형이 고향 사람들보다도 고향일에 대해 상세했던 것은 당연한 일이었다.

12. 상점의 주인

1926년 여름, 3개월간의 중국 여행에서 돌아온 이후 형은 4~5개월 정도 여행에 관한 강연과 서적 간행을 위해서 일본에 체재하고 있었다. 또 다음해 여름 조선 전국을 두루 돌며 주산 순회강연을 하고 난 이후 3개월 정도 도쿄에서 『주산 12강』 저술에 전념했다. 고향에서 뭔가 일이 있으면 누구보다 먼저 달려와 여러 가지 수고를 했다. 이처럼 형은 집밖에서 동분서주했는데 가령 통영에 있을 때에도, 가게 일은 점원에게 모두 맡기고, 자신은 회사 일과 공공사업에 몰두했다. 수표책은 물론이고 인감까지 점원에게 맡긴 채로 십수 년 간 자신의 손으로 직접 도장을 찍은 일은 거의 없다고 한다. 그런데도 불미스런 일 하나 일어나지 않았고, 만사

원만하게 진행되었다. 상점 내의 사정을 모르는 사람에게는 얼핏 이상한 수수께끼처럼 보였겠지만, 이것은 사실이었고, 더구나 부러워할 만한 사실이었다. 그 이유는 내부에 정연한 질서가 있었고, 굉장히 강한 신뢰와 보기 드문 따뜻한 애정이 상점 내에 넘치고 있었기 때문이다. 실제 가게 안은 신애(信愛)라는 한마디로 다 해결되었다. 그것은 결코 우연히 생긴 것이 아니고, 형의 인격과 다년간의 상점 생활이 낳은 분위기였다.

지금 그것을 하나하나 적어보면

(1) 형은 고생한 사람인만큼 사람을 보는 눈이 있어, 점원 채용에 실수가 없었다. 아마도 형은 주인과 점원이 서로 최고의 능력을 발휘하기 위해서는 형 마음에 들고 안 들고를 기준으로 하는 것이 인물 선정 상의 첩경(捷徑)이라 생각한 듯하다.

(2) 형 내외는 점원을 친자식처럼 사랑했고, 점원 역시 형 내외를 친부모처럼 공경했다. 내외가 여행을 갔다 올 때는 항상 점원 선물을 사오는 것을 잊지 않았다. 주종 사이는 월급과 권리의무만이 아니라 애정을 기조로 한 가족관계였다. 형이나 형수 장례식의 점원대표의 조문은 구구절절하여 눈물을 자아내고 또 옛정을 상기시키는 내용이었다.

(3) 형에게는 또 어떤 도덕률, 정의관이 있어 그것으로 점원을 이끌었다. 말년에는 상당히 느슨해졌지만, 이전에는 상인으로는 보이지 않을 정도로 도덕가였다. 또 항상 솔선하여 점원의 지적, 육체적, 종교적 향상을 도모했다. 예를 들면 가게 안에서 중용(中庸)을 강의한다거나, 질문 모임을 갖는다거나, 주산을 가르친다거나, 혹은 격검이나 수영을 가르치고, 교회나 일요학교에 같이 가기도 했다. 그

래서 젊은 사람들로부터 핫토리 상점이라기보다 핫토리숙(服部塾)이라는 소리를 들었다. 히노의 교쿄학사에 주산을 배우기 위해 파견된 점원도 4~5명이나 있었다. 형 스스로 시간을 아껴서 책을 읽고 글을 쓰는 모습을 보였기 때문에 점원들도 착실하게, 또 성실하고 근면하게 성장해 갔다.

(4) 점원은 가능한 한 어릴 때부터 자기 아래에서 양성하는 방침을 취했다.

(5) 점원에게 모든 것을 일임했기 때문에 점원은 자연 책임감을 강하게 느끼며 열심히 일했다. 점원을 믿는 마음은 실로 놀랄 정도였다. 이 점은 미즈타니 마츠지로 씨의 기고문에 있는 그대로이다.

(6) 점원의 의견이나 제안에 대해서는 언제라도 흉금을 터놓고 기분 좋게 경청했다.

(7) 상벌이 분명하고 동시에 대우가 좋았다. 또 항상 점원의 안부 근무 등에 세심한 주의를 기울이고, 자주 노고를 치하하여 점원들은 굉장한 보람을 느꼈다. 그러나 틀리거나 그 외의 것에 대해서는 호되게 질타를 했으므로 위엄과 온화함을 겸비하고 있었다.

(8) 도량이 넓고 시원시원하여 잘못 등으로 점원을 나무랄 때는 굉장히 무서운 점이 있었지만 평상시는 광풍제월(光風霽月), 가가대소(呵呵大笑)하는 아량이 있었다. 의심스러운 불신을 길게 심중에 가지는 일은 없었다.

(9) 점원으로서 부적당하다고 생각되면 가차 없이 해고했다.

형에게는 교육가로서의 일면이 있었다. 사랑과 믿음, 발랄한 생기만큼 영혼의 양식이 되는 것은 없는데 형은 이 세 개를 구비하여 유쾌하게 점원을 훈련시키고, 그 성과를 즐기고 있었다. 따라서 형은 성장하는 청년을 좋아했고, 이미 성장한 성인을 채용하는 일은 그다지 원하지 않았던 것 같다.

점원은 많을 때는 12~13명(1924년), 적을 때는 7~8명, 대개 조선인과 일본인이 반반이었다. 어릴 때부터 점원이었던 자는 누구라도 5년 이상 12~13년 정도 근속했다. 엄격하게 상거래를 배웠고 신뢰, 애정, 근면함이 몸이 베일 때까지 교육을 받아서, 가게를 그만두고 독립하여 상당히 성공한 사람이 적지 않았다. 통영에서 미곡상을 하고 있는 우치야마 리이치(內山利市) 씨, 부산에서 미곡 위탁업을 하는 오가와 류타로(小川竜太郎) 씨, 마산의 정백도정업자인 야마모토 곤우에몬(山本権右衛門) 씨, 통영 잡화점의 야노 산지(矢野三次) 씨, 사천군 곤명면 원전(昆明面院田)의 도정업자 구보 마사노부(久保正信) 씨, 통영에서 여러 회사의 중역을 맡고 있는 허기엽(許基燁)[14] 씨, 또 일찍이 통영에서 조선인 미곡업자 중에 제일인자로 자타가 공인한 문상기(文尚璂) 씨, 그리고 이번에 통영에서 독립한 나가토미 요이치(永富陽一) 씨 등이 그들이다. 형은 이 사람들의 노력을 진심으로 기뻐하고 때때로 방문해서 안부를 묻고 격려하면서 후원을 아끼지 않았다. 생각해 보면 이들과 현재 가게에서 일하는 유능한 사람들의 활동 발전이야말로 다른 어떠한 공사사업보다 인물양성을 소중히 한 형에 대한 보답일 것이다.

군비축소 첫 해를 맞이하여 인류 평화의 환성은 전 우주에 울려 퍼진다, 아, 참으로 빛나는 신년이여! 우리 통영도 수년 이래의 현안이었던 수도 사업이 마침내 올해부터 착공하게 되었다. 염원했던 제망회사는 주식모집이 완

---

14) 허기엽은 통영무진주식회사 감사, 남선해산물주식회사 이사, 통영매축주식회사 이사, 진해만정치어업수산조합 사장을 맡았으며, 해방 후 반민족행위특별조사위원회에서 불기소처분을 받기도 한다.

료됨과 동시에 산 쪽에 공장을 신설하려고 하고 있고, 동충매립지(東忠埋立地)는 지금 개방되어 수산회사 이전, 통영정미소(統營精米所), 해산흥업회사(海産興業會社) 신설, 도축장 부지 해결 등, 장차 통영의 사업 중심지로서 변신하려 하고 있다, 다시 한 번 더, 아, 진실로 빛나는 신년이여!

간절히 바라건대 여러분들의 지대한 관심으로 올해 저희 사업이 뜻 있는 것이 되기를 바라며,
삼가 새해 축하를 글을 올리며 귀댁의 만복을 기원합니다.

1922년 1월 1월
조선 통영항 핫토리 겐지로

제2장 회사사업

1. 서장

형이 처음 조선으로 간 1908년경의 통영은 무엇하나 볼 만한 것이 없는 한촌(寒村)에 지나지 않았지만 어떤 면에서는 발전 가능성을 가지고 있는 곳이었다. 그 이유는 첫째로 통영 근해는 조선 제일의 풍부한 어족이 있었다. 이와 관련한 유망한 사업으로 제망사업이 있었다. 또 육로가 불편한 이곳에 산업이 발전함에 따라 인구가 증가하자 자연스럽게 해운이 발달했다. 또 이 지방은 옛날부터 나전칠기(螺鈿漆器)를 제작하는 곳이었다. 나전칠기는 고려요(高麗窯)와 함께 조선 고유의 미술로서 가장 이름 높았는데 그 주산지는 통영이었다. 통영에서 적임자를 찾으면 가내공업에서 상당한 공장 생산으로 탈바꿈할 수 있는 가능성이 있었다. 그 외 일반 주민의 금융기관, 토지사업 등 세어보면 경제적 발전의 여지를 충분히 갖추고 있었다. 아니나 다를까 한일합방이 성립되고, 일본인들의 정착이 증가함과 함께 이 땅의 산업계는 급속도로 발전했다.

형은 이 기운을 타고 통영 사업계에 나타나 미개의 신천지를 개척했다. 개척은 다름 아닌 주식회사의 조직이었다. 1913년경 당시만 하더라도 주식회사가 통영에서는 그다지 알려지지 않았고 더구나 조선에서는 사기꾼과 같은 사업가가 많아 회사설립에 대한 총독부(總督府)의 허가가 몹시 까다로웠던 시절에, 형은 허가신청 수속에서 설립 등기에 이르기까지 모든 것을 혼자서 처리하여, 통영해산물주식회사를 설립했다. 이것을 시작으로 몇 개의 사업회사와 금융회사의 설립 주선에 분주했다. 현재 통영에 존재하는 회사, 또는 이미 해산한 회사는 상당수에 이르지만 당시 형이 중심이 되어 관여하지 않은 회사는 2~3개를 넘지 않았다. 통영에서 형을 두고 '회사 박사'라고 평하는 것도 무리가 아니었다.

형은 이러한 회사를 설립하면 스스로 수뇌부가 되어 사업 경영에 놀랄 정도의 열의와 탁월한 수완을 발휘했다. 형이 회사 사업에 성공한 이유를 생각해 보면

(1) 첫째 창업에 재능이 있었다. 감각이 예민하고, 끊임없이 시황을 연구했다. 또 모험심도 있었기 때문에 새로운 사업을 개척하고 이해득실을 신속하게 산출하여 바로 회사를 설립하는 능력이 있었다.

(2) 경영과 관리능력이 뛰어났다. 장부의 정돈, 회사 성적의 연구, 내부 개량 등에 수지가 맞지 않거나 경영이 부진할 경우 과감하게 사업에 손질을 가했다. 이점은 단호했다.

(3) 사원을 통제하는 수완이 뛰어났다. 스스로도 솔선해서 일했지만 사원을 최대한으로 활용하고 관리했다. 따라서 능률이 오르지 않을 리가 없었다.

(4) 주주의 신뢰를 받고 있었다. 법률상의 지식이 밝고 추진력도 강했다. 한 번 인수한 이상은 자신의 이익을 희생해서라도 회사 업적을 올리려고 최선을 다했다. 형의 이러한 정신이 일반 주주의 신뢰를 받지 않을 수 없었다. 정말로 형이 중역이 되면 회사에 활기가 넘쳤다고 한다.

원래 통영은 역동성에 있어서는 고성이나 마산을 능가하고 있었지만 협소한 지역 탓에 사람들의 눈을 놀라게 하는 큰 사업이 존재할 여지가 없었다. 형의 사업도 말하자면 작은 도화지에 그린 작은 그림에 지나지 않았다. 그러나 그것은 도화지 전면에 온 힘을 다해 그린 그림이라고 생각하고 싶다. 이하 연대순에 따라 형이 관계한 사업에 대해 기술하기로 한다.

2. 통영해산물동업조합(1911년)

형이 공동사업을 처음으로 시작한 것은 수산업이었다.

통영 근해는 예로부터 일본인 어업자가 진출해 있었는데 1897년경부터 멸치 어업에 종사하는 자가 현저하게 증가했다. 그러나 그 자본은 시모노세키의 도매업자에 의존하고 있었고, 통영에는 아직 마른 멸치를 판매하는 기관이 없어 어획물은 전부 시모노세키로 보내졌다. 성어기(5월에서 11월까지) 이후의 취급은 해당업자의 불이익과 불편이 적지 않았다. 따라서 형은 통영의 중요 해산업자 등과 협의하여 1911년 12월 통영해산물동업조합을 설립하고,15) 조합조직에 의해 어획물 판매 도매영업을 하면서 얼마 안 되지만 어업자금을 융통하여 어업자의 이익을 도모하려고 했다.

조합의 자본금은 불과 400엔(20엔 불입, 20명)에 지나지 않은 미미한 금액이었지만 통영 수산업계의 기념할 만한 시설이었고, 동시에 형의 사업활동에 있어서도 참으로 의미 깊은 일이었다. 형은 동지로부터 추천되어 조합장이 되었다(이사는 후쿠시마 야이치료(福島弥市良), 가와노 미

---

15) 『統營郡案內』(1915)와 『釜山日報』 1918년 9월 12일자에서는 이 조합의 설립 시기를 1912년 3월로 기록하고 있다.

네키치(河野峰吉), 다니모토 도라키치(谷本寅吉),16) 시마카와 모로지(島
川諸氏) 등). 형 나이 34세, 이 계획은 멋지게 들어맞아 혈기 왕성한 형의
분투가 빛을 발하여, 창립 1년 기말에는 이미 10할의 배당을 할 수 있었
다. 여기에서 형의 탁월한 기업적 수완은 처음으로 일반인들의 이목을
집중시켰다. 형은 공동사업으로 화려한 출발을 했다. 3년 후 이 조합은
일약 75배의 자본금을 가진 회사 조직으로 바뀌었다.

3. 통영해산물주식회사(1913년)17)

1913년 해산물동업조합을 해산하고, 8월 10일 자본금 3만 엔으로 통
영해산물주식회사(통영에서 주식회사의 시조가 될 것이다)를 창립했다.
중역은 대체로 조합 당시와 같았고, 형은 사장에 취임했다. (사장)핫토리
겐지로 (이사) 후쿠시마 야이치료, 다니모토 도라키치, 후지타 구마키치
(藤田熊吉),18) 오기와라 이와오(荻原巖), (감사) 간노 간고로(神野勘五
郎), 구와하라 에이키치(桑原栄吉), (지배인) 미즈타니 마츠지로
영업 종목은 (1) 해산물 도매영업 (2) 어업자금 대부 (3) 금고업 (4) 운
송업이었는데 그 중 특히 도매업이 주된 업무였다. 회사는 자금을 대부

---

16) 다니모토는 통영에서 해산물 거래로 부를 축적하였다. 면협의회, 읍회의원, 학교조
   합의원, 수산회 등 공직을 맡았다. 시구개정, 상하수도사업, 일본 직통선로 개척, 중
   등학교 설치, 철도 부설 등에 노력하였다. 통영무진회사 사장, 통영해산과 조선제망
   회사의 중역을 맡았다(阿部薫, 『朝鮮功勞者名鑑』, 民衆時論社, 1935년, 593쪽).
17) 통영해산물주식회사는 1912년 3월 통영어업관계자 22명이 통영해산물동업조합을
   조직하고 해산물 공동판매를 목적으로 도매업을 시작했다. 1913년 8월 자본금 3만
   엔으로 주식회사로 전환하였다(山本精一, 『統營郡案內』, 1915, 110쪽).
18) 후지타는 일본 히로시마 출신이다. 1906년 조선으로 건너와 미곡상과 해산물을 취급
   하여 부를 축적하였다. 해산회사 중역, 통영토지회사, 통영정미회사, 통영극장주식
   회사 등을 경영하였다(阿部薫, 『朝鮮功勞者名鑑』, 民衆時論社, 1935년, 248쪽).

한 어업자로부터 제공받은 어획물을 중매인이 낙찰하게 하여 매매 쌍방으로부터 일정한 수수료를 징수했다. 이로써 해당업자의 이익과 편의를 도모했는데 통영의 해산물(특히 마른 멸치)은 일본 내지(內地)는 물론이고 만주, 상하이 방면과 직접 거래하기에 이르렀다. 동시에 회사 거래 총액도 매년 증가하여 1913년 창립 때에는 1년 겨우 3만 엔 내외였던 것이 1919년에는 마른 멸치만으로 약 100만 엔에 달했고, 그 외에도 멸치 깻묵, 마른 멸치, 어유(魚油), 잡품 등이 10여 만 엔에 이르렀다.

이렇게 되자 증자의 필요성이 생겨나, 1919년 5월 26일의 총회에서 3만 엔의 자금을 5배인 15만 엔으로 할 것을 결의(납입자본금이 9만 엔이 됨)했다. 그런데 창립 이래 1할 내지 5할의 배당을 지속했기 때문에 증자 당시 응모자수 약 2배 반, 프리미엄 7엔이라는 통영 최고 기록을 수립했다.

4. 통영칠공(漆工)주식회사(1918)[19]

1918년 11월 1일 통영칠공주식회사를 설립했다. 자본금은 5만 엔(소재지 통영 요시노초 1번지, 현재 야마토초(大和町) 170번지)이었고, 도미타 기사쿠(富田儀作) 씨가 사장, 형은 부사장이 되었다. 후임 사장인 야마구치 아키라(山口精) 씨(당시 전무이사)의 추도문에 있는 것처럼 형은 회사 창립 시 부지 매입 및 그 외에 여러 가지 업무로 분주했다.

원래 나전칠기는 신라시대부터 시작하여 고려조를 거쳐 동양 미술의 정수라 불릴 정도였다. 통영은 그 재료 산출 관계상(조개는 제주도산의 광

---

19) 통영칠공주식회사는 도미타 기사쿠(富田儀作)가 나전칠기 및 기타 일반칠기 제조 판매를 목적으로 설립하였다. 조선인 가운데 김현국, 김기정이 중역으로 참가하고 있으며, 핫토리 겐지로 또한 이사로 참여하였다(中村資良,『朝鮮銀行會社要錄』, 東亞經濟時報社, 1921년판, 47쪽).

택이 풍부한 전복 껍질을 사용) 유일한 제작지가 되었다. 한일합방 후에는 총독부의 장려금[20]과 지방비 보조에 의해 군립전습소(郡立傳習所)가 설립되었고, 이어서 도청(道廳) 경영으로 넘어가 우량품 제작에 힘썼는데 일찍이 조선총독부에 의해 양 폐하에게 진상되는 영광을 누리기도 했다.

이 회사는 도립견습소 사업 전부를 계승한 것으로, 설립 당초는 각 관청, 부호, 다수의 기부자 등의 요청에 의하여 고가의 증답품 혹은 애용품의 주문 제작을 하면서 한편으로는 실용품(벼루 곽, 과자용 용기) 수십 종을 시작(試作)하였다. 이것들은 일본 백화점에 진열되어 그 우아함과 견고함을 자랑하였다. 그리하여 일시적으로 업적을 올렸지만 세계대전 이후의 불황으로 1927년 8월 23일 어쩔 수 없이 해산하기에 이르렀다.

이 회사 설립 당시 중역의 면면은 다음과 같다.

사장 도미타 기사쿠, 부사장 핫토리 겐지로, 전무이사 야마구치 아키라(山口精), 이사 도야마 미카조(陶山美賀蔵) 김현국(金炫國), 감사 후지미츠 우사쿠(藤光卯作)[21] 김기정(金淇正)

---

20) 데라우치총독은 통영의 칠기공업에 관심을 가지고, 칠기공업 진흥을 위하여 자비로 보조를 하기도 하였다(『매일신보』 1913.5.7(2)6; 1913.5.30(1)3).
21) 후지미츠는 일본 야마구치현 출신이다. 1909년 조선으로 건너와 통영에서 농사를 하였다. 통영 소방조장, 통영소방학교조합원 의원, 통영소방관리자 등에 선출되었다(朝鮮公論社, 『在朝鮮內地人紳士名鑑』, 1917, 379쪽).

5. 통영통조림주식회사(1920년)[22]

　해산물 사업에서 획기적인 성공을 거둔 형은 이것과 관련하여 1920년 3월부터 조합조직에 의한 통조림 사업을 개시하였다가 바로 통영통조림주식회사를 설립하고 사장이 되었다.

　이 회사는 통영 부근의 풍부한 어패류를 이용하여 가장 저렴하게 통조림과 덴부[23]를 제조했다. 더불어 참새, 쇠고기류 통조림도 제조했다. 제품은 일본 시장 및 중국 방면으로 수출되어 상당히 좋은 성적을 올렸다. 특히 참새 통조림은 동경 방면에서, 빨간 조개 통조림 및 덴부는 오사카 지방에서 호평을 받았다.

　설립 당시 중역은 아래와 같고, 형은 전체를 총괄하고 실무는 스즈키 한지로(鈴木半二郎) 씨(전 부산 수산회사 통영 지점장, 전 조선 수산조합 통영 출장소장)가 담당하였다.

　　사장 핫토리 겐지로, 이사 스즈키 한지로,[24] 후쿠시마 야이치료, 고가 가이치(古賀鹿一), 하라다 츠나지(原田綱治) 감사 이케다 슈지(池田收二),[25] 김현국(金炫國)

---

22) 통영통조림주식회사는 1920년 통조림, 어묵, 각종 해산물 제조 판매를 목적으로 자본금 1만 5천 원으로 설립되었다(中村資良, 『朝鮮銀行會社要錄』, 東亞經濟時報社, 1921, 67쪽).
23) 생선살을 쪄서 잘게 찢어 설탕, 간장, 미림으로 조리한 것. 오늘날의 어묵.
24) 스즈키는 부산수산 통영지점장으로 활동하였다(山本精一, 『統營郡案內』, 1915, 135쪽).
25) 이케다는 1905년 조선으로 건너와 1913년 약종상을 개업하였다. 일본인회 시절 일본인회 부회장, 회의원을 역임하였다(山本精一, 『統營郡案內』, 1915, 134쪽).

6. 통영해운주식회사(1920)[26] 및 조선기선주식회사(1925)

1920년 4월 1일 통영 해운 주식회사를 창립, 사장으로 후쿠시마 야이치료 씨가 추대되고, 형은 후쿠지마 씨를 보좌하여 이사에 취임했다. 자본금 25만 엔, 소재지는 통영 시키시마초(敷島町) 87번지였다. 이 회사는 원래 후쿠시마 씨가 경영하고 있었던 사업을 계승한 것으로, 조선 남부 해안의 주요 어장과 운행 연락을 꾀하는 것 외에 부산 통영 간의 직항로를 열어 매일 출항하는 것을 목적으로 했다. 종래 부산 통영 간의 40해리는 조선우체선(朝鮮郵遞船)의 연안 항로선으로 10시간이 걸렸는데 신항로 개척에 의해 소요시간은 5시간 이내로 단축되어 통영 주민은 물론 조선 남부 여행자들은 대대적으로 환호했다. 또한 총독부로부터 우편물 체송(遞送) 보조금으로 년 간 6천 엔을 교부받았다.

그 후 동업자 속출로 경쟁이 심해져 그 타개책으로 적극 방침을 세워 넓게 부산, 마산 그 외 동업자를 설득, 병합(통영해운주식회사는 그 사업 일부를 병합)하여 1925년 조선기선주식회사(朝鮮機船株式會社)를 설립했다. 그 무렵 형은 오로지 알선에만 힘썼는데 그러한 사정은 고 이케다 다다스케(池田忠助)씨의 추억담 속에 있는 그대로이다. 형은 그 후에도 이사로서 회사를 위해 진력했다.

---

26) 통영해운주식회사는 1920년 해운업을 목적으로 자본금 25만 원으로 설립되었다. 사장에 후쿠시마 야이치료(福島弥市良) 외 이사는 服部源次郎, 陶山美賀藏, 藤田熊吉, 谷本寅吉, 萩原巖, 原田綱治, 감사는 藤光卯作, 鈴樹半二郎, 稻田豊次郎(中村資良, 『朝鮮銀行會社要錄』, 東亞經濟時報社, 1921, 86쪽).

7. 통영해산주식회사(1921년)[27]

당시 통영에는 해산물주식회사 외에 동일 사업을 경영하는 통영중요물산(重要物産)주식회사(사장 후지미츠 우사쿠 씨)가 있었다. 두 회사는 나란히 상당한 발전을 이루었다. 그리하여 시모노세키 도매업자들을 완전히 능가하게 되었지만 한편으로는 경쟁에 의한 폐해를 피할 수 없었다. 특히 1920년 3월의 재계(財界) 변동과 그해 유례없는 어업불황으로 말미암아 자금 회수가 곤란하자 그 타개책이 필요하게 되었다. 형은 이미 두 회사를 병합하는 것이 상책이라고 확신하고, 두 회사 중역을 설득하는 데 힘쓴 결과, 마침내 1921년 4월 1일에 두 회사는 자본금 18만 엔의 통영해산주식회사로 거듭났다. 소재지는 통영 요시노초 151-30. 형이 사장으로 추대되었다. 이후 형의 신망과 수완으로 전문중개상(통영 마른멸치중개조합을 조직)으로 하여금 제품 개량과 판로 확대를 꾀하게 하여 회사는 매년 양호한 실적을 거두었고, 충분한 사내유보금을 남기고도 매년 1할 2푼 5리 이상의 배당을 계속했다.

또한 형은 회사의 기초를 견고히 하고, 타 면(他面) 어업자들에게 어획물 운반, 일용품 공급, 자금 융통 등의 편의를 제공하기 위해 1923년 회사 직영 운반선 '제1 게이유마루(第一慶有丸)'를 건조하여 회항이 불편한 거제 바깥으로 취항하게 했다. 계속하여 '제2, 제3 케이유마루'를 건조하여 전라남도 방면, 그 외 항해가 불편한 어장에 배치했다. 더 나아가 조선 전체에서 멸치어망업의 대조합인 히로시마(広島) 멸치어망어업조합 및

---

27) 통영해산주식회사는 1921년 자본금 18만 원으로 설립되었다. 해산물 위탁 영업을 주요 목적으로 하였다. 사장에는 핫토리 겐지로를 비롯하여 (이사)藤光卯作, 福島彌市良, 萩原巖, 谷本寅吉, 藤田熊吉, 原田綱治, 兒玉鹿一, 北野雄三郎, 御崎忠吉, (감사)桑原榮吉, 河野峯吉, 陶山美賀藏(中村資良, 『朝鮮銀行會社要錄』, 東亞經濟時報社, 1921, 115쪽).

욕지(欲知)어업조합과 계약을 체결하여 어획물 공동 판매 위임대행을 개시했다. 이렇게 해서 이 회사에 집산되는 마른 멸치는 막대한 양으로 증가했다. 그 결과 회사는 조선 마른 멸치의 명성을 내외에 드높이고 통영 해산물의 왕자로서 통영 경제계를 지배하는 일대세력이 되었다. 사업이 성황을 이루게 된 인간적 동력의 중심은 핫토리 겐지로였다.

회사는 견실한 발전을 계속하여, 현재 전 조선을 통하여 가장 우수한 회사 중의 하나가 되었다. 형의 사후 둘째 형인 겐이치로가 대신하여 이사에 취임했는데 설립 당시 중역의 면면들은 다음과 같다.

> 사장 핫토리 겐지로, 전무이사 후지미쓰 우사쿠, 이사 후쿠시마 야이치료, 후지타 구마키치(藤田熊吉), 다니모토 도라키치, 오기와라 이사오(이상 3인은 현재도 동일함) 기타노 유사부로(北野雄三郎),[28] 감사 도야마 비가조(陶山美賀蔵), 하라다 츠나지(原田綱治),[29] 가와노 미네키치(현재 동), 지배인 데라니시 요시하루(寺西義治 현 전무이사)

8. 토지주식회사

통영 동남부 동충동(東忠洞) 지역에 6천여 평의 매립지가 있었다. 이것은 전 도사(土佐)만선기업주식회사(滿鮮起業株式會社)에 의해 준공되어 동 회사가 소유하고 있었다. 형은 통영 발전상 중요한 이 지구가 다른 지역 사람 손에 있다는 것은 통영으로서 막대한 손해이므로 1921년 4월

---

28) 기타노는 1910년 통영으로 이주하였다. 학교조합의원으로 선출되고, 통영제망주식회사 창립 이래 사장을 맡았다(山本精一, 『統營郡案內』, 1915, 134쪽).
29) 하라다는 1899년 조선으로 건너와 통영에서 잡화상을 경영한 하라다 쿠니타로오의 아들이다. 육군 예비소위로서 재향군인분회장과 통영소방조합의 우두머리였다(山本精一, 『統營郡案內』, 1915, 133쪽).

25일 통영토지주식회사를 설립하여(형은 이사) 해당 토지 전부를 매입했다. 회사 자본금 2만 5천 엔, 소재지는 통영 요시노초 100번지였다. 당시 상당한 물의를 빚은 바 있지만 장래 발전을 생각한 형은 모든 장애를 물리치고 단행했다.

원래 통영 땅은 산과 구릉이 많아 시가의 구획이 좁고, 정비가 되어 있지 않았는데 여기에 6천여 평의 평탄한 시가지를 얻어 그 모습을 완전히 일신했다. 특히 그 땅의 지세와 풍경이 통영에서 가장 뛰어난 곳이어서 여러 관청과 회사 등이 많이 들어섰다. 부산수산주식회사, 부산세관 지서, 제빙회사, 정미공장, 제재공장, 조선소, 간어(干魚)공장, 그 외 큰 상점들이 속속 건설되었다.

이 회사는 1932년 1월 27일 해산(등기 1933년 2월 7일). 현재 둘째 형 겐이치로가 이케다 슈지, 야마구치 아키라(山口精)[30] 씨와 함께 청산인(淸算人)으로 되어 있다.

9. 통영신탁사(1922년) 및 통영무진주식회사(1924년)[31]

1922년 형은 가와노 미네키치, 고다마 가이치(児玉鹿一), 다니모토 도라키치 씨 등과 도모하여 유가증권 및 토지 매매 등의 금융을 목적으로

---

30) 야마구치는 1876년 일본 岐阜縣 土岐郡 출신으로, 경성에서 활동하다가 1918년 통영에 라세칠기주식회사를 창립하고 전무이사에 취임하였다. 이후 통영면립병원 설립, 통영우편국 설립, 통영항만운하기성회 조직, 선만기업회사가 소유한 매립 토지 매각에도 관여하였다. 통영실업협회 조직, 통영 항만 준설 등의 활동을 하였다. 1930년부터 1938년까지 읍장으로 활동하였다(森川清人, 朝鮮總督府施政二十五周年 記念表彰者名鑑』, 1935, 表彰者名鑑刊行會, 1,026쪽).

31) 통영신탁과 통영무진을 창립한 것은 일본 島根縣 출신의 川谷作藏이라 한다(北鮮時事新報社 編, 『咸南名鑑』, 1934, 38쪽).

통영신탁사를 설립했다. 자본금 3만 엔, 조합장 핫토리 겐지로, 이사장 가와노 미네키치. 다음 해인 1924년 무진업령(無盡業令)이 발포되자 서둘러 그 해 5월 5일(설립등기 6월 7일) 조직을 변경하여 통영무진주식회사(無盡株式會社)를 설립했다. 소재지 통영 요시노초 2번지.

형은 소유 주식이 과반을 넘어 당연 사장으로 추대되었을 터이지만 마침 그때 금융조합장 직에 있었기 때문에 동일업종에서 사장의 겸임을 피하여 후쿠시마 씨를 사장으로 추대하고, 형은 고다마, 다니모토, 하라다 츠나지 씨와 함께 이사가 되었다.

본 사업은 매년 9% 내지 15% 배당을 계속하여 오늘에 이르고 있다(형 사후 둘째 형 겐이치로가 이사를 이어 받았고, 또 제2대 사장 다니모토 도라키치 씨 시절에는 자본금이 10만으로 증가되었다. 현재 사장은 에토 다케히코 씨(衛藤竹彦)).

아! 위엄에 넘치는 신년이 왔다. 기다리던 신년이 왔다. 큰 희망과 긴장으로 신년을 맞이한다. 작년 재계는 파란만장하여 어려웠던 일이 여러번 있었지만 보이지만 다행이 우리 상점의 정미부(精米部)는 여러분의 애정으로 인해 큰 손실 없이 이 난국을 극복하여 수요자의 기대를 유지하고 있고, 해산부(海産部)의 기초 또한 매년 견실하게 발전해 갈 것이다.

통영으로서는 수도 기공(水道起工), 우편국 승격, 품평회 개최가 있었고, 특히 가족 일동의 건강과 평화는 정말 감사를 금할 수 없는 바이다.

바라건대 관계자 여러분께서 더욱 많은 사랑을 주시기를.

신년을 맞이하여 여러분들의 건강과 평안을 기원합니다.

1923년 1월 1일
조선 통영항 핫토리 겐지로

10. 조선제망(製網)주식회사(1924년)[32]

제망사업은 1915년 2월 나가사키 현 사람인 도리스 고에몬(鳥巢五右衛門) 씨가 통영제망소를 설치하여 조선인 부녀자들에게 기술을 전수(傳授)한 것이 계기가 되었다. 1913년 2월 통영제망판매조합이라는 조직이 통영제망소를 매수하고 조직을 변경하여 통영제망주식회사(자본금 2만5천 엔)를 설립한 것이 같은 해 8월이었다. 이 회사는 현존 조선제망주식회사의 전신이다. 조선 남부의 어업근거지인 통영에서 제망 사업이 해산물 판매사업과 함께 나란히 발전한 것은 당연한 일이었지만 회사 경영은 결코 평탄하지 않았다.

1924년 3월 3일, 형이 조선제망 사장에 취임하여 위기를 맞고 있던 회사를 대정리하여 훌륭하게 갱생시킨 일은 아래의 미즈타니 마츠지로 씨의 글 속에 상세하게 기술되어 있다. 또한 사장으로서의 형의 도량 등에 대해서는 미즈타니 씨의 추도문을 봐 주기를 바란다.

조선제망주식회사 사장 핫토리 씨

조선제망주식회사 지배인 미즈타니 마츠지로

회사 창립

핫토리 씨가 사장이 되신 것은 1924년 3월 23일(이사회에서 호선)이다. 그때까지는 평이사였다.

---

32) 조선제망주식회사는 통영의 어업자 도리스(鳥巢)가 일본 미에 현의 제망업자 마스다(益田)와 공동으로 1912년 2월에 제망전습소를 세우고 어망제조판매를 시작하였다. 하지만 이후 영업부진으로 경영자들이 바뀌었다(山本精一, 『統營郡案內』, 1915, 114쪽).

회사는 1922년 8월 1일 창립. 자본금 30만 엔에 납입액은 1/4, 즉 7만 5천 엔이었다. 시골 치고는 대자본이었다. 사장, 전무 외에 상무 2인, 모두 통영에서는 일류급 인물로 위풍당당한 기개가 있었다(소재지 현재 통영 북신리(北新里) 83번지).

이 회사는 전신인 통영제망주식회사의 사업 계승을 목적으로 창립된 것으로, 앞 회사의 연장으로 봐도 좋다. 전신 회사는 1913년 8월 자본금 2만 5천 엔으로 창립되었다. 운영 중에 세계 대전이 일어나 가지고 있던 제품들의 가격이 올랐고, 매입을 하면 할수록 가격이 올라 때로는 3할, 5할의 배당을 한 적도 있었다. 그래서 경영자는 제망사업이 수지가 맞는 장사라고 생각하였고, 세상 사람들도 그렇게 생각했다. 그 결과 단번에 대회사를 창립하여 천하의 패권을 다툴 수 있으리라고 생각했을 것이다. 모든 생각은 계획대로 움직여 1920년 1월 현재의 부지를 매입하고 드디어 확장에 착수했다. 당시 상황으로 보면 주식을 모집하면 프리미엄이라도 붙을 것 같은 분위기였지만 그 해 3월 재계에 공황이 일어나 형세는 일변했다. 이 때문에 창립이 늦어졌는지 어떤지는 모르겠으나 2년 후에 겨우 창립했다. 주식모집을 둘러싼 사정도 처음 계획한 대로 되지 않았다.

신회사의 실패

전 회사가 유종의 미를 거두었기 때문에 새로운 회사에도 희망을 걸고 있었을 것이다. 그러나 전 회사의 업적이라는 것은 사업의 성격이나 뛰어난 경영상의 수완을 통해 얻어진 것이 아니라 단지 시기가 그러했기 때문이었다. 신회사는 창립과 동시에 사업에 착수했지만 처음 생각했던 만큼 벌어들이지 못했다. 제1기는 손해를 보았다. 제2기도 손실. 제3기는 다소 이익을 내었지만 그 정도로는 배당도 할 수 없었고 사업 내용도 충분치 못했다. 기계 기구의 상각(償却)은 불가능했고 부채는 증가했다. 이렇게 되자 지금까지 뒤에서 이러쿵저러쿵 말하고 있던 것들이 표면화되었다. 그 결과 사내 중역들은 손을 놓아버렸고 우여곡절 끝에 핫토리 씨가 사장이 되었다. 회사 경영이 막다른 곳까지 간 이유는 재계의 불황이 심각했던 것도 있었지만 대체로 사업을 너무 낙관했기 때문이었다. 이때 부채가 4만 엔이었다.

핫토리 씨의 사장 취임은 완전한 희생

핫토리 씨를 사장에 추대하려하자 선뜻 응하지 않았다고 한다. 그것은 당연했다. 경기가 좋은 회사 사장이라면 누구라도 하려고 했을 것이다. 부채는 많고 사업도 어려운 상태인 이 회사. 게다가 핫토리 씨에게는 기꺼이 승낙할 수 없었던 사정도 있었다. 그렇지만 다른 중역 측에서 핫토리 씨에게 좀 폐가 되어도 맡아달라고 해야 했다. 그렇게 할 수 밖에 없었던 이유로 우선 재정적으로 막다른 곳에 있었고, 둘째 대개혁을 단행하지 않으면 안 되었기 때문이다. 핫토리 씨의 재력과 대영단이 필요했다. 마침내 핫토리 씨는 사장직을 수락했다. 그렇지만 이 결정은 완전한 희생이었고, 이사로서의 책임은 있다할지라도 그것은 어디까지나 다른 사람이 벌여놓은 일을 뒤처리 하는 꼴이었다. 핫토리 씨가 이기적인 사람이었다면 회사는 이때 해산하는 길 외에는 없었다.

사장으로서 어떤 일을 했는가

핫토리 씨는 책임을 중시하는 사람이었다. 또 용기도 있었다. 주저하기는 했어도 인수받은 이상 해야만 했다. 그리고 핫토리 씨의 성질은 급했다. 일을 시작하자 추석도 설도 한 번에 온 것 같은 기분이 들었다. 인수하자마자 백 명가량 있었던 직공을 대거 해고했다. 사무원도 두 사람만 남기고 모두 해고했다. 그리고 전무와 상무 자리를 없애고 나를 지배인으로 임명했다.

다음으로 부채 정리인데 당시 은행에서 지불 정지되어있던 환수표가 2만 엔이었다. 핫토리 씨는 우선 자신이 1만 엔 조달하고, 은행 쪽과 교섭하여 원조를 이끌어내 환수표를 척척 지불해갔다. 당시 제망회사라고 하면 어디에서도 돈이 나올 리 없었지만 핫토리 씨의 말 한마디에 바로 정리가 되었다.

다음으로 재산정리였다. '토지 평가는 높다, 기계값은 없다, 이 대출은 회수할 수 없다'라는 식으로 핫토리 씨가 정리안을 이것저것 내었지만 결국 7만 5천 엔의 납입금에 대해 실제 재산은 2만 엔 정도 밖에 되지 않는다는 사실을 알았다. 그렇지만 다른 중역들의 의향도 받아들여 손실액 2만 엔 선으로 정리하여 발표했다.

그 다음은 사업을 시험하는 일이었다. 회사가 정체된 것은 결론적으로 이익이 없었던 것에 유래한다. 과연 제망사업이라는 것은 경영 불가능한 사업인가를 시험하는 것이 진퇴의 갈림길이었다. 내가 명을 받고 조사해보니 회사를 인수한 초기 즉 1924년 하반기에는 상당한 성적을 올렸다. 그 다음 분기도 나쁘지 않았다. 그렇다면 방법에 따라서는 유지를 못할 것도 없다는 자신감을 얻었다. 그래서 한발 더 나아가 적극적 경영으로 옮겨가려고 하니 자금 보충이 필요했다. 적어도 4만 엔의 부채를 정리한 만큼의 금액이 필요했다. 이 자금은 납입에 의존할 수밖에 없었기 때문에 1925년 8월 1일 각 주식 당 7엔 50전의 불입을 통지했다. 그러자 주주들은 강하게 반발했다. 배당을 하지 않을 뿐만 아니라 회사가 유지될 수 있는가 없는가도 명확하지 않은 회사에 납입은 있을 수 없다며, 이를 거부하기 위해 주주총회를 소집할 것을 중역들에게 요구했다. 중역들은 받아들이지 않았다. 마침내 법정까지 가게 되었고 재판소에서 회사로 조회가 왔다. 그때 회사의 답변서 내용은 이러했다. "아무리 법에 의거하여 주주총회 소집을 요구한다 해도 이미 회사가 합법적으로 재촉통지를 한 납입금을 주주가 거부할 목적으로 총회 소집 요구에는 응할수 없습니다." 재판소도 회사 답변에 수긍하여 감독서기의 중재로 2회에 나누어 납입하는 것으로 결론을 내고, 회사가 청구한 8월 1일과 그 다음해 4월 1일 두 번에 걸쳐 4만 5천 엔의 납입을 완료(납입자본금 12만 엔이 되다)했다. 이것으로 채무는 모두 갚고, 자기 자본으로 영업을 할 수있게 되었다. 돈은 약속대로 지불하고 내실은 충실해졌기 때문에 지금까지 경계하던 거래처도 안심하고 거래를 시작했다. 사업은 순조롭게되었다.

그리고 드디어 1926년부터 적극적 경영 방침으로 전환하여, 부산판매소 설치, 신규 사업의 착수, 공장 증축 등을 감행하였다. 세상 사람들은제망회사를 안중에도 두지 않았지만 2만 엔의 손실 이월을 결재하고, 나아가 2만 엔의 회사자금을 보충하여 마침내 1929년 2월에는 5% 배당을하게 되었고, 종업원은 250명으로 늘어났다. 이것은 실로 핫토리 씨의희생적인 노력의 결과이고, 그가 지방 산업에 얼마나 공헌했는가를 알수 있다. 오늘날 뭐니 해도 제망회사는 통영 사업계의 패자이다. 타지에서 오는 관광단, 시찰단, 관리 등이 통영에 오면 반드시 이 회사를 둘러보는 것이 관례이다.

사지에서 방황하고 있던 이 회사에 활기를 불어넣어 소생시키고 훌륭하게 키워낸 핫토리 씨는 회사의 대은인이고 또한 비범한 사업가적인 수완을 가지고 있었다.

삼가 올립니다.

지난 겨울 모친의 병으로 가족 모두 귀국했습니다. 17년 만에 고향 하늘 아래에서 정월을 맞이하여 감개무량하고, 그리운 조선의 친구와 전도유망한 통영의 사업들을 잠시 접어두고 어머니 보살핌에 하루가 짧습니다. 여기에 갱신과 긴장의 신춘을 맞이하며 귀가의 만복을 기원합니다.

1924년 원단
미에 현 미에 군 미에 촌 오오아자 고스기
핫토리 겐지로

11. 맺음말

통영에서의 형의 회사사업은 1913년 7월의 통영해산물주식회사 설립에서 1928년 10월 돌아가실 때까지 전후 16년간에 걸친 것이었다. 1911년 통영 해산물동업조합의 탄생까지 거슬러 올라가면 18년이 된다. 형이 처음으로 해산물조합을 조직했을 당시에는 실업계에서 지위가 많이 낮았지만 1921년 해산물회사 사장이 되고, 또 1924년 제망회사 정리에 수완을 발휘할 무렵의 형은 통영 실업계의 제1인자로서 각종 사업에 관여하여 그 이목을 집중시켰다.

돌아보면 통영에 있어서 회사사업의 발달은 형이 관여한 사업의 발달과 보조를 같이하고 있다. 어업 이외에 이렇다 할 것이 없었던 통영의 사업계가 한일합방, 세계대전 등을 계기로 급격하게 발전하여, 회사 조직에 의한 사업경영과 자본력을 필요로 하게 되었다. 이러한 상황에서 개척자로서 더 나아가 완성자로서 종횡무진 수완을 발휘한 사람은 다름 아닌 형이었다. 그 사이 관여한 사업으로 통영의 경제적 발전에 공헌한 바는 막대하다. 따라서 형의 회사사업은 통영 회사사업의 역사라고 해도 좋을 것이다.

형이 사망했을 때 그는 통영해산과 조선제망 양사의 사장, 통영금융, 통영토지, 조선기선, 통영해운 각사의 이사를 겸하고 있었는데, 형의 급서 소식이 통영에 전해지자 각 방면에 큰 충격을 주었다. 그러나 회사는 형 생전의 꼼꼼함 덕분에 언제라도 명확하게 결산할 수 있도록 정리되어 있고, 또 실제로 경영상 하등의 문제가 야기되지 않은 것은 부산상업은행 통영지점장 가타야마 사이치(片山佐一) 씨의 추억문 속에 있는 그대로이다.

요컨대 불굴의 의지, 영단, 정리하는 버릇, 이 세 가지는 사업가로서 형의 최대 특징이었다. 형의 성공은 결코 변덕스런 기업가나 요행을 바라는 졸부의 그것이 아니었다. 경쟁의식이 강하고 진보적인 형과 같은 인물의 출현이 주위 사람들을 자극하고 그 지방에 활기를 불어넣어 능률의 향상을 가져오는 일은 조금 다른 방식이기는 하지만 고스기의 생전 아버지와 같았다. 아무튼 형의 죽음으로 통영 사업계는 최대 지도자를 잃고 적막감을 느꼈을 것이다. 뒤에 게재한 여러분의 추억문 속에서 그러한 심중들을 알 수 있었다.

제3장 **공적사업**

1. 서장

통영 사업계가 발전함에 따라 면정(面政, 면은 일본의 町村에 해당된다)도 발달했다. 1907년 말 통영에 거주하던 일본인은 240명에 지나지 않았지만 1922년에는 3천여 명(현재 약간 감소)으로 불어났다. 15년 사이에 12배 반이나 증가한 셈이다. 또 면제(面制)는[33] 1917년에 시행된 것으로, 1922년도 예산이 11만 6천 엔(최근 통영읍의 1932년도 예산은 11만 8천 엔)이었다. 일본인과 조선인을 합쳐 1만 6천 명(현재 2만 1천명)이 사는 어촌의 재정으로서는 비교적 방대한 것이라 말하지 않을 수 없다. 통영 면정의 발전은 실로 괄목할만한 것이었다. 더구나 통영은 육로교통이 불편한 변두리이기 때문에 이전부터 정부의 지원을 받는 일이

---

[33] 통영은 1917년 면제발표와 동시에 지정면으로 되었다(統營邑, 『統營案內』, 1932, 7쪽). 일제 강점기 면(面)은 '지정면'과 '보통면'으로 구분된다. 지정면은 일본인 집주지역, 행정적인 중심지였다. 이런 점에서 통영 또한 일본인 중심의 도시였음을 짐작케 한다. 지정면과 보통면의 차이는 협의회원 구성에서 지정면은 선거제로, 보통면은 군수나 도지사가 임명하는 형식이었다. 그리고 면장의 경우에서 지정면에는 대부분 일본인이 임명되었다(홍순권, 「1920년대 도시개발사업과 지역유지층의 정치참여」『일제강점하 부산의 지역개발과 도시문화』, 선인, 2009, 61쪽).

적었다. 지금의 큰 발전도 관헌의 원조와 지도를 받아서 이루어진 것이 아니다. 1922년 조선총독부로부터 수도사업비 보조를 받기까지 국비는 한 푼도 받지 못한 그야말로 오로지 주민의 자치 정신과 경제적 자력에 의한 발전이었다.

형이 통영에 처음 갔을 당시에는 오로지 자기 사업 성공과 생활 안정이 목적이었는데, 몇 년이 지나지 않아 통영 번영을 위하여 면 사업에도 참여하게 되었다. 1920년 면장으로 추대되었을 무렵 형은 이미 통영 사업계의 중진으로 자타가 공인하는 사람이 되어 있었다. 형은 통영을 사랑했다. 후반생을 보낸 제2의 고향으로서 그 발전을 진심으로 희구했다. 그리고 그것을 위해 헌신적인 노력을 아끼지 않았다. 이 무렵 형은 완전한 통영사람이었다.

그러나 면장 사임 후 형은 이미 통영만으로는 만족할 수 없게 되었다. 태어난 고향 미에 촌을 위해서도 진력을 다했다. 경상남도 평의원으로서 정치적 활동 무대를 확대하고, 통영 및 전 조선 수산업계의 유력한 대표자가 되었다. 또 중국을 여행한 후 소견을 발표했다. 또한 주산 보급 운동에 혼신의 힘을 다했고 강연과 저술에, 자리에 앉아 있을 틈이 거의 없었다. 마지막으로 유럽 여행단에 참가했다가 귀국길에 불행히도 상하이에서 객사할 때까지 그의 끝없는 활동과 봉사는 주위 사람들을 그저 감탄하게 만들었다. 이하 공적 생활의 일반을 연대순으로 실었다.

2. 면장 취임 전

최초의 공직, 학교조합의원

1911년 7월 형은 통영 학교조합[34]의원에 당선되었다. 이 학교 조합은

1910년 11월 총독부령에 의해 설립된 것으로 의원은 8명이다. 관제상(官制上) 업무로서는 조합 예산 결의, 결산 승인, 그 외 당국자의 발안에 대하여 찬반을 묻는 정도였는데, 면 사업은 전통적으로 학교조합의원과 면협의원(面協議員)이 중심이 되어 이루어져 이 조합의원 재임 중(임기 3년, 1914년 7월 만료) 형은 면 사업, 면 행정에 통달하게 되었다. 1917년 7월 재선. 1920년 6월 면장취임(학교조합관리자 겸임)과 함께 사임했다.

통영번영회

1914년 무렵 인구급증과 산업발달과 함께 통영에서는 공사(公私)에 걸쳐 여러 사건이 급증하게 된다. 이에 사회제반 시설에 대한 필요성을 통감한 유지들이 도모하여 일종의 상담회(相談會)를 조직했다. 이것이 통영번영회이다. 매월 1회 정례회를 열어 의견을 교환하고 통영의 발전 방책, 제 시설의 사전협의, 시사문제 토의, 면정 후원 등을 목적으로 했다. 형은 회장에 취임했다. 모임에서 한 일들은 많았지만 주된 것은 일본 조선간의 항로 개척운동, 우편물 우송방법 개선 및 배달 회수의 증가에 대한 진정 등이었다.

통영면협의원

1917년 10월(학교조합의원에 재선된 해), 형은 통영면협의원(일본 내의 町會 의원에 상당)에 당선되었다. 임기 3년. 이로써 형의 공직생활은 서서히 본격화 되어, 면장시절(면협의원을 사임)과 면협의원 시절을 통해 통영 공공사업을 위하여 기여한 바가 적지 않았다. 면장 사임 후에는 1923년 10월 및 1926년 10월에 면협의원에 두 번 당선되었고 1928년 가을 면협의원 재임 당시 불행히도 급서하였다.

---

34) 통영학교조합은 1910년 6월 9일 설립 인가를 얻었다(統營邑, 『統營案內』, 1932, 7쪽).

통영통상조합 및 통영간담회

당시 통영에서 일본으로 가는 직통편이 없어 해산물과 그 외 물자의 수출입은 모두 진해, 마산의 세관지서 또는 부산세관에서 통관 수속을 받았다. 때문에 그 불편함과 불이익은 일일이 거론할 수 없을 정도였고 통영 발전을 저해하는 것도 실로 막대했다. 마침 총독부령 '세관특허상시검사파출장소설치허가'(稅關特許常時檢査派出場所設置許可) 건이 발령되었는데 형은 이 기회를 놓치지 않고 1918년 9월 지역 유지들과 함께 통영통상조합을 조직하여 스스로 조합장이 되어 활동한 결과 마침내 세관검사파출소가 설치되었다. 이 조합의 임원들은 아래와 같다.

> 조합장 핫토리 겐지로, 평의원 스즈키 한지로, 후지타 구마키치(藤田熊吉), 기타노 유사부로(北野雄三郎), 후쿠시마 야이치료, 다니모토 도라치키, 간노 간고로, 감사 하라다 츠나지, 세마 사다지(瀨間禎司), 오기와라 이와오, 사무담당자 야부키 사다키치(矢吹貞吉)

1920년 8월 이 통상조합 임원 전부를 발기인으로 하여 통영간담회가 발족되어 형은 후지미츠 우사쿠, 사카네 마사오(坂根正夫)와 함께 간사가 되었다. 이 모임은 통영 발전방책 연구기관임과 동시에 유력한 여론 대표자가 되었다.

3. 면장 시대

1920년 6월 14일, 젊고 혈기왕성한 형(당시 43세)은 많은 사람의 신망을 어깨에 짊어지고 전임자 사카네 마사오(坂根正夫) 씨를 이어 통영 면장에 취임하고 학교조합관리자를 겸임했다. 일본 국내의 마을과는 달리 일본인과 조선인 같이 살고 있어 자칫하면 다양한 문제를 일으키기 쉬운 통영과 같은 지방에서 면장으로서 직무를 다하는 것은 굉장히 힘든 일이 었을 것이다. 취임 전에 이구치 목사는 다음과 같은 서신을 보내 형을 격려하셨다.

"자신과 가족을 위해서라면 면장직을 수락하지 않는 편이 좋습니다. 그렇지만 남자가 때로는 기개가 없어서는 살아가는 보람도 없습니다. 개인적인 것 따위 생각할 겨를이 없습니다. 받아들이세요. 그러나 수락한 이상 단지 형식적인 사무 관리자로서 서류더미 속에 매몰되어서는 안 됩니다. 50년, 100년 후의 통영을 위해서 진력해야 합니다……. 비용이 많이 들 겁니다. 하루하루를 살아가는 사람은 반대를 하겠지요. 각오 없이는 극복하기 어려울 것입니다. 운운"

형은 취임 후, 평상시 품었던 이상적인 포부에 입각하여 대통영 건설과 번영을 위해 진력을 다하면서 문제가 생길 때마다 시원스럽게 대처하는 수완을 발휘했다. '가지 많은 나무 바람 잘날 없다'라는 격언대로 때로는 물의를 빚기도 했지만 통영에 남긴 업적이 현저했다는 사실은 누구도 부인 할 수 없다.

방역사업

면장에 취임하자마자 콜레라가 유행했다. 가까운 마산부와 부산부에서는 맹렬한 기세로 퍼져나가 그 처참함은 눈뜨고 볼 수 없었는데 6월 (1920년) 하순 마침내 콜레라가 통영에도 퍼졌다.[35] 먼저 일본인에게 전염되어 주민 일동 전전긍긍하여 마음 기댈 곳이 없었다.

---

35) 1920년 6월 일본 고베 등에서 발생한 콜레라는 조선으로도 확산되어, 통영에서는 7월 초부터 환자 발생이 확인된다.

통영은 평방 약 2km 토지에 2만 가까운 조선인과 일본인이 밀집해 있는데다 어선 출입이 빈번했다. 수질이 나쁘고 파리도 많았다. 특히 하층 조선인의 불결함이란 이루 말할 수 없을 정도여서 경찰당국은 물론이고 시민 일동 협력해서 방역에 힘썼다.

조강지처를 잃은 지 30일. 아직 상심은 사라지지 않았지만
12살 난 딸과 함께 적막한 새해를 맞이하는 감개 또한 깊습니다.
고향에 노모가 편찮으신데 봉양을 다하기 어려워 단장(斷腸)의 아픔을 금할 수 없습니다.
세상은 소란스럽고 저는 마음을 정리하는 데 하루가 다갑니다.
여기에 새해 소감을 전하면서 삼가 댁의 만복을 기원합니다.

1925년 원단
조선 통영 핫토리 겐지로

이러한 위급 상황일 때 면장인 형은 조선인에게 적극적으로 방역의 필요성을 이해시켜 마침내 청년 자경단(自警團)을 조직하여 선전경계(宣傳警戒)를 맡긴 결과 예방주사는 빠짐없이 실시되었고, 위생 청소도 두루 행해져 최소한의 피해로 마무리 되었다. 통영이 참혹한 전염병에서 벗어날 수 있었던 것은 어려움에 처했을 때 즉각 합당한 조치를 처한 형의 열성과 과감한 판단이 있었기 때문이라고 말하지 않을 수 없다.

상수도 부설사업[36)

조선은 일본에 비하여 우량이 적고 또 수질도 좋지 않았다. 특히 통영에서는 양질의 물을 얻는 일이 제일 곤란하여 멀리부터 운반해 온 물을 사서 사용했다. 때문에 가난한 조선인들은 물을 살 수가 없어 불량수를 사용했다. 따라서 일본인의 이주 증가에 맞춰 상수도 부설에 대한 요구도 날로 높아져 점차 문제화 되었다.

때마침 형이 면장을 시작할 때 콜레라가 유행했는데 그것을 계기로 한층 더 수도부설의 필요성을 통감하였다. 형이 혼신을 다하여 활동한 결과 1922년 총독부 예산으로 공사보조금이 계상되어 총경비 18만 6천 엔 중 반액을 총독부에서, 1/4을 지방비에서 보조받아 단번에 현안을 해결했다. 이 기간 형은 총독부와 도청에 진정하거나 수원지 농민과의 교섭 등으로 동분서주했다. 지금까지 정부로부터 한 푼의 보조금을 받은 일이 없는 통영으로서는 공전의 사건으로 영원히 기억될 공적이 되었다.

미륵산 용화사

수도는 차기 면장인 와타나베 나오미(渡辺直躬) 씨 임기에 완성되어 1923년 6월 24일 개통식을 거행했다.[37) 수질도 좋지 않으면서 비싸기만

---

36) 통영의 상수도는 1932년 현재 매일 평균 7입방미터를 배수하고 있다. 연 수익은 2만여 원이다(統營邑, 『統營案內』, 1932, 8쪽).

37) 1923년 6월 24일 상수도 개통식이 있던 날은 축제분위기였다. 외지에서 고위 공직자

한 물에서 벗어나 앉은 자리에서 미륵산의 풍부하고 깨끗한 계곡수를 마실 수 있게 된 통영 주민의 환희는 얼마나 컸을까. 더욱이 이 지역에 기항하여 넉넉한 양수 공급을 받을 수 있게 된 수백 수천 척의 선원들은 형의 공헌에 진심어린 감사와 경의를 표했을 것이다.

아래는 개통식 당일 『부산일보』(釜山日報) 통영기념호에 게재된 형의 소감문이다.

수도 개통식 소감

경남 수산특별위원 핫토리 겐지로

◆ 나는 1908년 31세 되던 봄에 여기 통영에 왔다. 생활면에서 보면 신선한 생선과 사철 내내 나는 시금치도 마음에 들었지만 특히 수려한 통영의 풍광명미(風光明媚)와 하량동난(夏涼冬暖)은 적지 않게 나의 마음을 이끌어 영주하기에 이르렀다. 그런데 살아보니까 물에 대한 불편함이 이만저만 아니어서 실망했다. 그렇지만 1리 떨어진 미륵산 계곡에는 유유히 흐르는 계곡수가 있다는 사실을 알고 몇 년 후 언젠가는 통영 인사의 노력에 의해 이 물을 끌어다 수도로 만들 날이 있을 것이라고 스스로 위로했다. 그 무렵 시내의 우물은 남문 안(南門內)과 수문 안(水門內) 그 외 6개 정도 있었지만 물은 항상 부족하여 삼각형 두레박에 1/3 정도 차는 것이 고작이었다. 그래서 아침 일찍 물을 떠는 일이 가정의 하루일과 가운데 첫 일이었다. 시외로는 명정리(明井里),[38] 아침시장, 장대(將臺) 등에도 있었는데 명정리는 대가뭄이 들어도 마르지 않아 통영 우물 중의 으뜸이었다. 전염병이라도 있으면 우리들은 수통을 메고 멀리 명정리까지 물을 뜨러 갔다. 조선인 물장수도 비가 내리면 오

를 초대하고, 식장에서는 기생들이 흥을 돋우고, 청년단의 악대연주가 있었다. 통영시 내에는 전기장식의 아취가 만들어지고, 분수대가 설치되었으며, 만국기가 걸렸다. 불꽃놀이와 변장행렬 등이 이날의 분위기를 최고조로 이끌었다(『朝鮮時報』 1923.6.26).

38) 명정(明井)은 통영시 명정동에 위치한 충렬사 아래에 있는 두 개의 우물을 말한다. 두 우물을 합쳐 명정이라 하며, 이 우물의 명칭을 지명으로 했으며, 1914년 일제에 의한 동명 개정 이전부터 존재하였다.

지 않기도 해서 밥을 지을 수 없을 때도 있었다. 집에 따라서는 물 때문에 부부싸움을 일어났다는 말도 들었다. 그래서 비가 오면 수통이나 양동이를 밖에 내어서 빗물을 받기도 했다.

◆ 1909년 봄 와타나베라고 하는 히로시마 현 사람이 미사키주조장(御崎酒造場)을 건설하기 전에 우물을 팠는데 그 물이 깨끗하고 비가 와도 우물의 물이 넘치지 않는다는 평판이 나 와타나베 씨는 입장료를 받고 이 물을 팔았다. 정말로 수질이 좋아 미사키 씨는 주조장을 세웠다. 그 후 가고시마 현 사람인 야마자키 이쿠마(山崎勇熊) 씨는 수선(水船)을 만들어 미륵산 산록의 물을 운반하여 우라시마초(浦島町)에 음료수 판매소를 설치하여 일반 시민 및 선원들에게 물을 공급했다. 2년 후 요코야마 다키치(横山太吉) 씨가 이것을 이어받았고, 다시 쓰시마 사람 히다카(日高) 씨에게로 넘어갔다. 히타카 씨는 고용인이 바닷물에 빠져 익사하는 바람에 사업을 그만두었다. 1911년 미에 현 사람 미오카 스에마츠(味岡末松) 씨는 와타나베 씨의 우물을 사서 음료수 행상을 시작했다. 굉장히 인기가 좋았다. 해가 바뀌어 1913년 3월 시마무라 신페이(島村新平) 씨는 도청 앞에 우물을 파서 물 판매를 시작했다. 미오카 씨는 참 부지런한 사람이었는데 불행히도 수조차를 끌다가 부상을 당하여 어쩔 수 없이 폐업을 하게 되었다. 시마무라 씨는 1915년 미륵산 산자락에 저수 탱크를 만들어 선박급수를 겸업했다. 음료수 판매는 지금까지 시마무라 씨가 거의 공급하고 있다. 음료수가 이같이 많은 곤란과 높은 희생을 치렀지만 일반 사용수는 여전히 옛날과 다름없어, 목욕탕과 같은 곳은 큰비라도 오면 욕조가 거의 붉게 물들어 입욕자들이 오싹하여 들어가기를 주저할 정도였다.

◆ 실로 긴 시간 동안 물 때문에 힘들어 했다. 그런데 얼마나 다행스런 일인가. 통영면이 주도하는 수도공사는 예정보다 빨리 준공되어 완성되었다. 미륵산의 풍부한 계곡수는 지금 정화되어 통영 시가로 도도히 흐르고 있다. 십수 년 이래의 희망은 이루어져 시민 영주(永住)의 기초가 확립되었다. 삼각형 두레박과 흙탕물 목욕탕은 옛날이야기 중의 하나가 되었다. 얼마나 기쁘고 큰 영광인가. 여기에 수도 개통식에 즈음하여 성대(聖代)의 은혜에 감사하며 조용히 옛날을 생각하면서 무한한 기쁨을 억누를 수가 없다.

남망산(南望山)[39] 공원 설치

풍광명미, 하량동난인 통영에 하나의 결점이 있었다. 그것은 시가가 좁고, 인가가 조밀하여 주민 행락 공원이 없다는 것이었다. 그러나 바로 코앞에 아주 좋은 장소가 있었다.

남망산이라 불리는 동남 바다 쪽으로 돌출된 주위 10정보 정도의 작은 산인데 동으로는 바다를 사이에 두고 거제도의 산들이 보이고, 남으로 한산도, 미륵산의 웅장한 풍경을 가까이에 두고 있으며, 사시사철이 낙원이다. 단 이 산은 사유지로 일반인에게 개방되어 있지 않았기 때문에 통영 유지들은 여기를 주민 행락 장소로 해야 한다고 15년간 교섭을 계속했지만 일은 어렵고 쉽게 마무리 되지 않았다. 형은 면장에 취임하자마자 이 문제 해결에 부심하였고, 적지 않은 희생을 지불하고 마침내 남망산 공원 실현에 성공하여 주민들의 다년간의 숙원을 풀었다.

해안도로 신설과 시구개정(市區改正) 기본조사

통영의 도로는 지형상 협소하고 굽은 곳이 많아 매년 발전하는 해항(海港)으로서 불편하고 볼품이 없었는데 거주하는 주민이 많지 않았던 탓에 개선에 노력하는 자가 적었다. 그런데 형은 적극적으로 중요한 일이라고 주장하면서 이해득실을 명시하여, 일반의 이해를 얻은 결과 공사에 착수하였다. 그 후 2년이 되지 않아 폭 2칸의 해안도로가 완성되어 시가의 면모가 일신하게 되었다.

또한 형은 시구개정 기본조사를 진행했다. 그 후 재정 사정으로 인해 개정은 실현되지 않았지만 장래 시행할 경우 유력한 자료가 될 것이다.

---

39) 통영항과 동호만을 가르며 바다로 튀어나온 해발 약 72m의 작은 산이다. 지리적으로 통영의 남쪽에 위치한 산이라는 남산을 뜻하는 '남망(南望)'으로 불렸다고 추측된다. 토박이들은 '남방산'으로 부르기도 한다(통영시사편찬위원회, 『통영시사』(하), 1999, 1,143~1,144쪽).

소학교사(小學校舍) 증축

면장은 학교 조합관리자를 겸하고 있었는데 형은 학교 조합관리자로서 소학교 교사 증축 숙제를 해결했다.

그 무렵 통영에 거주하는 일본인은 호수가 600을 넘었고, 취학 아동은 400명에 달했다. 점차 증가하는 경향임에도 불구하고, 심상소학교(尋常小學校)40) 교사는 1개동에 교실 6개에 지나지 않았다. 원래 교사 증축은 전 관리자 시절의 문제였으나 세계대전 이후의 불황으로 재원이 부족한 통영으로서는 증축 기공을 진척시키지 못하고 있던 상태였다. 형은 관리자 취임과 함께 발 빠르게 3만 엔의 조합채권을 발행하고, 국고 및 지방비의 보조를 받아 공사에 착수했다. 그리고 1920년 가을 교실 6개를 가진 115평의 2층 증축이 이루어져 10월 28일 관리자로서 영예로운 낙성식을 거행했다. 공사 중 임시 교사(校舍), 증축 후 재정 정리 등으로 형을 힘들게 하는 일도 많았다. 또 교사 내 위생시설, 기구기계 완비 등 형이 학교 교육에 이바지한 것은 상당히 많다.

항만 준설41)

조선은 대체로 민둥산이 많고 큰 비라도 내리면 토사가 방류되어 항만을 매몰시킬 우려가 있는데 특히 통영항은 주위에 작은 산으로 둘러져 있어 자연히 그 폐해도 많았다. 내항은 가령 준설을 해도 수년이 지나지 않아 깊이 2~3척 밖에 안 되는 얕은 바다로 변했다. 이것을 영구적으로

---

40) 통영의 일본인회가 1906년 소학교를 설립해, 1911년 교사를 신축하고, 1912년 4월 통영공립심상고등소학교가 되었다. 1914년, 1920년 교사를 증축하였다(山本精一, 『統營郡案內』, 1915, 105~106쪽; 統營邑, 『統營案內』, 1932, 10쪽).

41) 통영항 준설의 필요는 오래되었다. 1912년 현재 토사유입으로 준설이 필요하여 학교 조합에서 당국에 준설을 청원하였다(『매일신보』 1912.10.10(2)4).

방지하기 위해서는 육상 설비에 막대한 비용이 들어 그때그때 고식적인 준설을 실시하는데 그쳤다. 그래서 1919년경부터는 항만 내 간조 시 수심이 얕은 곳은 1미터도 되지 않았고, 깊은 곳이라도 300톤 이하 선박 출입에 곤란을 느낄 정도였고, 매일 많은 어선 범선 발동기선이 입출입하는 항구로서 제 기능을 못하고 있었다. 그래서 유식자들 사이에서 항만 대준설 의견이 일찍부터 나왔지만 선결 문제인 준설비용 4만 원의 부담은 통영으로서는 보통 일이 아니었다.

　형은 면장 취임 전부터 이 일로 분주했었고, 준설선을 빌리기 위해 요나이(米內) 군수와 함께 상경하여 해군성과 타협하였다. 뒤이어 총독부 보조금 신청, 기부금 모집 등에 솔선하여 앞장선 결과 그토록 어렵던 문제도 해결되어 대규모 준설 공사가 1920년 말에 완성되었다. 이후 간조 시 최고 낮은 수심이 3미터가 되었고 1929년의 제2회 준설까지 조금도 불편함을 느끼지 않았다.

통영항

기타

그 외 형은 통영병원 원장을 겸임하여 그 개선에 힘썼고, 그 후 1923년 면립병원이 되자 적지 않은 기부 원조를 했다. 또 면장 시절 수영회를 조직하여 스스로 강사가 되어 청소년 체력 장려를 꾀하였다. 그 외 면장 취임 전후 크고 작은 다양한 공공사업에 사재를 털어 넣기도 했다. 비용을 아끼지 않고 분주한 사례는 일일이 셀 수 없을 정도다.

면장 사임

형은 1922년 1월 갑자기 사표를 제출하여 반대파 사람들은 물론이고 주위 사람들을 당황하게 했다. 재임 1년 8개월. 아마 형으로서는 면 발전을 위해 여러 현안을 해결하고, 또 여러 개의 공공시설에 대체적인 전망이 섰기 때문에 자기가 해야 할 일은 다했다고 생각했을 것이다.

형은 원래 그만두어야 할 시기를 중요시하는 사람이었다. 그는 해야 할 일을 했다고 생각할 때 사람들에게 아쉬움을 남기면서(대개 꾸물거리고 있는 반대파 사람들의 의표를 찌르면서) 씩씩하고 시원스럽게 일단락 짓는 능력을 가지고 있었다. 앞서 기록한 사업 중에는 다년간의 어려운 문제가 많았는데, 그것들을 이렇게 짧은 기간에 해결한 것을 보면 형이 면장으로서 얼마나 열성과 최선을 다했는지 엿볼 수 있다.

더구나 이 시절 형은 개인 상점주인 외에 회사사업에 관여하고 고향도 돌보았다. 이렇게 눈코 뜰 새 없이 바쁜 생활은 오히려 형이 적극적으로 원하는 것이었지만 한편으로는 가정을 거의 돌볼 수가 없었다.

특히 잔병치레가 많은 형수가 "사업도 중요하고, 명예도 중요하겠지요. 그렇지만 가정이 있는 연후에 사회이니…"라고 한 말은(『히사코 부인』 중 형의 추억문 참고) 형이 사임을 서두르게 한 원인이 된 것은 아니었을까.

후임 면장은 형이 추천한 통영의 개척자이고 전 일어학교장인 와타나베 나오미(渡辺直躬) 씨가 되었다.

아래에 게재된 것은 1921년 봄 오사카『매일신문(大阪每日新聞)』조선소개호에 실린 글이다.

전 통영을 좌지우지하는 핫토리 겐지로 씨의 사업과 인물

(오사카『매일신문』조선소개호)

◆ 통영의 대표적인 인물로서 모든 공공사업에 몰두하여 통영의 부침흥폐(浮沈興廢)를 짊어지고 있는 핫토리 겐지로 씨가 있다. 그는 공공적 방면에 대표적인 인물일 뿐만 아니라 실은 통영 사업계 중견으로서 모든 사업에 관여하여, 최근 급성장하는 통영의 제 회사가 그의 후원을 받지 않은 곳이 하나도 없을 정도이다. 참으로 그 실력이나 수완 명성은 조선 전역을 둘러보아도 그와 같은 출중한 인물이 없다. 이하 그가 통영에서 시작하여 오늘에 이르기까지의 상황과 장래에 대하여 개략적인 것을 소개하니, 하나는 세상의 공평한 판단을 바라고 또 하나는 후진에게 모범을 보여주어 세상인심에 조금이나마 도움이 되는 좋은 반향을 불러일으킨다면 참으로 다행이라 생각한다.

◆ 원래 그는 미에 현 욧카이치에 있는 고스기에서 태어났고, 그의 생가는 대대로 곡물업(穀物業) 및 제다업(製茶業)을 하였다. 엄부 핫토리 야스지로 씨는 실로 당대의 상걸(商傑)이라 평해질 정도로 대장부였다. 그는 핫토리가의 장남으로서 엄부의 불같은 훈도를 받았고, 성장해서 독립독보(獨立獨步)의 뜻이 강해지자 과감하게 고향을 떠나 통영으로 간 것은 지난 1908년 그가 31세 혈기왕성할 때였다. 당시 시정(市井)의 일개 미약한 대부업자에 지나지 않았지만 엄부의 전통적 상재(商才)는 도저히 무취미적 금융업으로는 만족할 수가 없었다. 43세 후반기부터 미곡업을 개시한 이래 종횡무진한 활약과 열성적인 사업방침으로 인해 재력과 신용이 축적되었다. 철두철미하게 분투노력하면서 공공 방면에 힘을 기울였다. 통영 물산의 근간인 마른 멸치 사

업처럼 종래 거의 개인적이고 전혀 통일되지 않았던 것을 그는 솔선하여 해산물동업조합을 설립해 처음으로 마른 멸치 공동판매소를 설치하고 그 조합장이 되었다. 후에 판매소 조직을 주식화한 것이 바로 현재의 통영해산물주식회사이다. 그 후 통상조합, 어업시장, 해산품 검사소 등을 창립하고 해산물이 생명인 통영을 위해서 많은 공헌을 하고 그 외 많은 회사 창설에 있어서 재력이 허락하는 한 중재하고 알선하였다. 현재 그와 관련된 제 회사를 일람하면

통영해산물주식회사(統營海産物株式會社) 사장, 통영통조림주식회사(統營缶詰株式會社) 사장, 통영해운주식회사(統營海運株式會社) 이사, 통영칠공주식회사(統營漆工株式會社) 부사장, 통영제망주식회사(統營製網株式會社) 이사 등으로, 어느 것이라도 단순한 중역이 아니다. 자산관계에 있어서 거의 핫토리 씨를 중심으로 하고 있다. 이 외 공직 및 명예직으로서는

통영면 면장(統營面面長), 통영학교조합 관리자(統營學校組合管理者), 통영병원 원장(統營病院院長), 통영통상조합장(統營通商組合).

◆ 이상과 같이 핫토리 씨는 모든 점에 있어서 통영의 대표적인 인물인 것은 물론이지만 조선으로 건너갈 당시 일개 소대부업자에 지나지 않았다. 대부업자라면 누구나 듣는 일종의 비난을 받았던 핫토리 씨가 현재 운영하는 정미, 무역사업을 통하여 1년에 약 100만 엔의 매상을 올리는 회사의 업무 일체를 모두 점원에게 일임하고, 밤낮으로 부단한 열성으로 공공 방면에 최선의 노력을 경주하게 된 데에는 뭔가 동기가 있었을 것이다. 기자는 이 점을 대서특필하여 세상 사람들에게 알릴 책임을 느꼈다. 즉 핫토리 씨의 사회봉사 관념에 동기를 부여한 것은 가장 깨끗하고 굳은 결심이었다. 그것은 다름 아닌 신앙의 힘이었다. 들은 바에 의하면 경성에 거주하는 일본 기독교회의 선각자인 이구치 야스오 씨가 일전에 병을 얻어 풍광명미(風光明媚)하고 기후 온화한 땅 통영에 정양하게 되었는데 핫토리 씨는 이때 이구치 씨의 문하생으로 가르침을 받았다. 지독한 병마에 시달리는 아내의 병상에서 간호에 여념이 없었던 핫토리 씨는 여기서 자기가 평생 가야하고 장차 의지해야 할 한 줄기 광명을 발견했다. 그 발견이란 무엇인가? 인생은 결국 물질 다시 말해 재력만으로는 어떻게 할 수 없다. 즉 정신계에 몸을 의탁하면서 의지해야하는 곳은 오직 신의 힘뿐이라는 일대 진리의 발견이었다. 더구나 이 발견을 가장 뜻있게 하는 것은 선량한 사회봉사 관념을 실천해야 한다고 하는 것에 귀

착한다. 신앙의 힘 또한 위대하다고 말하지 않을 수 없다. 그 이후 핫토리 씨
는 점점 신앙의 뜻을 굳게 하여 사회봉사를 결심하고 놀랄 만큼의 정력으로
공공 방면에서 주야로 동분서주해 왔다. 세상 평에 의하면 핫토리 씨를 통영
의 진수라고 하고, 혹은 조선의 모범관리자 내지 모범 면장이라고까지 칭찬
하고 있을 정도다. 이미 작년 10월 경성에서 개최된 전조선실업가대회에 핫
토리 씨는 도야마 미가조(富山美賀藏)와 함께 통영 대표로 회의에 참석하여
대성질타(大聲叱咤)하며 일선융화(日鮮融和)와 조선인의 선도(善導)를 주장
했다. 즉 동문동종(同文同種)의 관계로 공동사업을 활발하게 추진하여 조선
인들에게 직업을 주고 서로 제휴해야만 한다는 것이다. 결국 종교적 선도와
결합에 의해서만 비로소 일선융화의 대사업은 해결될 것이라는 그의 높은 식
견에 회의 참석자들은 탄복할 정도였다. 여기에서도 핫토리 씨의 인격의 한
단면을 엿볼 수 있다.

◆ 생각하니 그와 같은 인격자가 통영에 있는 것은 통영만이 아니라 실로
국가의 행복이다. 통영의 앞날을 생각해 보면 아직 발달 초기로 통영이 이루
어야 할 사업은 여전히 전도요원(前途遼遠)하다. 통영 개항, 상하수도 공사,
시구개정, 공원 정비, 육상 교통기관시설 등 끝이 없을 정도이다. 들리는 바
에 의하면 핫토리 씨는 이러한 것들에 대하여 재빨리 착안하여, 우선 제일 먼
저 상수도 공사에 착수하여 통영 위생상태를 혁신하는 것을 급무로 하였다.
이것은 면 사업으로서 현재 착실히 실행에 옮겨지고 있다. 그 외 공원 시설에
대해서도 이미 계획안을 가지고 있을 뿐만 아니라 그는 요즘 인구 증가와 맞
물려 가까운 장래에 부제(府制)를 변경할 계획을 주도면밀하게 준비하고 있
다. 지금까지 이러하니 앞으로 통영의 전도유망함과 특히 핫토리 씨의 건재
를 기원할 뿐이다.

4. 면장 사임 후

우편소 승격 및 통영실업동지회

통영에 우편사무 취급소가 설치된 것은 1902년(당시 거주 일본인 20인)으로 1907년 4월에 우편소(일본의 3등 우편국)로 개칭되었다(동년 말 일본인 240인 거주). 그 후 조금씩 취급 업무 범위를 확대했는데 청사는 여전히 1902년 이래 좁은 건물이었다.

따라서 통영의 급속한 발전(1919~1920년에는 일본인 3천, 인구 2만에 가까움)과는 대조적일 정도로 낙후되어 있었다. 예를 들면 당시 통영 우편소의 전보 취급 건수는 전 조선 600여 개소 국소(局所) 중에서 17~18위였음에도 종업원은 어깨가 맞닿을 정도로 좁게 앉아 집무를 봐야 했다. 당연 틀린 전문(電文) 등 업무 실수가 잦았고, 해산물업자와 같이 매일매일 전보로 원격지 시세를 조회하던 사람들이 겪는 불편은 이루 말할 수 없었다. 또 전화도 쉽지 않았고, 보통우편조차 종종 사고가 일어났다. 이러한 상황 속에서 마침내 청사 신축과 우편국으로 승격을 요구하는 통영 주민의 움직임이 일어나기 시작했다.

1921년 3월 통영 실업동지회 발족과 함께 형은 위원장에 천거되고, 2백 수십 명의 서명을 받아 우편소 승격 청원서를 총독부 체신국과 부산 우편국에 제출하였다. 그리고 7월 형은 직접 상경하여 체신국 감리 과장을 면접, 힘을 다해 진정하여 마침내 당국을 움직여 10월 4일에는 체신국 기술자가 통영으로 와 승격이 승인되었고, 10월 부지 매입, 다음해 1월 기공, 5월 신청사 낙성, 10월 21일 대망의 우편국이 개국되었다. 주민들에게 복음이 전해진 것이었다.

그런데 국사(局舍) 임대에 매월 110엔, 그 외 건축 총경비 14,000엔(식산은행 그 외로부터 차용)에 대한 이자지불로 매월 수십 엔의 손실이 생기자 이번에는 청사 매입운동을 일으켰다. 즉 형은 국장의 양해를 얻어 상경하여 경리과장에게 간청하기를 여러 번, 얼마 지나지 않아 가격의 일치를 보고, 10월 인수인도를 완료했다. 그때 부족액 1,000엔은 일반 기부에 의지했는데 그 성적이 좋아 잉여금은 통영병원에 기부했다.

수산품평회[42] 협찬회장

1922년 10월, 통영에서 통영군 수산품평회(水産品評會)가 개최되어, 형은 협찬회장이 되었다. 조선수산총액의 약 1/3을 차지하는 경상남도 중, 연간 약 3,000엔을 생산하는 통영군 더구나 그 어업 근거지인 통영항에서 품평회가 개최되었다는 것은 정말 뜻 깊은 일이었다.

이러한 행사는 통영에서는 일찍이 없었던 성대한 행사로 조선 팔도 중 2도를 제외하고 모두 유익한 물건들을 출품했다. 일본에서는 야마구치(山口), 히로시마(広島), 에히메(愛媛), 고치(高知), 아이치(愛知), 시마네(島根) 각 현에서 참가했고, 출품 총 수 1,650여 점을 넘기는 좋은 성적이었다.

부속사업으로서 교육품 전람회를 개최했는데 이것도 성과가 좋았다. 조선 각도, 일본 현지, 중국 만주의 97교로부터 약 6천 점이 출품되었다.

이렇게 성대한 행사가 있었던 만큼 협찬회의 일도 이만저만한 것이 아니었다. 형은 기부금 모집, 내빈 접대, 여흥 관리 등, 품평회가 끝나고 난 후의 정리 등에 이르기까지 거의 모든 면에서 애쓴 결과, 품평회는 충분한 효과를 올렸다.

---

42) 핫토리 겐지로는 경상남도 전군 출품의 수산품평회를 통영에서 개최하였다. 이 행사 때 통영 시내는 수천개의 전기등으로 밝혀졌고, 통영청년단 주최의 활동사진 관람회, 교육산업 등이 열렸다(『동아일보』 1922.10.25(3)3).

경상남도 수산회의원

수산품평회가 끝난 후 형은 경상남도 수산회 특별의원으로 선출되었다. 협찬회장으로서 공로를 인정받은 것이었다.

통영면협의원(면장 취임전 (3)항 참조)

형은 면장 사임 후, 1923년 11월 및 1926년 11월 면협의원으로 당선, 면 사업에 공헌했다.

경상남도 평의원

1924년 4월 1일 형은 도평의원(道評議員)에 관선(官選)되었다.[43] 도평의원은 도행정에 참여하는 것으로 일본의 부현회(府縣會) 의원에 상당한다.

아래에 게재한 것은 1924년 4월 17일자 신문기사이다.

본군 출신 실업가 핫토리 겐지로 씨의 영예 – 조선 도평의원에 관선 –

(세슈(勢州) 『매일신문』 게재)

우리 미에 현 사람으로 실업가로서 조선에서 알려진 사람은 츠(津)의 고바야시 겐로쿠(小林源六), 가메야마(龜山)의 사노 히코조(佐野彦藏), 와카마츠(若松)의 이토 쇼노스케(伊藤庄之助), 고스기(小杉)는 핫토리 겐지로(服部源次郎) 씨이다. 조선에도 1921년 관제가 개편되어 각도 행정에 참여할 수 있는, 우리의 현회의원과 같은 도평의원제가 실시되었다. 그 선거 방법은 관선

---

43) 1924년 경상남도 평의원선거 투표에서 통영군에서는 김기정, 서상환, 이정 등이 높은 득표를 보였으나, 핫토리 겐지로는 5위에 그쳤다. 하지만 경상남도에서는 관선의원으로 핫토리를 지명하였다(『동아일보』 1924.3.23(3)4).

과 민선 두 종류가 있고, 민선은 시정촌회(市町村會) 의원과 같은 부면(府面) 협의원에서 뽑고, 관선은 부군(府郡) 내의 공로자 및 덕망자 중에서 발탁하여 지사가 임명한다. 올해 3월 하순 제2차 개선기(改選期)에 즈음하여 민선 경쟁은 전 조선에서 상당히 치열하여 4월 1일 경상남도에서는 일본인과 조선인 32명이 당선되었는데 핫토리 씨는 일본인 관선의원 6명 중의 한 사람으로 통영군에서 임명되었다. 그는 사람들이 아는 바와 같이 일대 상걸(商傑) 핫토리 야스지로 씨의 장남으로 1908년 31세 봄에 조선으로 갔다. 현재 통영에 터를 잡고 올해로 16년째 분투를 계속하여 오늘날의 지위를 만들었다. 그는 천혜의 자연을 자랑하는 통영에서 부모님으로부터 물려받은 재간과 예민함을 종횡무진 발휘하고 있다. 1920년 면장으로 추대되자마자 콜레라가 유행하게 되었다. 그는 솔선하여 자위단(自衛團) 조직을 우선 건의하여 실행했다. 안으로는 조선 독립 소요사태로 혼란한 때임에도 불구하고, 조선인 청년단과 융화를 꾀하여 방역단(防疫團)을 조직하여 큰 재해를 입지 않고 방역의 효과를 거두어 내외에 굉장한 명망을 떨쳤다. 이 다망한 사이에 수도 부설 운동에 착수하여 성공시켰고, 경비 3만 엔의 항만 준설, 공사비 4만 5천 엔의 학교 증축을 시작하고, 병원 개축, 공원지대 매입, 시가 도로 신설, 도축장 이전, 우편국 승격, 매립지 개방, 구 구획개정 기본 조사, 수산 시장의 면 경영을 추진하는 운동, 그 외 정신운동으로서 종교의 선전, 체육 장려로서 연무 수영(演武水泳), 보습 교육으로서는 주산 강습회 등 온갖 활동을 다하였다. 더구나 가장 비난이 많았던 학교 조합 및 면 사무 정리를 일제히 다 정리하고, 불과 18개월이란 짧은 기간에 전후 20년간의 일을 해냈다. 이제는 내 할 일은 다 했다고 하면서 그 직을 후임에게 물려주어, 주위 사람을 놀라게 한 수완은 핫토리 씨 외에는 볼 수 없는 독특한 것이었다.

다음해 1922년 통영 수산품평회가 개최될 때 협찬회장으로 추대되어 의외의 좋은 성과를 올리고, 그 공으로 인해 경상남도 수산회 특별의원으로 선발되었다. 또 작년 1923년 공사비 백만 엔인 운하 매립 문제가 일어나자 기성회장으로 추대되었고, 지방청에서 꾸물거리고 있는 사이 직접 동지를 이끌고 조선총독부로 찾아가 1924년 예산에 편입시켜 도지사 및 내무부장을 놀라게 했다. 불행히도 관동대지진 때문에 실행이 되지 못한 것은 유감이지만, 그가 통영 사람으로서 비교적 온후한 편이지만 외적으로는 상당히 대담한 수완가인 점은 이 일화가 증명해 주고도 남음이 있다. 그가 한 번 일을 시작하면 숙려한 뒤에 결정한 일이어서 쉽게 중도에서 포기하는 일이 없고, 우편국 승격과 같은 수십 년 묵은 문제도 기회가 포착되면 당국에 대한 운동, 부지 매입, 청사 개축, 기부금 모집에서 정산 완료까지 모두 깔끔하게 마무리하지 않으면 직성이 풀리지 않는 기골남(氣骨男)이었다. 또 주산 강습회와 같은 정신 사업에서도 제자에 대하여 열성을 다하고 은인지구(隱忍持久)한 지 이미 4년 되어 수백 명의 졸업생을 배출시켰다. 작년 봄 조선 남부 주산경기대회를 열었고, 수많은 우수한 학생들은 그 기량을 사회에서 인정받게 되었다. 그의 주산 보급 덕분에 주산은 통영의 명물이 되었다고 조선 남부 일대에서 칭송받고 있다. 그런데 그는 스스로 자랑하지 않고 항상 이노우에 치카스케(井上親亮) 은사를 칭송하고 모교를 선전했는데 그것은 아마 그가 은혜를 잊지 않는 윤리적 인물이었기 때문이다. 그는 개인 사업으로서 정미업 및 비료상을 경영했는데 점원을 키울 때 굉장히 엄격하고 준엄했음에도 불구하고 점원이 되기를 희망하는 자가 많은 것을 보면 온정이 깊은 사람이었다. 특히 그의 버릇으로 한두 번의 부탁으로는 결코 점원으로 허락하지 않지만 수차례 거듭하여 부탁할 때는 묘하게도 받아들이는 사람이었다. 이는 경솔하게 일을 인수하지 않는다는 증거이다. 시험 삼아 그를 향해서 칭찬을 하니 그는 의연하게도 세상으로부터 아무리 좋은 말을 들어도 직접 효도할 수 없는 것이 생애의 불행이라고 한탄했다. 끝없는 깊이와 품위가 느껴지는 성품이다. 그는 지금 고향일로 다른 모든 직을 사양하고 있지만 현재에도 창립 이래 12년간 1할 5부 배당을 지속하고 있는 통영해산회사 사장을 비롯하여 조선에서 유일한 조선제망회사 사장, 예금액 20만 엔의 도시금융조합 그 외 2~3개 회사의 사장으로 있다. 아무튼 보기 드문 활동가이고 절윤(絶倫), 근검(勤儉), 역행(力行)하는 사람이다. 어촌이 그렇듯 인정이 좀 거칠고 시끄러운 통영을 완전히 통일하니 적도 아군도 그의 수완을 모두 존경하였다. 핫토리 씨는 통영의 왕이다. '핫토리의 통영'이라고 칭찬이 자자하지만 필경 그것은 분명 16년간의 열정의 결정체이다. 아마도 이 쾌남아를 배출한 것은 미에 현의 명예라고 해도 과언이 아니라 생각한다.

형은 처음 등원한 도평의회 석상에서 일대 문제를 제기했다. 즉 형은 그가 가장 자신 있다고 하는 수산사업에 대하여 도(道)시설계획이 지극히 빈약하고, 농업과 비교하여 심한 불균형 상태에 있음을 숫자를 들어 지적하고 예산수정 발의를 했다. 그리고 4일간에 걸쳐 열변을 토하며 군은 소신으로서 집요하게 문제제기 하여 당국의 반성을 크게 촉구했다. 이는 형의 정치 생활에 있어서 가장 화려한 장면이었고, 동시에 전 조선 수산업자들은 그의 말에 힘입어 서로 쾌재를 불렀다고 한다.

이 사건은 가는 곳마다 뭔가 문제를 제기하지 않고는 가만히 있을 수 없었던 형의 투지만만한 성격과 정론을 위해서는 어떠한 위력 앞에서도 굴하지 않는 의지를 보여 준 것이다.

1926년 6월 10일 이왕전하(李王殿下)의 국장 때 형은 경상남도에서 2명의 평의원으로 선발되어 도민을 대표해서 참석하여 애도의 뜻을 표했다.

형은 1927년 3월 도평의원 3년 임기가 만료되자 형이나 다른 일본인이라도 통영 대표자로 임명해야 했는데 그렇게 하지 않은 당시 도지사의 조치에 대한 통영 주민의 분노가 폭발하여 주민대회 개최, 공직자 총사표 제출 등 맹렬한 반대운동이 일어나 조선 전역에 충격을 주었다.

다이코보리(太閤堀) 굴착 및 통영항만기성회

다이코[44)보리 운하는 통영 서쪽 끝으로 10여 정보 지점에, 통영과 미륵도 사이에 있는 폭 5칸, 길이 100칸의 해협이다. 이 해협은 임진왜란 때 도요토미 히데요시의 수군이 직접 팠다고 해서 이렇게 이름 지어졌다. 그런데 형의 면장 취임 당시 이 운하는 주위에서 유입된 토사로 메워져 소형선조차 만조 때를 기다려 겨우 통과할 수가 있었다.

더구나 미륵도 남서 일대에는 다수의 어장이 있었고, 통영과는 지호지간(指呼之間)에 있음에도 불구하고 다수의 선박과 어선은 6시간 내지 10여 시간을 들여서 미륵도를 우회 왕복했다. 그 때문에 자주 굴착 건의가 있었지만 워낙 막대한 비용이 들어 좀처럼 일이 진척되지 않았는데 마침내 대대적인 운동이 일어나 1923년 통영항만기성회를 설립하게 되었다.

---

44) 太閤는 태정대신의 경칭이었는데 히데요시 이후 히데요시만 칭하게 되었다.

형은 회장으로 추대되어 진력을 다하여 공사비 100만 엔 계획을 수립하고, 동참자들의 뜻을 모아 총독부에 진정하여 1924년 예산편입에 성공했다. 그때 관동대지진이 일어나 일시적인 좌절을 겪었지만 그 후 계속 운동을 펼쳐서 1928년 5월 즉 형이 죽기 직전 공사에 착수하여 총공사비 30만 엔(그 중 국고 10만 엔, 지방비 12만 5천 엔, 통영부담 7만 5천 엔)으로 1932년 11월에 준공했다.[45]

지금은 천 톤 이내의 배들이 이 운하를 통과하여 삼천포, 여수 방면 항로를 10여 해리를 단축시켰다. 작은 배 한 척 항해에도 힘들어했던 것은 옛날 얘기가 되었다.

太閤堀의 옛 모습과 현재

---

45) 통영운하 기공식 당시 통영은 학생들의 기행열 행사와 제등행렬로 성대한 축하분위기였다(『동아일보』1928. 5. 12(4)8). 통영운하의 규모는 전체길이 1,420m, 폭 42m~55m, 수심 최대 간조 시 3m였다(統營邑,『統營案內』, 1932, 27쪽).

통영금융조합

조선에서 가장 성공한 시설로 금융조합이 있다. 이것은 원래 농촌개발진흥이 목적이었는데 더욱 발전하여 시가(市街)의 서민금융기관으로 도시경제 발전에 도움을 주기 위해서 도시금융조합 제도로 만들어졌다. 그리고 1919년 통영에서 금융조합 설립 건의가 발의되자 형은 최선을 다하여 힘썼다. 그 이후 조합 업무에 공헌하는 바가 적지 않았고, 1924년 2월 28일 임시 총회에서 후지미츠 우사쿠 씨를 이어, 제2대 조합장으로 당선,[46) 다음해 3월 15일까지 재임했다. 당시 조합예금 20만 엔이었는데 형 재임 중에 순조롭게 발전하여 현재 예금액 35만 엔을 넘기고 있다(1931년 말).

5. 중국 여행

1925년 3월 조선총독부로부터 러시아와 중국의 수산무역조사(水産貿易調査) 촉탁을 받고 형은 혼자서 중국 전 지역을 시찰했다. 3월 2일 통영을 출발해서 6월 5일[47) 통영으로 돌아오기까지 그 여정은 육로, 해로를 합하여 7천리, 방문한 주요도시 25곳, 13인종을 만났고, 소요 일수 203일, 수산업은 물론이고 상공업, 정치, 교육, 종교, 예술, 풍속습관, 명소 유적 등 시간과 몸이 허락하는 한 각 방면에 걸친 답사와 연구를 했다.

---

46) 이 금융조합장 선거에서는 조선인과 일본인 사이의 경쟁이 치열하였다. 조선인회원은 조선인 조합장을, 일본인 회원은 일본인 조합장을 선거하기 위해 분리 운동을 하였으나, 다수의 출석자가 일본인이어 조선인측이 패배하였다(『동아일보』1924.3.8(3)6).
47) 핫토리가 중국 여행의 경험을 출판한『日商人の支郡の放』에는 귀국 일자를 6월 14일, 소요일 수는 103일로 기록하고 있다.

총독부에 제출한 조사 보고서 내용은 (1) 생선 및 수산가공품 (2) 마른 멸치 (3) 마른 김 (4) 구(舊) 해산물48) (5) 청어 (6) 고등어 및 갈치 (7) 대중국 수산무역에 대한 사견(私見) 7항목으로 나누어져 있다. 보고서 중에서 형은 대중국 수산무역업자로서 영구적 계획을 수립하고 거래하는 사람이 극히 적고, 업자가 내부적으로 전혀 통일되어 있지 않아 동업자끼리 서로 싸우고 있으며, 밖으로는 구매자인 중국인들에 대한 난매경쟁으로 점차 신용을 잃어가는 안타까운 상황을 개탄하며 사견으로서

"정부 보호 감독 하에 조선 및 중국 주재 무역관계자를 망라한 자본금 약 100만 엔 정도의 조선무역주식회사(朝鮮貿易株式會社)를 창립하여 중국의 주요 지역에 영업소를 설치하고, 무역업을 경영하면서 조선 물산진열장을 설치하여 중개 알선 노력을 기울이고, 또 정기 간행물을 발행하여 중국 근황을 끊임없이 조선 영업자에게 주지시키는 등, 철저하고 적극적이며 지속적인 방책을 가지고 진행해야 할 것"이라고 역설하고 있다.

동업자간의 자유경쟁의 폐단과 공동경영의 필요성이라고 하는 것은 형이 일찍이 통감하고 있던 것으로, 이 무역회사 입안은 그러한 이상(理想)에서 만들어진 것이다. 생각하면 1926년 통영해산물동업조합을 조직하고 더 나아가 해산물회사를 병합한 것도 위와 같은 입장에서 비롯한 것이었다.

---

48) 옛날 중국인 기호에 맞아 항상 다량으로 수입한 건어물류(다시마, 해삼, 상어 지느러미, 새우, 한천, 가물치)의 총칭. 염장 생선에 대한 구별을 위한 명칭.

배안의 형

　중국 여행에 대하여 형은 그 견문을 상세하게 기록하여『부산일보』에 연재(88회)했다. 귀국 후, 그것을 정리하여 도쿄에서 수정 가필한 다음 자비 출판했다.『한 상인의 중국 여행』(1925년 11월 20일 동광회(東光會) 출판)이 그것이다. 이 출판에 관한 경위는 야마나카 미네타로(山中峰太郎) 씨의 추도문에 상세하게 기술되어 있다. 나도 당시 상담역이었는데 형은 연일 숙소에 틀어박혀 책상에 매달린 채 수험생 이상의 열성으로 공부하는 모습이었다. 저만큼 끈기 있게 열심히 하면 대개의 일은 이루어진다고 절절하게 느낀 바 있었다.

　이 여행은 형 일생에 있어서 획기적인 것이었다. 그때까지 여행이라고 하면 상용이나 가까운 친척의 병문안, 문상 등으로 제한되어 있었는데 이번 여행은 개인적인 이해나 곤란을 걱정할 필요가 없이 마음껏 돌아다닐 수가 있었다. 더구나 무대는 중국대륙이었다. 가는 곳마다 매번 새로움에 만족하면서 견학의욕을 불태웠다. 따라서『한 상인의 중국 여행』이란 책은 여러 곳을 방문하여 발견한 각종 문제에 대한 형의 예리하고 꼼꼼한 관찰안과 순진하고 꾸밈이 없는 감상으로 메워져 있다. 알기 쉽고 명료한 문장으로 되어 있는 이 책은 형의 과거 40여 년 간의 지식, 교양의 결정체라고 해야 할 것이다.

이 책의 서두에 '죽은 아내 생각이 행간에 드러나 대단히 죄송하다'고 양해를 구하고 있듯 여행 중 형은 형수에 대한 추억에 빠진 일이 한두 번이 아니었다. 아니 오히려 이 여행에서 형수를 잃은 상심과 고독을 극복하고 심적 전환을 미지의 땅에서 구하려 했었다(형수가 죽은 지 4개월째에 형은 중국 여행을 떠났다). 넋을 잃은 고독한 그림자는『한 상인의 중국 여행』이란 책이 되었고, 애절한 추억은『히사코 부인』이 되었다(1926년의 연하장『한 상인의 중국 여행』제3판 서문).

본문 중에 감정적이고 감상적인 표현이 많은 것은 정신적인 타격이 컸다는 증거겠지만 형은 이 여행을 계기로 생애에서 더욱 빛나는 시대로 접어들었다. 후술하는 주산 순회강연이 그것이다. 아무튼 형은 이 여행에서 많이 성장한 듯했다. 또 당시 나에게 형은 여행 중 오히려 건강해져 체중이 7.5kg 허리둘레는 5cm가 늘었다고 말했다.

귀국한 형은 총독부 회의실에서 3시간에 걸친 당당한 보고연설을 했다. 그 후 통영, 부산은 물론이고 고향의 소학교 등에서 중국 여행 연설을 하여 이웃나라 사정을 소개, 비평했다. 또『한 상인의 중국 여행』을 일본 전국의 청년단 및 상업학교에 기부하여 청년들의 중국 지식 계발에 이바지했다.

넋을 잃은 고독한 그림자는『한 상인의 중국 여행』이란 책이 되고, 애절한 추억은『히사코 부인』이 되었습니다. 금할 수 없는 기쁨이 저 안에 충만하고 끝없는 은혜가 제 혼에 넘칩니다. 아 잊을 없는 지나간 세월이여!

해가 바뀌어 은총부흥(恩寵復興)의 신춘이 왔습니다. 새 단장한 아름다운 갱생의 세계가 찬란하게 제 앞에 전개되니 이 얼마나 아름다운 광경인지…….
아, 행운으로 빛나는 신년입니다.

　새해 감격을 말씀드리며 삼가 귀댁의 만복을 기원합니다.

1926년 1월 1일
조선 통영 핫토리 겐지로

6. 주산

주산 수행

　조선에서는 주산의 핫토리인가 핫토리의 주산인가라고 말해질 정도
로 형과 주산은 단단히 연결되어 있었다. 형 스스로도 자신은 주산 수행
자라고 하고, 자신의 일생은 주산과 크리스트교라고 누구이 말할 정도로
그의 인생관 혹은 처세술이 주산 즉 숫자 위에 세워진 것은 사실이었다.
어떠한 사업에서도 이해득실을 숫자로서 바로 산출하고, 가장 합리적이
라고 생각되는 방법을 택할 수 있었다. 또 사람을 볼 때도 그 생활수준을
숫자로 간단하게 판단했다. 그리고 한 번 들은 숫자는 거의 잊는 일이
없었다. 따라서 표면적으로 왕왕 조잡하게 들린 형의 논의의 뒷면에는
상당히 정밀한 계산이 숨겨져 있었다. 이 점은 외견과 실제 사이에 상당
한 거리가 있었다. 또 형은 주산을 하기 시작하면 옛날 생각이 되살아난
듯 갑자기 의기충천해 지기도 했다. 다음으로 주산에 대한 형의 신념을
이야기하겠다.

주산의 정신

형은 주산술(珠算術)을 가지고 능률증진의 도구로 삼았다. 주산 보급운동의 목적은 주산술의 상식화(常識化)와 경기화(競技化)를 통해 국민의 능률증진을 꾀하는 데 있었다. 동시에 주산이 동기가 된 정신적인 변화도 간과할 수 없다. 주산적 소생이 바로 그것이다. 형이 직접 이렇게 말했다(『주산 12강』 제1강 주산 습득 후의 기쁨).

"우리들이 한 번 주산을 배우고, 흥미가 붙으면 자연 우리들은 수의 세계에 살고, 수의 세계에 소장(消長)하고 있는 것을 분명히 알 수 있다. 갑자기 이 세상이 밝아지는 듯 상쾌한 느낌을 가지게 된다. 이것은 나 한 사람의 경험에 그치지 않고 주산 습득자라면 누구라도 느끼는 가장 큰 기쁨이다.

이렇게 우리들은 주산을 통해 세상 모든 일에 대하여 항상 분석하고 연구하는 태도를 가지며, 자신 있고 강한 생활을 영위할 수 있게 된다. 즉 수학적 기업관, 합리적 인생관에 의해 우리들의 이성은 현저하게 발달한다. 특히 겁이 많고 망설이기만 했던 사람의 성격이 주산 습득으로 인해 활동적으로 되고, 사업경영이나 학문 연구 등에 적극적이 된다.

나는 이러한 주산 생활자가 체험하는 심리상태를 주산적 소생이라고 말한다. 이렇게 우리들의 주산생활은 윤리적 생활이면서 오늘날 사회에 가장 건전한 상식적 생활이 되는 것이다."

이 신조, 이 기쁨은 말할 것도 없이 형 자신의 체험에서 만들어진 것이다. 주산 수업은 형의 공사생활에서 모든 활동의 규범이 되었다. 따라서 형에게 주산 보급운동은 주산전도(珠算傳導)이고 주산보국(珠算報國)이면서 동시에 주산에 대한 은혜의 보답이었다.

보급운동

통영에 간 지 7년 후인 1915년 형은 통영 유지의 간청으로 4월 1일부터 30일간 주산 야학강습회를 열었다. 이것이 조선에서 주산강습회의 시작이었다.

다음으로 1920년 면장시절에 히노(日野) 백일 주산연습을 본떠서 야간 2시간씩 60일에 수료하는 주산 간이연습법을 고안하여 이것을 정리 완성한 다음 통영소학교 동창회에 넘겨주었다. 형은 강사로서 매년 12월 통영의 명물 행사에 참가했다. 형은 이미 점원을 멀리 히노에 보내어 주산을 습득시켰는데 이 강습회로 매년 다수의 수료자가 나왔고, 아울러 일본인과 조선인의 융화를 꾀하였다. 또한 수료자의 성적은 추억이 어린 히노 교코 학사를 본떠 순위표(형의 이름을 중앙에, 좌우에 남료(南寮), 북료(北寮)로 나누었다. 『주산 12강』 부록 순위표 참조)를 제작했다.

이어서 『주산야학 60일연습법』이란 저술을 발간. 1923년 3월에는 조선남부 주산경기대회를 통영에서 개최했는데 그때 우승자 대부분이 형의 지도를 받은 자들이었다. 형의 감격과 기쁨은 이루 말할 수 없었다. 또한 '주산운동의 묘미는 실로 주산을 잘 놓는 데 있고, 그 기술 숙달은 오로지 교수법의 좋고 나쁨에 귀착한다'라는 신념(「주산보급운동의 외침」 1절)을 한층 강화시켰다.

더욱이 1925년 중국 여행 중, 형은 상하이상업학교에서 학생 200명에게 처음으로 주산 강연하여 대호평을 받았다. 귀국길에 나가사키의 상업학교에서 제2회 주산강연을 했는데 이것으로 형은 젊은 청년들에게 주산 공덕을 설파하는 것이 얼마나 의미가 있는지 통감했다. 이로써 형에게는 새로운 세계가 펼쳐지게 된 것이다.

1926년 6월, 형은 조선주산보급회를 설립하고 회장이 되었다. 더위가 한창인데도 불구하고 기꺼이 조선 13도를 돌며 주산 순회강연을 했다.[49]

경성에서는 조선총독부를 비롯하여 경기도청, 경성부청, 전매국, 체신국 저금관리소 등의 제 관아에서, 또 조선은행, 조선식산은행, 은행집회소, 금융조합 및 각 상업학교 등에서 열강하여 청중들에게 큰 감동을 주었다. 그 외 각지의 관아, 학교 등에서도 연일 강연(대개 하루에 2회 정도)을 계속했다. 당시 모습은『주산 12강』중「주산순회강연」에 적혀있는데 가는 곳마다 관민의 절대적인 환영과 후원을 받았다. 형이 강의하는 곳이 마치 하늘의 복음과 같이 전 조선을 망라한 사실은 형에게는 기대이상의 성공이었고 무한한 기쁨이었을 것이다.

그 해 8월 제1회 하계특별강습회를 열고 조선 각지에서 백여 명의 회원을 모집하여 지방 주산강습회 지도자 양성에 힘썼다.

1927년에는 더 나아가 경상남도 촉탁강사로서 6~7월에 걸쳐 1개월간 도내 각지 순회강연을 했다. 강연 횟수 62회, 청중 1만 2천 7백여 명. 여정은 63리, 자동차로 23회, 배로 3회, 기차로 3회, 말 그대로 남선북마(南船北馬)하는 순회강연이었다. 그리하여 형의 주산 강연은 지금까지 조선에서 높은 평가를 받고 있다.

조선주산보급회 설립을 위해서 형이 집필, 배포한 팸플릿「주산 보급운동의 외침」을 보면 형은 히노 백일 주산연습 때의 솔직한 체험을 다음과 같이 말하고 있다.

"주산 수업은 나로 하여금 자신도 모르게 백절불요(百折不撓)의 정신을 체득케 하여 성격상 많은 변화를 가져왔습니다. …… 이 신기한 사실은 단지 저만이 아니라 공부를 잘 못했던 학생들이 이 주산술을 습득함으로써 갑자기 일반학과까지 잘하게 되는 기현상을 말하며, 자주 선생

---

49) 핫토리 겐지로가 주산보급회를 설립하고, 전국 56개소에서 강연회 개최하고, 통영에서 매년 여름 강습회 개최 등 주산보급으로 주산기술의 보급에 공로를 인정하는 신문기사를 확인할 수 있다. 그가 죽은 뒤에도 주산보급회 주최의 전조선주산경기대회가 열리고 있었다(『동아일보』1932.10.6(3)8).

님들을 놀라게 했습니다. '신을 아는 것은 지혜의 시작'이라고 합니다만 저는 '주산을 습득하는 것은 지혜계발의 길이다'고 말하고 싶습니다."

형은 이 신념과 의지를 갖고 전 조선의 청년자녀들을 대하였다. 그리고 그들에게 가르친 것은 형이 고안한 독특한 야학 60일간 속전속결술이었다.

형은 이러한 강연, 저술을 위해 독서의 범위를 넓혔다. 그리고 서적 내용을 자기 체험과 대비하여 충분히 이해하고 소화하여, 언제라도 유용할 수 있는 것으로 만들어 여기저기서 활용했다. 형은 원래 화술이 뛰어나고 기지, 해학에 풍부했다. 그 위에 일관되어 있는 것은 놀랄 정도의 열의와 정력이었다.

조선주산보급회를 이끌며 형이 한 사업을 열거하면

1. 「주산 보급운동의 외침」(팸플릿) 1만 부를 전 조선에 배포
2. 『주산 야학 60일 연습법』(소책자) 주산 장려를 위해 배포
3. 강연
   강연구역 조선 13도, 강연한 장소 56개소, 강연일수 520일, 강연횟수 146회, 청강자수 약 2만 9천 4백 명
4. 강습회
   하계특별강습회 3회, 밀양 단기강습회 1회, 강습회원수 약 5백 명

이렇게 주산 열기는 전 조선에 널리 퍼졌고, 각지에서 속속 강습회가 개최 되었다. 조선에서 주산 보급의 여명기는 이처럼 형의 노력에 의해 열려졌다.

그러나 형은 이것으로 만족하지 않았다. 즉 가장 중요한 것은 일본 현지에서는 특히 주산 교육이 경시되고, 보급도 제대로 이루어지지 않고

있다는 사실이었다. 또 주산에 관한 책들도 주산하는 방법을 대충 설명할 뿐이고 주산의 생명이라고 해야 할 속산 방법을 설명한 것이 없었다. 이러한 상황에 자극을 받은 형은 1927년 가을, 만사를 제쳐두고 도쿄로 가서 먼저『한 상인의 중국 여행』을 출판할 때와 같이 여관에 칩거하며 일심으로 주산서 집필에 매진했다. 이리하여 출판된 것이『주산 12강』(1927년 12월 20일, 발행소 도쿄시(東京市) 간다구(神田区) 오가와초(小川町) 5번지 주식회사 국제서방)이다. 이것이야말로 형의 주산술의 총집적이며 주산운동의 총결산이자 주산계에 남긴 유산이었다(출판당시의 일은 나카무라 모리오(中村守雄)씨의 추도문에 상세히 묘사되어 있다).

『주산 12강』서문에서 형은 "지금 나도 나이 50에 달하고, 언제 이 세상을 떠날지 모른다"고 말했다. 형은 30에 뜻을 세우고 조선으로 건너가 50에 천명을 알았다. 그는 그런 각오로『주산 12강』을 세상에 내놓았다.

형은 정말 죽음에 대한 어떤 예감을 가지고 있었던 것일까? 다음해 1928년 가을 51세의 일기로 사망한 형이 생전에 전 국민에게 호소했던 것은 결국 이 책과『한 상인의 중국 여행』을 통해서 한 말이었다.

『주산 12강』은 형이 수년간 고민하여 독자적으로 고안한 방법인 주산 간이숙달법을 친절하게 설명하는 것으로 비슷한 책들과는 그 취지를 현저하게 달리하고 있다. 우리나라 주산서 중에 특별한 존재이고 큰 지침서로서 영원히 후진들에게 도움이 될 것이다.

또한 형은 일본 현지에서도 욧카이치 상업고등학교, 욘고(四郷) 그 외 향리의 소학교 등에서 주산 강연을 했다.

세계 최고의 단안(斷案)

형은 주산보급운동을 하는 한편 속산술 및 계산기 비교 연구에 착수하였다. 마침 유럽 관광단에 참가하게 되자 형은 출발 전에 미리 러시아, 독일, 프랑스, 벨기에, 영국, 네덜란드에 주재하는 각 일본공사관에 『주산 12강』을 보내고 각국의 계산 도구 및 계산술에 관한 자료 수집을 요청하였다. 그런데 러시아 이외는 고가(9백 엔 정도)에다 운반하기도 불편한 근대식 계산기가 있을 뿐이고, 우리나라의 주산과 같은 가볍고 편리한 것은 하나도 볼 수 없어 각국 공사관의 회답에 모두 실망했다. 암산은 뛰어나고 필산(筆算)이 빠르다고 자랑하는 벨기에의 백화점에서 실제 계산하는 방법을 보았는데 유치해서 도저히 참고가 되지 않았다. 영국 체류 중 런던에서 요코하마정금금고(横浜正金金庫), 미쓰이(三井), 스미토모(住友), 조선 각 은행 및 오사카상선 각 지점장과 이마이(今井) 사무관 등 16명 앞에서 1시간가량 실연을 하면서 강연을 했는데, 영국인에게 한번 공개하면 큰 인기를 얻을 것이라는 평가를 받았다.

주산의 나라 러시아에서도 실망했다. 형은 하얼빈은행 이케나가(池永) 전무의 주선으로 러시아의 거상 추림(秋林)상회의 회계과장 페드로프 씨와 회견하고, 그로부터 러시아 주산에 대한 다양한 설명을 들었다. 주산 그 자체도 일본 것과 상당히 차이가 있었고, 계산술이 완전히 원시적이어서 실망을 했다. 덧셈 곱셈도 너무 유치하고, 나눗셈에 이르러서는 문제가 안 되었다. 페드로프 씨가 낸 간단한 곱셈 문제를 형은 암산으로 바로 답을 내었는데 자신은 주산을 3~4회 놓은 뒤에야 형의 정확하고 빠른 계산에 놀라워했다. 러시아에는 암산이 없다.

이런 결과 형은 단안을 내렸다. 일본의 주산은 세계 유일의 가벼운 계산기라고. 그리고 다음과 같이 확신을 했을 것이다. 주산술은 세계에서 가장 진보된 속산법이고, 동시에 우리나라가 최고라는 사실을. 그리고 더 부연했을 것이다. 자신은 주산의 개조(開祖)는 아닐지는 몰라도 주산의 전도사로서 주산을 각지에 보급시키고, 주간 백일을 한 주기로 하는 백일 주산연습을 야간 2시간 2개월의 연습으로 단축시켜 주산계에 공헌한 점이 있다고. 이 세 가지야 말로 30여 년간 형의 주산 생활의 결론이고, 우리나라 주산계에 대한 마지막 보고(報告)였다. 아마도 형은 지금 망부(亡父) 및 고 이노우에 치카스케 선생님과 함께 히노 백일 주산연습 당시를 돌아보면서 회심의 미소를 나누고 있을 것이다.

> 부기: 내년 1935년은 조선주산보급회 창립 10주년이 되어 보급회 간사들은 이를 기념하기 위해 전 조선 주산경기대회를 개최하기로 결정했다고 한다. 지하의 형도 분명 기뻐할 것이다.

7. 고향에 대한 봉사

1915년 생가와 다시 왕래가 시작된 이래 형이 고향에 오는 빈도수가 많아지고 고향을 위한 봉사도 많아졌다. 미에 촌장 가토 치카라(加藤主計) 씨가 소학교 때부터의 친구인 관계도 있고 해서 그를 보좌하여 촌 행정 후원자가 되었다. 촌비 부담을 위해서 일부러 세대주가 되었고, 소학교 강당 건축을 위해서는 솔선 기부를 하였다. 강당을 건축 할 때 형의 행동이 촌민들의 자치 협동 정신을 얼마나 자극했는지는 가토 촌장 및 니시와키(西脇)교장의 추도문에 보이는 대로이다.

각종 공공단체 가입, 청년단 기본금 기부, 화재 감시망루대와 화장장 건설 등, 형의 애향심의 발로는 여러 곳에서 찾아 볼 수가 있다. 또한 히노 교코학사를 방문하여 은사(초대 이노우에 치카스케 씨)의 영전에 절하고 소학교에서 강연하면서 자녀들 훈도에도 이바지하였다. 이러한 점은 향리에 수많은 기여를 한 망부(亡父)에 견주어 생각하면 감명 깊은 일이었다.

8. 맺음말

형의 공적 사업을 요약하면 (1) 통영에서 진력한 사업 (2) 수산계에 진력한 사업 (3) 미에촌에 진력한 사업 (4) 주산계에 진력한 사업 (5) 기타이다.

이 일들은 형의 성격상 그 대부분을 스스로 발안획책(發案劃策)하고, 실행에 있어서는 제일선에 서서 사자분신(獅子奮迅)하여 성과를 올린 사업들이었다. 특히 통영 면장시절 전후 회사 사업과 병행하여 통영 발전 및 주민 복리증진에 애쓴 업적은 위대했다. 이 점에서 통영 역사상 가장 중요한 인물 중의 한 사람이라고 뭇사람들이 인정한다. 더욱이 주산계에 대한 공헌은 완전히 미개척지를 개척한 것이나 마찬가지였다.

유럽 여행 출발 직전 형을 거듭 통영 면장으로 추대하려는 운동이 있었지만 형은 응낙하지 않았다. 한편 고향에서는 옛 친구들 사이에서 장래에 형을 의회로 보내려는 생각이 있었던 모양이다. 형의 의향이 어떠했는지 알 수 없지만 말년의 형은 이미 조선 남부의 한 시민에 머물지 않았던 것을 상상할 수 있다.

형이 공공사업에 성공한 원인은 첫째 사업적 수완 및 사업 그 자체를 즐기는 마음자세, 둘째 형 스스로가 하층사회 생활을 몸소 체험했기 때문에 대중의 요구를 정확하게 파악하고 이를 충족시키면서 스스로 기뻐한 일이다. 이러한 것들의 바탕은 종교심의 발로라고 생각된다.

제4장 정신생활

「교우 핫토리 씨를 기억하다」

가와치 가즈무네

크리스마스 저녁

여기는 핫토리 씨 댁의 거실이다. 아이들이 60명 정도, 어른도 20명 정도 뒤섞여 모두 웃고 있다. 마루 한쪽에는 아름답게 장식된 크리스마스 트리가 놓여져 있다.

전등이 반짝이고 있다!

많은 아이들이 즐거워하는 얼굴은 전등빛으로 더욱 아름답다. 정면 단상 위에는 지금 사회자가 부드럽게 미소 띤 얼굴로 아이들에게 재밌는 얘기를 하고 있다. 모두가 즐겁고 기쁜 크리스마스 저녁이다.

바로 그때였다. 누군가 "불이야!"라고 소리를 질렀다. 좌중은 놀라서 꿈꾸는 듯한 기분에서 깨어났다. 어디야! 어디야! 하며 재빨리 몇 사람이 일어났다. 희미하게나마 마을 사람들의 웅성거리는 소리도 들려왔다. 문득 동쪽으로 조금 떨어진 요시노초 방면을 보니 맹렬한 불길이 활활 타오르고 있었다. 눈 깜짝할 사이에 여러 채의 인가가 불길에 휩싸였다. 이런 상황이라면 작은 통영 시가는 초토화되는 것이 아닌가하고 생각되었다. 사람들은 마음은 초조해지고 어떻게 될까라고 마음만 졸일 뿐이었다. 그때

"여러분, 조용히 해 보세요. 자, 앉아! 앉아!"

하는 큰 소리가 단상 위에서 울려 퍼졌다. 아이들도 어른들도 겨우 정신을 차렸다. 곧이어 한층 더 차분한 목소리로

"어른들과 요시노초 부근의 아이들은 도중에 다치지 않도록 조심해서 돌아가세요. 다른 아이들은 불난 곳에 가까이 가면 위험하니까 가지 않는 게 좋겠다."

몇 명의 사람들이 서둘러 돌아갔다.

"자, 지금부터 모두 하늘에 계신 하느님께 기도합시다." 사회자가 말했다.

"아, 전능하신 하느님. 지금 이 마을에 불이 나서 마을 사람들이 큰 고통을 받고 있습니다. 하느님. 부디 이 불을 진정시켜 주십시오. 많은 마을 사람들을 구해 주십시오!"

사회자가 먼저 기도했다. 이어서 몇 사람이 따라서 기도를 했다. 사람들은 한 마음이 되어 하느님께 의지했다. 기도가 끝나고 화재가 난 곳을 보니 불길은 이상하게 잦아들고 있는 것이 아닌가. 우리들의 마음은 감사로 충만했다.

때는 1921년 크리스마스로 이때 사회자는 핫토리 겐지로 씨였다.

나는 당시의 일을 생각할 때마다 그의 깊은 신앙에 지금도 경의를 표하고 있다.

크리스트교와의 만남

이야기는 그때부터 6년 전으로 돌아간다.

핫토리 씨는 지역에서 일류 실업가로서 상거래에 재발랐고 재산 증식에 전념하고 있었다. 따라서 그의 생활은 크리스천의 생활과는 큰 거리가 있었다.

마침 1915년의 봄도 지나고 신록이 풍성한 초여름 향기를 더하고 있을 때, 당시 건강했던 히사코 부인은 매일 치아 치료 때문에 저의 의원에 통원하고 있었다.

그 무렵 나는 작은 일요학교를 열어 20~30명의 아이들을 상대로 매주 일요일 신의 가르침을 설파하고 찬송가를 부르기도 하면서 반나절을 천진난만한 아이들과 함께 보내고 있었다. 일요일에는 응접실을 그대로 SS(Sunday School) 교실로 사용했다. 어느 날 부인은 벽에 걸려 있는 찬송가

'아버지, 하느님의 아들, 성령으로 넘치는 하느님께 영원히 변함없는 영광 있으라'

의 의미를 물으셨다. 이야기는 어느새 종교담으로 넘어갔고, 정말로 진지하고 즐거운 시간을 보냈다. 그날부터 부인은 열심히 신앙의 길을 구하게 되었다. 나도 신앙 친구가 적을 때여서 기쁘게 맞이했다.

며칠 후, 세루 홑옷에 세루 하카마를 입은 말쑥한 중년 신사가 찾아왔다. 핫토리 겐지로 씨였다. 그때 나는 그를 처음 만났다.

그는 말했다.

"히사코가 기독교 얘기를 듣게 된 이후부터 화를 좀처럼 내지 않게 되었습니다. 그 변해가는 성격에 저도 놀랐습니다. 기독교는 정말로 힘 있는 종교라고 생각하기 때문에 저도 연구해 보고 싶습니다."

라고 해서 나도 "정말로 훌륭한 생각입니다. 기독교는 진리입니다. 마음의 만족은 기독교에서 비로소 얻을 수 있다고 믿습니다"고 했다. 그는 또

"지금부터 많이 연구해 보려고 생각합니다. 우선 오늘부터 당신과 나, 정신적 친구가 되고 싶은데 어떻습니까?"라고 해서 나도 "바라는 바입니다. 정신적인 친구로서 사귀어봅시다"라고 서로 맹세한 이후 10년을 하루 같이 변치 않았음에 깊은 감사를 한다.

그 후 틈이 날 때마다 성서 연구에 힘쓰고, 어떤 때는 얘기하고, 어떤 때는 토론하면서 핫토리 씨 부부는 주야로 부지런히 신의 길을 배우게 되었다.

생각해 보면 신은 이 핫토리 씨 부부를 통하여 어떤 일을 이루려고 했던 것은 아닌가라고 생각됩니다.

한 사건

이때 핫토리 가에 한 사건이 일어났다. 그러나 그 일은 오히려 그의 가정을 신에게 좀 더 가까이 다가서게 하는 동기가 되었다.

그가 데리고 있는 점원 중에 조선인 모 씨라고 하는 사람이 있었다. 일찍부터 핫토리 씨의 신임도 두터웠고, 거래에서도 책임 있는 자리에 있었지만 당시는 이미 가게를 그만 두었을 때이다. 그런데 이 사건의 원인은 수년 전에 핫토리 씨가 어떤 괜찮은 전지(田地)를 이 조선인의 이름으로 구입하여 그대로 둔 데 있었다.

그런데 이 토지 소유권을 둘러싸고 뜻밖의 분쟁이 일어났다. 사건은 핫토리 씨에게 유리하게 전개되지 않았다. 핫토리 씨는 크게 낭패를 보았고, 또한 조선인들의 부덕함에 적지 않게 분개했다.

여러 계통의 사람들과 유력자 등을 중개로 하여 해결을 하려 해도 상대는 완강하게 거부했다.

어느 날 하루 핫토리 씨는

"기독교에서는 이런 경우 어떻게 합니까?"라고 부드럽게 질문하셨다.

나도 사실은 어떻게 답해야 좋을지 몰라 당황했다. 나는 조용히 신에 기도했다. 기도하는 중에 마음에 떠 오른 것은 성서의

'원수를 사랑하라'

라는 말이었다. "적을 사랑하십시오. 누구라도 신 앞에서는 죄인입니다. 검사국이나 경찰관의 손을 빌릴 때까지는 우선 마음으로 그를 사랑하면 어떻겠습니까?"라고 했더니 핫토리 씨는 뭔가를 생각하는 듯이 가만히 눈을 감고 있다가 탁하고 무릎을 치더니 "맞다, 맞다, 그 다음은 듣지 않아도 되겠습니다"라며 말씀하셨다.

며칠 후, 그는 웃으면서 깊은 감사의 뜻을 표했다. 그것은 그 사건이 여러 사람에게 상처주지 않고 원만하게 해결되는 방책을 알았기 때문이었다. 그는 이때부터 더욱 더 열심히 기독교를 믿게 되었다고 생각한다.

영혼의 탄생

1915년 가을 무렵이었다.

일본기독교회 전도국(日本基督教會傳導局)에서 특파된 순회교사 다카야마 고지로(貴山幸次郎) 씨는 조선과 만주 지방 포교 도중 통영에 들러 하루 강연회를 열었다.

이를 기회로 부인은 먼저 세례 받을 결심을 하셨다. 이어서 핫토리 씨도 "나도 세례를 받을 생각이니까 같이 부탁하기로 하지"라고 하여 또 다른 두 사람의 형제자매와 함께 다카야마 교사로부터 세례를 받게 되셨다.

여기서 그는 기독교도로서 새로운 영혼의 탄생을 경험하고, 그 후반생을 대중 앞의 크리스천으로서 파란만장한 신앙생활을 향하여 씩씩하게 출발하셨다.

사람들 가운데는 '핫토리 씨의 신앙생활은 일시적인 것이다. 일 년이 되지 않아 도로아미타불이 될 것이다'라고 평하는 자들도 있었다. 그러

나 그는 이러한 세평을 훌쩍 뛰어넘어 오직 성자의 길을 연마하고, 정진하기를 멈추지 않으셨다.

자유인의 신앙

그는 입신과 함께 종교를 생활화 하려는 곧은 생각을 품고 있었다. 그래서 그의 신앙은 극히 실천적이었다. 크리스트교에서는 어떻게 해결하느냐고 자주 물어보시곤 하였다. 어떤 때는 이런 생각은 기독교에서 보면 선한가 악한가 등 어느 명민한 두뇌보다 다양한 문제에 대해서 질문하셨다.

그렇다면 성서에 있는 자구(字句)는 바로 일상생활에 응용되는 진리이고, 기독의 가르침은 모두 최고의 진리이지 않으면 안 된다.

요컨대 그는 진실로 기독교를 사랑했다. 오늘날 소위 식자들이 종교를 대하는 것과 같은 지식과 이해를 가지고 접근한 것이 아니었다. 그는 항상 기독교의 진리를 깊게 이해하려고 노력했다. 틀에 맞춘 것처럼 사고하는 그런 신자가 아니었다. 정말로 자유분방하고 자연스런 신앙이었다고 생각한다. 오늘날 금욕과 의식이 종교의 능사라 하고, 단순히 아름다운 것만을 희망하는 종교 신자들의 눈에는 이단자이었을지도 모른다. 혹은 신앙의 방랑아라고 해야 할 지도 모르겠다. 그러나 그는 진실로 종교를 사랑하고 진심으로 종교에 살려고 노력한 사람이었다.

그의 유작 『한 상인의 중국 여행』을 읽으면 그 신앙의 편린을 곳곳에서 발견할 수 있다. 어느 날 밤 중국 오지에서 여관도 없어 물건 창고와 같은 허름한 초가에서 하룻밤을 보낼 때는 옛날 크리스트가 탄생하실 때 마굿간도 이와 같았을 것이라 생각하셨다. 고된 하루 일과를 끝내고 차가운 객사로 돌아온 그는 항상 감사의 기도를 올리는 일을 잊지 않았다. 위험이 많았던 중국 내륙으로 모험 여행을 하고, 수많은 난관을 넘어 무사히 고향에 돌아와서는 보이지 않는 신의 가호에 감사의 눈물을 흘리며 기도하셨다.

인도자

그는 말했다. "기독교 신자인 이상, 적어도 그 교의, 교양, 교리에 대해서 대강의 이해가 없으면 신자라 할 수 없다"라고. 그래서 종교가의 설교를 듣는 것에 그치지 않고 스스로 종교 서적을 읽었다.

1918년 여름이었다. 의외의 인물을 통영에서 맞이하게 되었다.

당시 우리나라 기독교계에는 물론 많은 전도자가 있었지만 특히 위대한 감화력과 전도력을 가진 목사로서 전 경성일본기독교회(京城日本基督教會) 정목사(正牧師)였던 이구치 야스오 씨 같은 분도 아마 드물 것이다. 목사는 정말로 전도계의 귀재라 불리는 걸물이었다.

목사의 출신지는 일본 기독교 역사에 참담한 선혈로 채색된 시마바라(島原)반도였다. 성장하여 육군에 들어가 10년간 군적에 있었다. 러일전쟁 때에는 육군 회계(會計) 중위로 출정하였다. 전후, 사명이 전도에 있다는 것을 느끼고, 홀연 군적을 떠나 정신계에 들어가 기독교 복음 사도로서 그 생명을 바쳤다. 그의 설교는 활발한 영기로 충만하고 뛰어난 재기로 넘쳤다. 상식이 풍부하고 특히 변론이 뛰어나 듣는 사람들로 하여금 심취하게 하는 힘이 있었다.

마침 도쿄에서 풍광명미(風光明媚)한 조선 남부 통영으로 오게 되었다. 영원을 얻으려고 했으나 할 수 없자 그 울분을 연못 속에서 신음하듯 토해내는 교룡(蛟龍)과 같았던 핫토리 씨의 구도심은 어찌 이 기회를 놓치겠는가! 두 사람은 바로 친교를 맺게 되었다. 핫토리 씨의 성격, 사상, 신앙, 지혜는 이때부터 급격한 속도로 발전했다.

포도나무 꽃이 피다

노력과 정진의 결과는 점점 그의 성격이나 씩씩하고 시원스러운 풍모에까지 나타나 온화한 태도가 늘어갔다. 어떤 때는 아프고 가난한 친구의 병상을 방문하여 깊은 밤 그를 위해 기도를 올렸다. 또 어떤 때는 화재를 만난 가난한 사람을 위하여 우마차에 쌀가마니 그 외 일용품을 가득 실어 급히 달려가는 등 많은 선행을 베풀었다. 그 외에도 공공사업에 사재를 털어 넣기를 아쉬워하지 않고 경성 와카구사초(若草町) 일본기독교회 창설할 때 숨은 후원자가 되었다.

지금 그의 신앙에는 아름다운 꽃이 피어 있는 것과 같다. 요즘 애창하는 찬송가로

> 재물도 이름도 흘러가는 물위의 달그림자
> 재물의 유무를 쫓지말고
> 나의 부(富)는 예수님 (찬송가 제292)

> 자비 깊은 주의 손에 끌려
> 이 세상의 여로를 걷는 기쁨
> 자애로 깊은 주의 친구가 되어
> 그의 손에 이끌려 하늘에 오르자 (찬송가 223)

등이 있다. 자주 노(能)50)풍으로 불렀기 때문에 모두를 웃기기도 했다. 일요학교에서도 재밌게 얘기를 하여 아이들에게 인기가 많았다.

그 무렵 통영에는 아직 교회가 없었고, 일본기독교회파(日本基督敎會派) 전도소가 있어 신자들이 그곳에 모여 서로 감화하고 있었다. 그 또한 가끔 단상에 올라가 크리스트의 복음을 전하셨다. 그의 점원들 중에서

---

50) 일본의 전통가면극의 한 종류.

유망한 청년 신자가 나타나게 된 것도 이때의 일이다. 이렇게 해서 부부는 서로 같이, 어떤 때는 부인의 병상 곁에서, 어떤 때는 온천에서 정양하면서, 또 어떤 때는 고향에서, 가는 곳마다 복음의 사도로서 열심히 전도하셨다. 정말로 성서에 있는 대로

'좋은 일을 전하는 자의 발은 얼마나 아름다운가' 라는 말은 이를 두고 하는 것일 것이다.

인생의 '폭풍'

인간사가 항상 순조롭고 환희의 동산만은 아니었다. 그의 가정에도 끝내는 인생의 폭풍이 불어 왔다. 부인 히사코 자매는 정말로 남편의 반신(半身)으로서 생애를 다하신 현명한 부인이었다. 안으로는 그를 도우는 참모자이고, 밖에서 싸움에 지쳐 돌아온 남편을 끝없는 사랑으로 위로하는 사람이었다. 정말로 일가의 주부일 뿐만 아니라 핫토리 씨에게 바른 길을 안내하는 사람이기도 했다.

그러나 부인의 건강은 좋지 않았다. 신심이 돈독해지는 것과는 반비례로 육체는 점점 파괴되어 갔다. 끝내 슬픔이 도래했다! 1924년 겨울, 부인의 용태는 점차로 위독해져 갔다. 물론 그는 할 수 있는 모든 의료와 충분한 간호를 다했지만 모든 것은 허무한 노력에 지나지 않았다. 마침내 11월 30일, 영원의 세상으로 떠났다.

이때 그는 정말로 비통해 하였다.

그 깊은 비애를 그는 신앙으로 극복해냈다. 그러나 삭막하고 공허한 마음은 어떻게 할 수가 없었다. 나는 부인을 잃은 후의 핫토리 씨는 더 이상 완전한 존재가 아니었다고 생각한다. 옛날 '이스라엘'에 의인(義人) 욥은 굉장한 부자였지만 사탄에 의해 그는 시련의 바다에 내던져졌다. 즉 그는 가족과 일하는 사람들을 모두 잃고, 재산도 빼앗기고, 친구에게

도 아내에게도 배반당하여 그의 몸은 몹쓸 병에 걸려 마침내 그는 생을 저주하고, 어머니를 저주하게 되었다고 한다.

그는 부인을 잃고 욥의 슬픔과 비견할만한 고배를 맛보게 되었다. 유작『히사코 부인』을 읽으면 부인에 대한 그의 끝없는 추모와 애틋한 정을 느끼지 않을 수 없다.

그는 이 같은 인생의 눈물의 계곡을 어떻게 통과하려고 했는가? 비애의 심정에서 어떻게 탈출하려고 했는가?

나는 말한다. 그는 그의 생애에서 한 번도 그로부터 벗어날 수 없었고, 전전(轉轉)하면서 고민과 번뇌를 계속했다고. 그 결과는 어떤 때는 중국여행이 되기도 하고, 또 어떤 때는 조선 전국을 돌아다니는 주산강연이 되기도 하고, 마지막으로 유럽 여행이 되기도 했다고.

나는 그의 신앙과 내면을 알고 있다. 그리고 표현할 수 없는 그의 고뇌를 잘 알기 때문에 그를 대하는 세평이 어떻다 할지라도 진심으로 동정과 애린(愛隣)의 정을 금할 수가 없었다.

나의 49세의 운명극

2월 초 공포와 전율로 혼이 빠질 정도였던 거제도 송진포(松眞浦) 앞바다 해난극(海難劇)을 필두로, 3월 맨손으로 성공한 친구 스야마(須山) 군의 죽음과 그를 전후해서 발병한 나의 중이염은 말 그대로 인생의 교훈극이었다. 여름 3개월간 주산 보급의 큰 깃발을 흔들며 감행한 주산 순회강연과 강습회는 분명 장쾌한 사회교화극(社會敎化劇)이었다. 9월 황달로 도쿄에서 요양을 하고 10월 치료가 끝나갈 무렵 청천벽력과 같이 정미공장이 돌연 전소되었다. 이 무슨 참극이란 말인가! 초겨울 결혼식에서 박수갈채를 받은 화려한 피로연은 결국 파경. 다시 일전(一轉)하여 기상천외한 웃음판이 되어, 천변만화

(千變萬化) 모든 비희극의 대단원을 그린 나의 49세 운명극이 마지막 막을 닫았다.

　일지를 보면 정말로 올해 여행은 13회 301일로 재택일수 불과 64일에 지나지 않았다. 새삼 다사다난했던 방랑의 해였음을 회고한다.

1926년 12월 31일
경상남도 통영 핫토리 겐지로

　핫토리 마사타카에게

　유타카 군(胖君, 나의 죽은 장남)도 2살이 되었다. 둥근 얼굴인지, 가늘고 긴 얼굴인지, 붉은지, 흰지, 그리고 건강은 좋은지, 우는지 웃는지 사람은 알아보는지.

　이역만리 떨어져 있지만 내 손자가 태어난 심경이다.

　나의 근황은 연말 소감에서 대개 알았을 터이고 상세한 것은 만났을 때의 즐거움으로 남겨두기로 한다.

정월 13일(이 날짜는 불확실함)
겐지로

한 알의 밀알이 떨어지다

　1928년 7월 오사카매일신문사 주최 유럽 여행단에 참가하실 때, 경성을 지나가셨다. 우리들은 가족 모두 역전에서 그를 배웅했다. 그때 그는 정말로 원기 왕성해 보였다. 그리고 아이들이 주는 선물에 진심으로 기뻐하시며, 홈으로 깡충 뛰어오르는 모습은 마치 어린아이와 같았다. 시간은 되어 떠나야 하는 때가 왔다.

"경성에는 또 언제 오십니까?"

라고 묻자

"이번 가을 10월경에는 또 경성에 오겠습니다. 그럼 잘 지내십시오."

"안녕히 다녀오세요."

차는 움직이기 시작했다. 그는 서둘러 차창 밖으로 아름다운 꽃다발을 아이들에게 건네주기도 했다. 그리고 언제까지나 차창으로 얼굴을 돌려 헤어짐을 아쉬워했다. 아, 그러나 두 번 다시 그는 경성으로 오지 못했다.

그 후 시베리아, 베를린, 파리, 런던, 경치 좋은 베니스, 기독교 제2의 발생지인 로마에서 소식을 보내주었다. 남은 일정도 얼마 남지 않아 무사 귀국만을 생각했을 텐데 정말 갑작스런 일이었다.

나의 손에 한통의 무선 전보가 도착했다. 전문은 실로 그의 중태를 갑자기 알리는 것이었다. 전보에는

'틀린 것 같다. 회복 가망이 없다. 교회에 가서 기도 부탁. 핫토리'

라고 적혀있었다. 교회는 그를 위해 기도했다. 오로지 기도만 했다. 너무 놀라 해야 할 바를 몰랐다.

무슨 이유인지를 몰랐지만 그가 위독하다는 것만은 확실했다. 배는 바로 홍콩에서 상하이로 향하는 귀로를 서두르고 있는 것 같았다.

아, 이역만리에서 여전히 신을 생각하며 교우의 기도를 구했다. 그런데 천명이었을까. 한때 상하이에 상륙하여 조금 좋아졌다고 전해왔는데 불행스럽게도 다시 위독해졌고, 끝내는 일어나지 못하고, 애석하게도 큰 뜻을 품은 채, 더군다나 아득히 먼 이국땅에서 모국을 그리워하며 10월 8일 상하이 복민(福民)병원 한켠에서 "모든 것에 감사한다. 오직 감사할 뿐이다"라는 한마디를 마지막으로 51년에 걸친 분투의 생애는 담담하게 종언을 고했다.

누가 죽음에 직면해서 "오직 감사할 뿐이다"라고 말할 수 있을까. 오직 진리에 의해서 영원의 생명을 얻고, 하늘나라를 믿는 자라야 비로소 할 수 있는 말이다. 정말로 신앙의 극치라고 생각한다.

예언자 이사야는 말한다.

'여호와는 너의 괴로움과 불안을 풀어주시고 안식을 주시도다'(이사야서 14장 3절)라고.

◆

제4편

유럽 견학여행과 죽음

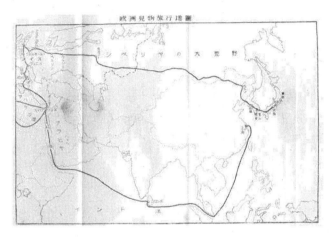

유럽 견학여행 지도

천하를 집으로 삼고 호연지기를 키우는 것. 형수가 죽은 후 형의 심경
분명 그랬을 것이다. 중국의 400여 주를 끈기 있게 두루 돌아다닌 그 장
쾌함. 그리고 그 성과는 대단히 컸다는 사실! 다음으로 조선 13도를 주산
순회강연을 하여 얻은 밝고 활기찬 정신적 대수확. 한 번은 인도 여행도
계획을 세웠었다. 오사카상선 계획이었는데 그 해 응모자가 부족하여 실
현되지 않았다. '한 번은 꼭 유럽에 가보고 싶다. 간다면 팔레스타인을 방
문해보고 싶다'라고 지인들에게 자주 말했는데 마침내 소원이 이루어져
1928년 6월, 『오사카매일신문』 주최의 유럽 관광단에 참가하여 서구 여
러 나라를 견학하게 되었다. 출발 직전 우선 도쿄에 와서 우리들을 만나

고, 혼고(本鄕)의 여관에서 기숙하며, 가정교사를 초대해 여행길에 방문할 나라와 도시의 지리 역사에 대한 예비지식을 습득하였다. 또 통영과 고스키로 돌아가 누나와 동생들, 친척, 지인, 친구, 점원 등과 각각 송별회를 가졌다. 그리고 나고야(名古屋)와 욧카이치에서 마지막 주산 강연을 하고 드디어 6월 25일 관광단 일행과 함께 동경하던 유럽을 향해 오사카 역을 출발했다. 도중 부산에서 통영과 부산 사람들에게 이별을 고하고, 경성에서는 가와치 가즈무네 씨 집에도 인사를 하고, 20년 동안 활동했던 땅 조선반도와 이별을 했다. 지금 생각해 보면 백 여일의 중국 여행은 중국에 대한, 2년간의 주산 순회강연은 조선 전토에 대한, 그리고 『한 상인의 중국 여행』과 『주산 12강』이라는 두 권의 책은 일본 전 국민에 대한 이별이었다. 중국 여행에서는 '하늘은 스스로 돕는 자를 돕는다', '구하라! 그러면 열릴 것이다'라고 자조주의(自助主義)에 고무되어 일본과 중국 양국의 제휴의 필요성을 역설했다. 『주산 12강』에서는 '국민적 능률 대증진', '주산적 갱생'과 '분발'의 필요성을 독자들에게 주장했다. '사호로(佐幌)[51]를 넘어 갈 길을 재촉하는 나그네의 심정을 모르는 휘파람새소리'처럼 형의 마음은 갈 길을 오로지 재촉할 뿐이었다. 알고 모르고를 개의치 않고 눈에 보이는 것 모든 것에게 이별을 고했다. 결별! 결별! 때마침 통영에서는 면장 선임 문제가 있어 형이 후보자로 천거되었다. 그러나 형은 응하지 않았다. 그리고 드디어 통영도 작별을 고했다. 세상 모든 일은 오직 결별로 향하고 있었다.

조선반도를 종단한 일행은 하얼빈에 도착했다. 그 후의 여정을 간단히 표기하면 ―시베리아 대평원―모스크바 견학―바르샤바―암스테르담[52](국제 올림픽 대회 견학 히토미(人見) 양[53] 800미터 계주에서 2

---

51) 홋카이도 가리카츠 고개(狩勝峠) 가까이의 산.
52) 제9회 암스테르담 올림픽은 1928년 5월 17일부터 8월 12일까지, 46개국, 2,883명의 선수가 참가하였다.
53) 1928년 올림픽에서 일본 여성 최초의 메달리스트.

등)−워털루 전쟁터 견학−런던(재류 일본인들에게 주산강연을 하여 호평을 얻음)−파리−경치가 아름다운 스위스−물의 고향 베니스−로마의 고찰 순례(형이『부산일보』에 보내는 통신은 여기에서 두절됐다). 여기서부터 폼페이−나폴리−하쿠산마루(白山丸)에 탑승−포트사이드 상륙−카이로−낙타를 타고 스핑크스 견학−때는 마침 음력 13일 밤, 달은 중천에 떠 있고, 그 아래에 십여 대의 자동차에 나뉘어 타고 사하라사막 130리를 한 일자로 횡단한 대장정, 2시간 반 후 수에즈 도착−하쿠산마루 승선−홍해−거칠고 사나운 인도양−9월 4일 실론 섬 콜롬보에 도착.

아래는 형이『부산일보』(?)에 기고한 여행기사「유럽관광 만필」의 한 부분이다.

암스테르담에서

유럽 시찰단에 참가하여

핫토리 겐지로

암스테르담의 저녁

나는 지금 북구 네덜란드 암스테르담의 시치브 호텔 난간 위에 서서 해가 지는 하늘을 바라본다. 소녀가 꽃밭을 이리저리 뛰어다니는 아름다운 거리, 국제 체육경기에서 44개국의 선수가 모인 75만의 인구를 자랑하는 도시도 지금은 어둠의 장막 속에 잠들어 있다. 해안도로에 우거진 보리수나무도 어둠 속에 사라지고, 봄바람처럼 마음을 어지럽히는 바람이 조용히 바다 위를 미끄러지듯 기분 좋게 불어온다. 거리에 삐걱거리는 전차 소리도 희미해지고 별처럼 보이는 붉은 등불이 점점이 바다에 빛을 내던지고 있다. 많은 사람들이 삼삼오오 거리로 나갔다. 이제 나는 혼자가 되었다. 서쪽 하늘에서 으스름달이 희미한 빛을 보내왔다.

달…달… 아, 달을 보면 4년 전에 먼저 간 아내가 생각난다. 그녀가 사는 달, 지금 쓸쓸하게 서 있는 나를 부르는 것 같다. 그녀의 모습이 사라져 가자 사랑하는 아들 히사오(久栄)의 얼굴이 나타나고 그것이 사라지면 작년에 죽은 의형의 아들 나오이치(直一) 군의 사랑스러운 눈동자가 무심히 떠오른다. 아, 이 얼마나 추억을 자아내는 달인가. 정서로 넘치는 암스테르담이여! 일본인을 반기는 네덜란드여!

여행지의 하늘은 명상할 틈이 없는 단체 여행에서 아름다운 추억과 그리운 생각을 안겨주었다. 나는 깊이 너에게 감사한다

(7월 28일 밤에 쓰다)

"나는 이번 여행에서 돌아오면 크게 뭔가를 할 거야."

형은 출발할 때 힘찬 어조로 이런 말을 했다. 그 활발한 의기를 보고 누가 불행을 예상했으라! 그런데 『부산일보』에 보내온 투고는 8월 12일 로마에서 보낸 제13신을 끝으로 더 이상 오지 않았다. 그리고 9월 20일 경성과 부산의 교회는 하쿠산마루(白山丸)로부터 날아온 전보에 다들 놀라워했다.

'틀린 것 같다. 나를 위해 기도를 부탁.'

이를 전후해서 고스기와 우즈나와(埋繩)에도 전보가 도착했다.

'병이 심하다. 회복 가망성이 없다.'

도쿄에도 전보가 도착해 우리를 놀라게 했다.

유럽에서 돌아오는 길, 콜롬보에서 장티푸스에 걸렸는데 배 안이라 요양이 여의치 않았고, 병이 병이다 보니 아무도 옆에 오려들지 않았다. 거기에다 배는 요동쳐서 가만히 있을 때가 없었다. 신경은 날카로워지고 병세는 더 심해져 마침내 대만 앞바다에 다다랐을 때는 장출혈이 있었다. 그리고 1928년 9월 19일 다카조 형 내외의 간호로 상하이에 상륙하여 복민병원에 입원했다(형은 추억문 속에 그 당시 모습을 상세하게 적고 있다).

상륙할 때는 상당히 위험한 상태였는데 열성적인 간호 덕분이었는지 신기하게도 조금씩 회복되었다. 고향에서 다이코, 마사타카, 스마코와 의형 미즈타니 나오지로 씨가 황급히 달려갔다. 통영에서는 미즈타니 마츠지로 씨와 나가토미(永富) 씨가 갔다. 다행이도 병세는 점차 좋아졌다. 의식도 회복되었다. 혈액이 섞이지 않은 변이 나오게 되었다. 형은 점점 원기를 회복했다. "이제 괜찮습니다. 안심하십시오"라는 의사의 말에 안도하면서 고스기 일행은 되돌아왔다. 통영 사람들도 돌아왔다. 처음 온 사람 중에 남은 사람은 의형인 미즈타니 씨 한 사람뿐이었다. 결혼 이후 25년간 진심으로 신뢰하고 있던 미즈타니 씨를 상대로 형은 생각나는 대로 유럽 여행 중 재미있었던 일과 우스웠던 일들을 이야기하고, 또 한편으로는 친척들이 겪은 불행 등에 대해 각별히 걱정하기도 하였다. 어떤 때는 "형님! 하느님도 핫토리라고 하는 남자를 재밌는 놈이니까 한 번 이세상에 둬볼까라고 생각하신 것이겠죠. 형님, 제가 지금까지 지은 죄와 다른 사람을 도운 것 중 어느 쪽이 더 많을까요"라고 하면서 두 눈을 꾹 감고 있는 모습을 보였다고 한다.

그러던 중 통영에서 오가와(小川) 씨와 에토(衛藤) 씨가 갔다. 고스기에서는 둘째 형 겐이치로가 갔다. 갑자기 병세가 급변했다. 1928년 10월 8일 오후 11시 55분, 겐이치로, 다카조 형 내외, 미즈타니 씨, 에토 씨 등이 지켜보는 가운데 형의 영혼은 마침내 하늘나라로 올라갔다. 생각해 보면 유럽 여행이야말로 형이 세계에 고한 이별이었다.

"살아도 감사하고 죽어도 감사하고 오로지 감사할 뿐입니다"라고 파란만장한 인생행로를 살아온 용감한 자는 이 한마디를 우리에게 고별사로 남기고, 51년간의 긴 세월을 이국땅 한 병원에서 마감했다. 마지막 모습은 마치 호호양양(浩浩羊羊) 석양이 대해(大海)에 떨어지는 것과 같았다. 단지 감사할 뿐이다 라며 보람에 찬 자신의 일생을 오로지 신의 은총으로 돌리고, 오직 신에게 감사를 올리면서 마지막 호흡을 거둔 형의 일생은 충실한 일생이었고, 그 죽음 또한 정말로 충실한 죽음이었다고 말할 수 있을 것이다.

다음날 9일 영사관의 수속을 밟고, 일본인 화장장에서 다비를 행한 후에 10일 중국의 조합교회(組合敎會)에서 임시 장례식을 했다. 그리고 유골은 모든 이의 비호를 받으며 14일 고스기로 옮겨져 10월 19일 욧카이치 교회에서 성대한 장례식을 치렀다. 형은 지금은 고스기 핫토리가 묘지에 양친과 동생 조카들과 같이 잠들어 있다. 유골의 일부는 유족, 점원들과 함께 22일, 제2의 고향 통영으로 돌아갔다. 불과 3개월 반 전, 환한 미소로서 이 땅을 떠났던 그 사람은 지금은 말을 걸고 싶어도 걸 수 없는 백골이 되어 되돌아왔다. 맞이하는 사람들은 숙연했고 모든 것을 덮고 있었던 것은 무거운 침묵뿐. 아마도 통영이 생긴 이래의 대침묵이었을 것이다. 곧바로 요시노초 본댁에 들어가 그날 밤 문상객을 받았다. 다음날 10월 23일 새롭게 신설된 식장에서 장엄하고 성대한 고별식이 거행되었다. 유골은 북신리(北新里) 통영묘지에 묻혔고, 히사코 형수와 함께 영면에 들었다.

附 핫토리 겐지로 씨의 죽음을 애도하며
(욧카이치 장례식장에서의 설교)

일본기독교 나고야교회 목사
요시카와 이츠노스케(吉川逸之助)

죽음은 생명의 종말, 생애의 끝으로 생각되어 참으로 슬픕니다. 사람의 일생은 조양일엽(朝陽一葉)의 이슬, 무덤가의 한 줄기 연기라고 예부터 참으로 덧없게 느껴져 왔습니다.

그러나 정신이 견실하고, 의지가 강건하고, 또 근면한 성격으로 생전에 많은 업적을 남긴 사람의 죽음이 우리에게 남기는 인상은 덧없는 것이 아니라 오히려 생명의 기능, 생명의 위대함, 생명의 특권, 생명의 가치에 대해 우리들을 감동시키는 것입니다. 추억 하나하나는 성스러운 기억이 되어 우리들의 마음속에 언제까지나 남아 있을 겁니다.

성실이라는 것은 죽음보다도 훨씬 큽니다. 죽음에 의해 잊혀지지 않습니다. 친절진심(親切眞心)은 죽음으로 사라지지 않습니다. 충실, 근면으로 애쓰고 멈추지 않았던 독실한 행위는 죽음도 그 명예를 없앨 수가 없습니다.

죽음은 인생 만사를 없애는 것이 아니라, 진실로 가치 있는 것이 무엇인가를 우리에게 가르쳐 줍니다. 핫토리 겐지로 씨의 생애는 실로 그것을 증명하고 있다고 생각합니다.

고인은 욧카이치 교외의 고스기에서 태어나 조선 통영에서 성공한 사람으로, 그 생애의 대략은 앞서 읽은 이력에서 들으신 대로입니다. 저는 고인을 만나 진심으로 느낀 점, 또 전해 들었던 것을 말씀드리면서 고인을 추억하고 싶습니다.

제가 고인을 알게 된 것은 1919년의 늦봄 아니 초여름이었다고 기억합니다. 고인의 부친이 병으로 니시구(西區) 도로에초(泥江町) 토미타(富田)병원에 입원하셨는데, 간호를 위해서 온 핫토리 씨 부부를 뵙게 되었을 때의 일입니다. 어느 일요일 밤 설교 중, 청중 속에 열심히 설교를 귀담아 듣고 있는 부부가 있었습니다. 그날 밤 집회는 청중이 불과 4, 50명에 지나지 않았기 때문에 쉽게 눈에 띄었습니다. 한 번도 만나지 못했던 분들이라 설교 후에 성함을 물었더니 그들이 바로 핫토리 겐지로 씨 부부였습니다. 그 후 일요일 아침 예배에도 참석하셨는데, 네다섯 번 일요일마다 뵙는 사이에 부친께서는 회복해서 기분 좋게 고스기로 돌아가셨습니다. 겐지로 씨 부부도 기뻐하시며 나고야를 떠났지만 그 후 히사오 군의 사망으로 고인의 부부와는 더욱더 가까워지게 되었습니다. 통영으로 돌아가고 난 뒤에도 가끔 편지 왕래도 하였고, 그 이후 여러 번 만난일이 있어 고인의 인품이 제 마음에 선명하게 남게 되었습니다. 어떤 때는 그렇게 바쁜 분이 1시간 반이나 저희 집에 머물면서 여러 가지 이야기를 나누기도 했습니다. 특히 히사코 부인께서 돌아가셨을 때 제일 먼저 통지를 주셨습니다. 극히 간단한 내용이었지만 정말로 진정을 엿볼 수 있는 편지를 받고 안타까운 소감을 전한 기억도 있습니다. 그 이후로도 만난 적이 있습니다만 오늘 갑자기 부음을 접하고 이 단상에 서서 그를 추도하는 글을 읽어야 하니 정말 슬프기 그지없습니다.

고인에 대한 저의 생각을 한마디로 말씀드리면 고인은 향상심이 지극히 강하고 의협심이 강한 성실한 사고의 소유자였습니다. 그 후 고인이 용감한 개척자라는 사실도 알았습니다. 곤란에 부딪혔을 때 정면으로 전진하는 사람, 고통을 만나면 더욱더 그 기질을 발휘하는 사람, 또 주의 깊고 꼼꼼한 사람, 다른 사람이 보지 못하는 사이에 머리를 들어 멀리 전방을 주시한 사람이었습니다. 통영에서의 고인의 사업은 그 성과를 가장 잘 보여주는 것이라고 믿습니다.

고인은 이지적인 사람이고 또 정이 많은 사람이었습니다. 1901년 4월경이라 들었습니다. 누나의 장래 희망을 위해 나루세 진조(成瀬仁蔵) 씨가 운영하는 여자대학에 입학 수속을 본인도 모르게 살짝 마치고, 입학을 위해 여러 가지로 애쓰신 것은 누나 되시는 분께는 잊지 못할 추억이 되어 있을 것입니다. 고인은 자신보다 남을 더 챙기고 격려하고 사랑하고 마치 친자식을 대하는 듯이 했습니다. 오늘 여기 식장에 오신 여러분들 중에는 과거를 추억하며, 고인의 열정에 감사의 눈물을 흘리는 분도 많이 계실 것이라 생각합니다.

단지 형제자매, 지인에 대해서 뿐만이 아니라 알지도 못하고 만난 적도 없는 사람에 대해서도 그러했습니다. 주산 강연을 위해 자비로 조선 전역에 누비면서 가는 곳마다 사람들을 모아 독창적인 방법으로 그 비법을 전하려고 한 인협성실(仁俠誠實)함은 말로 다할 수가 없을 정도입니다. 유럽 방문길에 올랐던 것은 더욱더 큰일을 하기 위한 고인의 정신의 발로라고 생각되는데, 귀국길에 불행히도 상하이에서 병으로 쓰러지신 일은 정말 유감천만입니다. 더구나 고인의 임종 시 한 말씀은

"오직 감사할 뿐!"

이라고 합니다. 고인은 정말로 크리스천의 본질을 실천하면서 돌아가셨습니다.

고인은 실업가이고, 정치가이고, 또 종교가입니다. 그러나 고인의 곁에 히사코 부인이 계셨다는 사실을 우리는 잊어서는 안 됩니다. 고인도 저희 집을 방문하셨을 때 '나의 아내 히사코의 공' 이라고 하시며, 부인 얘기가 나오면 부인의 내조가 지대했음을 말씀하시곤 했습니다. 고인을 추도하는 이 자리에서 돌아가신 부인에 대해 언급하는 것은 이 또한 고인의 유지라고 믿기 때문입니다.

예수님은 달란트를 받은 하인을 비유해서 말씀하셨습니다. 고 핫토리

겐지로 씨는 5달란트를 받은 하인인지 아니면 2달란트를 받은 하인이었는지 그것은 알 수가 없습니다. 그러나 결코 1달란트를 받은 하인의 아류는 아니었습니다.

'지금보다 나중에 주에 있어서 죽는 자는 행복하리.' 성령도 말씀하기를 '그러나 그들은 그 노고를 멈추고 쉬게 하라, 그 업은 이것에 따르게 되리.'(묵시록 13장 14절)

생명의 위대함, 의의, 그 가치의 고귀함을 생각하면서 핫토리 겐지로 씨의 죽음을 애도합니다.

맺음말 젊은 친척들에게 바침

이 글은 정말로 조잡해서, 생각이나 문장에 있어서 여러 번에 걸쳐 수정이 필요한 것이지만 앞으로 발표할 기회가 없을 것이라 생각하여 틀린 것이 많음에도 불구하고 여기에 실습니다. 완벽을 기하려면 앞으로 수년 아니 수십 년을 깊이 생각해야 하는 대문제입니다. 젊은 친척들에 대한 나의 노파심의 발로이고, 또 가족들에게 하는 문제 제기이기도 합니다. 출판에 쫓겨 수정할 여유가 없었음을 널리 이해해 주십시오.

나는 서언에서 진정한 향상이란 사람의 내면적 성장, 즉 개성의 발달이라고 말했다. 이 내면적 성장은 자신의 진정한 희망이 자신만의 양식으로 표현되어가는 동안 실현된다. 진정한 바램, 이것은 그 사람의 생명이고 혼이다. 그리고 그 성취는 참 기쁨이고 진정한 향상이다. 자신의 혼, 생명, 진정한 바람을 사랑하고, 보호하고, 키우고, 주위의 장애를 극복해가는 동안에 매미가 껍데기에서 나오고, 뱀이 허물을 벗듯이 내면적 성장과 환희를 체험한다. 이 진정한 바람을 자신만의 방법으로 표현하는 것이야말로 하늘에서 받은 사명이라고 생각한다. 형의 일생이 그 같은 향상의 생애였다는 것은 지금까지 소상하게 기록한 것으로 분명할 것이다. 영혼의 해방. 기쁨의 해방. 형의 생애를 돌아보고 나는 이런 말들을 떠올린다.

그러나 이 진정한 바람을 성취하는 것은 쉬운 일이 아니다. 항상 자기 혼의 성장을 이루기 위해 욕망에서 벗어나, 그 내면적 성장에 진력해야 한다. 여기에 욕망의 긍정과 해방이 있다. 형은 자신의 간절한 소망에 충실하려고 한 나머지 그 언행이 때로는 제멋대로라고 생각되는 일도 있었고, 또 인습적인 예의를 무시하는 것처럼 보일 때도 있었다(이 인습적 예의 타파를 어떤 이는 오히려 꾸밈이 없고, 자연스럽고, 도량이 크다고 좋아하는 경우도 있었다. 나카무라 모리오(中村守雄) 씨 기고문 참고). 이 때 형은 불필요한 예의에 구속되지 않는 거인의 모습을 보였다. 형에게는 정말로 말하고 싶은 것을 바로 말하고, 하고 싶은 것을 바로 해 버리는 기개가 있었다.

　　그러나 한편으로 타인이 이루고자 하는 성취에 대해서 형은 기꺼이 협력했다. 점원 교육이 그러했다. 애정과 열정으로 점원의 지적, 정신적, 육체적 발달을 진심으로 바랐다. 여기에 형의 깊은 애정을 엿볼 수 있다. 또 가족은 물론이고, 친척에 대해서도, 지인 친구에 대해서도 같았다. 형은 타인의 불행과 비애에 깊이 동정하고, 위로하고, 오로지 그 슬픔과 근심이 줄어들기를 희망했다. 자기를 버리고, 타인의 슬픔을 슬픔으로 여기고, 타인의 기쁨을 기쁨으로 느꼈다. 그래서 형이 가는 곳마다 타인을 위한 언행과 행동을 했었고 그것은 주위에 기쁨과 안정감이 넘쳐나게 했다. 형은 자타의 기쁨과 성업을 위해 굉장한 노력을 하였다. 그로 인해 스스로 상당한 내면적 향상을 이루었고, 놀랄만한 정력을 비축할 수 있었다고 생각한다. 나는 형의 자연스런 애정 표현에 대해서 깊은 경의를 표한다. 형은 일생을 통해 사랑을 활동의 근원으로 삼았고, 그 실현을 위해 노력하고 분발했다.

　　아버지는 사회의 부를 강조하였고, 사회적 이용을 인간의 사명이라고 했다. 아버지는 삼라만상은 두뇌의 움직임에 이르기까지 모두 사회의 부라고 했다. 그러나 아버지는 사람의 마음, 사랑도 부로 여긴 것일까. 어쩌면 이것은 정말로 큰 문제이다. 말년에 매사 아버지의 정신언행을 칭찬했던 형이 어느 정도까지 사회의 부의 신념을 긍정하고 있었는지 알 수 없다. 그러나 만약 긍정하고 있었다면 형은 사람의 마음을 사회의 부의 중요한 요소라고 생각하고 있었던 것은 아닐까? 사람의 마음이나 사랑을 사회의 부로 한다면 그것은 실로 사회의 부 가운데 최고의 부이다. 그러나 부와 사랑이란 서로 대립하기 쉬운 개념이다. 사회라는 이름이 앞에 붙은 부도 마찬가지이다. 혹은 그렇게 생각함으로써 사회를 살찌우는 사명을 지닌(의무)자가 사랑을 위해서 사회의 부를 사역하는 사람이 된다는 의미에서 인생관의 역전을 의미하는 것은 아닐까. 이런 점에서 형은 아버지의 신조에 대한 수정안의 제출자 내지 항의자일지도 모른다. 그러나 아버지의 신조는 일생 동안 체험한 고생의 결정이다. 이 신조에 정정의 시위를 당기는 것은 어려운 일 중에 어려운 일이다. 나는 이 문제를 젊은 사람들에게 대문제로서 제기하고자 한다.

나는 생각한다. 아버지의 인품, 사회의 부, 독립적이고 비공동체적인 성격, 스파르타식 교육, 인습을 중시하는 사회생활의 상식 등 아버지에게는 실업인, 사회인으로서의 자각이 있었고 그 전형이기도 했다(그 사회적인 점에서는 근대적인 면도 있었지만). 또한 우리나라의 전통적인 사상의 퇴적 융합의 기운이 느껴졌다. 그런데 형의 경우는 영혼의 해방, 감정의 해방, 심적 기쁨, 진취적이고 발전적인 성격, 형식타파, 조직화 능력과 단체적 행동(회사경영), 정치적 공적 생활에 대한 이해 취미 등 상당히 새로운 내용을 그 생활 속에 담고 있었다. 이러한 의미에서 형은 신인이었고 사업에 있어서도 신인이었다. 형의 일생을 음미하고 있으면 뛰어난 활력의 양성, 진정한 욕망의 긍정과 성취, 자아를 버리고 타인의 성장에 온 힘을 다해 협력하는 자제, 그 기쁨과 단체적 행동 속에 큰 교양을 중심으로 한, 미래의 인간사회 생활에 대한 어떤 암시를 보는 것과 같은 느낌을 받는다. 왜냐하면 교양이라는 것은 감정 욕구를 긍정적으로 해방하지 않으면 커다란 성장을 실현할 수 없기 때문이다. 단 형의 교양에는 아직도 굉장한 전도(前途)가 있다. 이런 의미에서 형의 영혼의 해방은 여명기에 있는 것이 아닐까라고 생각한다. 여명! 여명! 나는 앞에서 형이 성선설도 성악설도 아닌 사정을 설명했다. 그러한 선악을 초월하여 저 멀리 사랑의 태양이 지금 떠오르고 있다. 고스기에서 아버지의 생활, 통영에서 형의 생활, 이것들은 그야말로 작은 경험에 지나지 않는다. 젊은 사람들이여! 여러분들이 바로 그 태양이 되어라!

나는 여기서 정신적 또는 물질적 홀로서기를 한 두 사람을 여러분 앞에 제시한다. 그 두 사람은 아버지이고, 형이다. 젊은 사람들이여! 여러분들이 이 두 사람을 자세히 관찰하고 연구한다면 얻는 바가 적지 않을 것이다. 자신의 몸에 돌아다니는 그들의 기질을 발견한다면, 앞날에 대한 어떤 암시를 얻을 수 있을 것이다. 적어도 아버지보다는 그 생활의 깊이를, 형보다는 그 넓이와 혼의 성장을 배울 수 있을 것이다. 젊은이들이여! 바라건대 이 두 사람을 뛰어넘어 한 걸음 한 걸음 나아가라. 인류의 본질은 향상을 요구한다. 부모가 자식에게 요구하는 최상은 자식이 부모보다 위대해지는 것이다. 효행이란 묘체는 부모보다 위대해지는 것이다. 스승이 제자에게 바라는 최상의 가치, 바꿔 말해 스승에 대한 제자의 최고의 보은은 청출어람이다. 동생들에 대한 형과 누나의 희망도, 형과 누나들에 대한 동생들의 사랑도, 친구와 이웃사람에 대한 애정도, 또 미운 적에 대한 보복도 그 최상은 모두 상대방보다 (영혼에 있어서) 뛰어난 사람이 되는 것이다. 아버지가 일생일대 크게 웃었던 때는 아마도 형이 아버지의 예상을 깨고 주산에서 1등을 했을 때일 것이다. 젊은 사람들이여! 핫토리 야스지로, 핫토리 겐지로 이 두 사람에 대한 최고의 보은,

애정은 두 사람을 능가하는 사람이 되는 것이라는 것을 알아야 한다. 사람들은 걸핏하면 조상숭배를 말한다. 그것도 꽤 많이. 그렇지만 조상의 혼을 상속하는 것은 본인이다. 이렇게 해서 자기숭배가 발생한다. 자기를 상속하는 자는 자손이다. 그렇게 해서 자손숭배가 생긴다. 바라건대 사람은 우주의 신비를 파헤치고, 진리의 빛으로 이 세상을 밝히는 것을 영원한 의무로 삼아야 한다. 이러한 의무를 수행하는 자, 자기가 아니라면 그 자손. 원컨대 자손을 숭배하고, 보호하고, 키우고 그 뜻을 신장시켜, 자신의 정신을 잇게 하면 언젠가는 영원한 위업을 달성한다는 것이라는 것을. 또 자손들은 선조의 정신을 상속하여, 적어도 그 보다도 위대해져, 영원의 위업을 이룰 것을 기대한다.

그리고 생각하건대 우리들이 자손에게 위대한 생각을 불어넣는 일 또한 가장 중요한 일이라 생각한다. 일전에 국민동맹 총재(國民同盟 總裁) 아다치 겐조(安達謙蔵) 씨와 좌담을 한 일이 있다. 총재는 옛날에는 15세 때 성인식을 하고, 20살 전후에 첫 무공을 세웠던 일을 지적하면서 현대 청년의 패기 결여를 한탄했는데 그 원인의 하나는 현대인이 청년을 소중히 여기지 않는 것이다. 청년을 귀히 여기지 않고, 그 대성을 기대하는 것은 어렵다. 형의 주산 사업이 19세 때의 주산 수행으로 시작했고, 아버지의 유업인 군내 도로 이정표 설치가 18~19세 때 길을 잃은 고생이 그 이유라는 사실을 알 때 특히 청년에 대한 애정 어린 보호와 관심이 중요하다는 것을 통감한다.

이전에 중국 여행 저술을 위해서 도쿄에 체류할 때 형과 함께 이야기했다. 내가 어떤 사람에 대해 말하며 "그 사람은 위대한 사람이다"라고 했는데 형은 그 자리에서 "그 사람은 항상 불가능에 도전하는가?"라고 반문했다. 나는 한마디도 하지 못했다. 생각해보면 형은 일견 불가능한 일을 가능하게 하려고 무서운 기세로 분투하며 향상의 길을 걸어왔던 것은 아닐까. 젊은이들이여! 원대한 큰 목표를 수립하여 자기를 버리고 무서운 기세로 분투하라. 여러분들 주위에서 대환호의 함성이 들릴 것이다!

◆

제5편

추도문

남동생

핫토리 다이코(服部たい子)

아아! 동생은 떠났습니다. 안타깝습니다. 모처럼 큰 희망을 품고 유럽 여행을 갔는데 귀로에 병마가 덮쳐 끝내 못 일어난 것은 끊임없이 변하는 인간사라 하지만 정말로 비통합니다. 남겨진 사랑스런 아이 스마코(すま子)가 불쌍합니다. 5월에 손아래 올케 스미코(すみ子)가 죽었고, 아직 그 슬픔의 눈물이 마르지도 않은 10월에 핫토리 가의 중심이었던 그를 잃은 것은 말할 수 없는 불행입니다. 사람의 생명이 얼마나 약하고 덧없는 것인가에 전율하지 않을 수 없습니다. 그가 유럽 여행을 떠나기 전날(1928년 6월 23일)에 유언장을 써서 만일을 위한 것이라면서 저에게 건넸습니다만 '어떤 예감이 있었는' 지도 모르겠습니다.

생각해 보니 그의 생애는 분투노력의 연속이었습니다. 어렸을 때는 아버지 곁에서 정신없이 바쁜 가업을 도왔고, 중년에는 단신으로 조선으로 건너가 7전 8기로 모든 난관들과 싸웠고, 그 뒤 성공하여 잠시 안정기에 들어섰습니다. 올케인 히사코는 난치병에 걸려 규슈 히나쿠(日奈久) 온천, 야마다(이세의 우지야마다 伊勢宇治山田)의 적십자병원, 후쿠오카의 대학병원, 도쿄 등지를 8년간 전전하면서 요양에 힘썼는데 일시적으로 회복되기도 했지만 끝내 보람도 없이 세상을 떠났습니다. 그리고 운명은 다시 그의 신변에 덮쳐왔습니다.

그러나 그는 항상 밝았고 신의 영광 속에 살았습니다. 괴로울 때에도 신을 믿고 걱정하는 일이 없었고, 아니 역경조차도 신의 은총으로 여기며 하루하루를 소중히 살아가고 있었습니다.

그가 상하이 복민병원에 있을 때 하늘이 부르시는 날이 가까워진 것을 느끼며 옆에 있는 간호부에게 "어떻습니까? 회복이 되겠습니까?"라고 물었더니 간호부는 답하기 곤란해 하면서 "상당히 중태입니다만 당신의 기분은 어떠하십니까?"라고 반문했습니다. 그러자 그는 "저는 이번엔 틀렸다고 생각합니다"라고 말했습니다. 간호부는 "그렇게 생각하시니 솔직히 말씀드리면, 이번에는 힘들 것 같습니다"라고 사실을 말하자 "그저 감사합니다. 완쾌되어도 감사할 일이고, 죽어도 감사할 일입니다"라고 말했다고 합니다.

정말로 그의 신앙은 몇 번의 시련을 거쳐 확고한 것이 되었습니다. 후세에 남겨 알려야 할 고귀한 말이라고 생각합니다.

그는 그의 생애에 늘 따라다니던 역경을 극복할 만큼 굳건한 의지의 소유자인 반면 정도 굉장히 많았습니다. 특히 누나 동생들에 대한 애정은 실로 눈물겨울 정도입니다.

작년 동생 겐이치로가 중이염으로 나고야의 나카무라(中村)병원에 입원 중일 때의 일입니다. 제가 겐이치로 집을 보고 있을 때 올케 스미코가 볼일이 있어 집으로 돌아왔습니다. 그때 올케는 저를 향해서 "남편이 이번에는 모두에게 걱정을 많이 끼쳤다. 특히 형(겐지로)과 누나(저) 그리고 저에게 특별한 보살핌을 받았다. 그래서 완쾌된 후에는 세 사람의 사진을 모셔두고 아침저녁으로 인사를 하고 싶으니 같은 크기의 사진을 찍어 두길 바란다"라고 미소를 지으면서 말했습니다. 그 후 1개월 지나서 스미코 자신이 먼저 죽고, 6개월이 지나지 않아 겐지로도 주의 품안으로 가버려 사실상 그들 두 사람은 예배를 받는 몸이 되어 버렸습니다. 정말로 기이한 일이라고 해야 할 것 같습니다.

살아 있을 때를 돌아보며 제 이야기를 말씀드리면, 1900년 4월경 제가 츠(津)의 여학교에 재학 중 졸업 후의 방향에 대해서 여러 가지 고민을 하고 있을 때, 뜬금없이 그가 이번에 도쿄에 여자대학이 설립되니까 졸업 후 거기에 입학하는 것이 어떤가라는 내용의 편지를 보내왔습니다. 사실은 저도 내심 그렇게 하고 싶었지만 그때까지만 해도 여자교육이 필요하다고 여겨지는 때가 아니어서 주저하고 있던 참이었는데 힘을 얻어 정말로 기뻤습니다. 아무튼 입학 원서만은 제출해 놓았습니다. 잊을 수 없는 1901년 4월 2일, 둘째 동생 겐이치로는 도쿄고등상업학교에, 저는 일본여자대학 부속고등여학교에 각각 입학하기 위해 그와 함께 상경했습니다. 그리고 간다(神田)의 긴키칸(錦輝舘)이라는 여관에 짐을 풀고 오직 수험공부에만 열중했습니다. 당시 밤낮 없는 시험 준비는 도저히 저 혼자만의 힘으로는 할 수 없는 일이었습니다. 시종 곁에 있으면서 때로는 격려하고, 때로는 위로하면서 자신의 일처럼 고민하고 응원해주어 큰 도움이 되었던 것은 이 세상을 떠나는 날까지 잊을 수 없습니다. 다행이 두 사람 모두 합격했을 때 우리들의 기쁨은 말로 다 표현할 수 없었는데 우리보다 그의 기쁨은 더했을 것입니다.

이렇게 두터운 애정으로 형제들을 잘 보살펴 주었던 그는 제대로 된 보답도 받지 못하고 쓸쓸하게 이국땅의 흙이 되어 버렸습니다. 아아! 원망스러운 상하이의 하늘.

추억

우네메(采女) 츠지 가네(辻かね)

오빠는 어릴 때 개구쟁이로, 저는 여름에는 매미 잡이나 낚시 상대가 되었고 겨울은 겨울대로 팽이나 연날리기 상대가 되었습니다. 공부는 싫어하여 중학교도 중도에 그만두고 아버지를 따라 가업을 배웠습니다. 그 무렵 집에서는 쌀을 취급하고 있었는데 햅쌀 출하기가 되면 오빠는 해뜨기 전 어두울 때 집을 나가 산을 넘어 구 아사케(朝明) 쪽까지 쌀을 사러 가서 11시경에 돌아오곤 했습니다. 때로는 아버지가 집에서 사는 쌀보다 많은 양일 경우도 있었습니다. 또 여름이 되면 누에를 사러가는 등 많은 일을 잘 처리했기 때문에 아버지는 우리 겐, 우리 겐 하며 좋아하셨습니다.

성장하면서 아버지와 의견이 맞지 않아 조선으로 갔고 한참동안 소식이 없었습니다. 저희들도 걱정했습니다만 다시 왕래하면서 이전처럼 되었습니다. 나이 드신 아버지는 병상에서 오빠를 한층 더 의지하였고, 오빠도 부모님 봉양에 온 힘을 다 쏟았습니다.

저희는 때마다 조선에서 보내 온 선물을 받았습니다. 항상 받기만 하고 답례도 제대로 하지 못했는데 오빠도 올케 언니도 너무도 빨리 세상을 떠나 정말로 유감스럽습니다. 사람들에게 선물하기를 좋아했던 오빠는 저에게 "그렇게 받기만 하지 말고 다른 사람에게 주는 것도 생각해 보는 것은 어때"라고 웃으며 말한 적도 있었습니다. 제상(祭床)에 올리는 공물밖에 드릴 수 없는 지금 좋은 훈계라고 생각하고 있습니다.

오빠는 아픈 사람에게는 지극히 친절하여, 히로코(寬子)가 아플 때 몇 번이나 병문안을 와서는 위로해 주었고, 또 마지막 여행에서는 진귀한 외국 엽서를 히로코 앞으로 보내 주었습니다. 엽서 마지막에는 "항상 몸

조심"이라고 적혀 있었습니다. 아픈 히로코는 정말로 기뻐했으며 돌아오시는 날에는 꼭 나고야까지 마중 나갈 것이라며 입을 옷까지 준비해두고 기다리고 있었는데……. 아아, 오빠가 상하이에서 돌아가신 후 히로코도 어느새 병세가 악화되어 끝내 오빠의 뒤를 따라간 것은 거듭되는 불행이었습니다. 지금은 그저 나무아미타불만 욀 뿐입니다.

오빠의 모습, 특별히 걱정 없이 태평스럽게 아이들을 상대로 큰 소리로 웃던 모습, 그것은 이제 영원히 이 두 눈으로 볼 수 없는 일이 되었습니다.

죽은 형에 대한 추억

핫토리 겐이치로(服部源市郎)

제 서재에는 은인 세 사람의 사진이 걸려있습니다. 저는 매일 아침 사진을 보면서 절을 올리고 있습니다. 세 은인이란 다름 아닌 죽은 아내, 누나, 그리고 돌아가신 형입니다.

처는 저와 18년간 같이 살면서 항상 온량정숙(溫良靜淑)하여 저와 저의 가족, 또한 저의 집안을 위해 일해 주었고, 특히 최근 제가 10개월에 걸쳐 큰 병에 걸렸을 때에는 성심으로 간병을 해주고, 심신이 힘든 것이 원인이 되어 끝내 먼저 세상을 떠났습니다. 저를 너무 생각한 나머지 저 대신 죽었다고 세상 사람들이 말할 정도입니다. 저는 그녀의 정성으로 병마로부터 회복했고, 그녀의 죽음으로 신앙을 확립할 수가 있었습니다. 정말로 그녀는 저에게 육신과 심령의 구원자입니다. 누나는 저희 집의 장녀로서 태어나 어릴 때부터 누나로서 여러 가지 보살펴 주었습니다. 성인이 된 후 도쿄에서 유학하고 있을 때나, 학교를 졸업하고 집으로 돌아와 아버지의 일을 돕고 있을 때에도 항상 저를 위로해주고 격려해주는 사람이었습니다. 때로는 후원자로, 때로는 상담상대가 되어 저를 지지, 지도해 주었을 뿐만 아니라 아내가 죽고 난 후에는 많은 아이들을 보살펴 주고, 저와 저의 집안을 돌봐 주었습니다. 정말로 제 아이들에게는 생모 같고, 저에는 누나이면서 어머니인 사람입니다.

형이 또 조선으로 간 뒤, 저는 어쩔 수 없이 집으로 돌아와야 했습니다. 그때 형 덕분에 아버지의 보기 드문 걸출한 인격에 감화를 받을 기회를 얻었습니다. 제가 아플 때 바쁜 가운데에도 모든 일을 던져두고 조선에서 멀리 나고야까지 와서 여관잠을 자며 1개월 정도 제 간병을 해 주었습니다. 병원과 간호부와의 교섭, 접객 그 외 모든 시중을 혼자서 다하고 원만하면서도 빈틈없이 돌봐 주었습니다. 정말로 형의 지극한 정성에 저는 병상에 있으면서 고마움의 눈물을 남몰래 흘렸습니다. 저는 이 세 사람으로부터 가르침을 받고 구원을 받았고, 지금 무사평안하게 지낼 수 있는 것도 다 세 사람 덕분입니다. 과거를 돌아보면 많은 사람들로부터 보살핌을 받았고, 신세지고 은혜를 입었는데 그 분들께는 죄송하지만 비교를 허락하신다면 역시 이 세 사람이 가장 컸습니다. 그리고 대은인 세 사람 모두가 제 육친이었다는 점은 큰 자랑이며 기쁨입니다.

형이 저에게 은인이라 하는 것은 위에서 말한 것만이 아닙니다. 어릴 때부터 산으로 버섯을 따러 갈 때, 바다로 수영하러 갈 때, 혹은 강으로 고기 잡으러 갈 때, 들에서 새들을 쫓을 때와 같이 시골의 산과 들에서 놀 때 항상 형과 같이했습니다. 또 소학교 고등과 2학년을 마쳤을 때, 중학교 입학해야 하는 저를 현재 츠(津)에 있는 일중(一中)으로 데리고 가 시험을 치게 하기도 하고(이때 저는 보기 좋기 떨어졌습니다) 혹은 욧카이치 상업학교에 입학하고 나서는 수학, 영어 등 어려운 문제에 대해 친절하게 가르쳐주기도 하고, 도쿄에 있는 학교에 입학 했을 때는 하숙집을 구하는 일과 그 외 물건 사는 것을 빈틈없이 챙겨주었는데 형 스스로는 그렇게 하는 것을 즐기고 있는 듯 했습니다. 사실은 일종의 천성이라고도 할 수 있습니다. 도쿄에 유학하게 된 이후부터는 일상 기거를 같이 하지 않았기 때문에 그다지 내세울 만한 기억은 없습니다만 1912년경(편집자 주 1915년경)이라고 생각합니다. 제가 처음으로 조선에 갔을 때 통영에서 일부러 부산까지 마중을 나와 주었습니다. 그리고 부산의 중요한 영업자들에게 일일이 소개를 하고, 거래 개시에 상당한 편의를 제공해 주었습니다. 제가 처음부터 부산에서 특별한 신용과 존경을 받을 수 있었던 것은 오로지 형의 알선 덕분이었습니다.

그러나 제 기억에 가장 많이 남아 있는 것은 뭐니 뭐니 해도 병원에서 진심을 담아 간호하던 모습이었습니다. 형이 사람을 접할 때에는 일종의 타고난 성품 같은 것이 있었습니다. 형이 한 번 병원에 와서 의사, 간호부를 만나고 나면 바로 그 진단, 치료법, 처치, 태도 등에 긴장감이 감돌았고, 우울함으로 가득 차 있던 병실도 바로 밝아지고, 환자의 심리에 미치는 영향은 실로 헤아릴 수 없었습니다.

형은 또 화술에서도 천재적인 재능이 있어, 환자들과 얘기할 경우, 또 병실에서 다른 사람과 얘기할 때에도, 환자의 마음을 달래고, 편하게 하고, 안정시키는 데에 정말로 뛰어났습니다. 이것은 제가 겪었던 일만은 아닙니다. 많은 환자들이 한결같이 말하는 바입니다. 저는 병상에서 형의 존재로 인해 참으로 든든하고 편한 기분이 되어, 마음 편하게 치료를 받을 수가 있었습니다.

특히 아내가 죽었을 때에는 형이 통영 집으로 돌아간 당일 저녁이었는데 바로 되돌아 와, 먼저 나고야 병원으로 저를 찾아와 주었고, 비탄에 빠진 저에게 신앙을 전하고, 구약성서 욥의 얘기를 하였습니다. 저에게 거듭되는 수난은 바로 신의 고귀한 시련이니 이 시련을 극복하고, 시련의 은총을 느끼면 비로소 구원을 받는다며 격려해 주었습니다. 이것은 형이 이미 사랑하는 처와의 사별로 겪었던 경험 고백이었습니다. 당시 저의 느낌과 너무도 같아 정말로 기뻤습니다.

형은 우리 형제들을 이렇게 많이 돌봐주었을 뿐만 아니라, 타인에게도 같았습니다. 지극히 친절하게 많이 챙겨주셨습니다. 많은 점원을 조선에서 멀리 떨어진 미에 현 욘고 촌(四鄕村), 히가시히노(東日野)에 있는 이노우에 치카스케(井上親亮)의 교코학사에서 주산 부기 수업을 받게 하였고, 어떤 때는 혼담까지 챙겼고, 지인이나 친구의 동생, 친족의 취직에서 보증까지 나서서 맡았고, 소원한 사람들 사이에서는 중재자가 되는 등, 어떠한 기회에도 그는 항상 사람에게 신경을 쓰곤 했습니다. 그의 성품 중에 가장 뛰어난 점은 사람 챙기기 좋아하고 돌보기 좋아하는 것이었습니다.

형의 성격을 말씀드리면 원래 정직하고 숨기는 것을 싫어하는 노골적이고 적나라하고, 낙천적인 따라서 대상을 적극적으로 보고, 인생을 적극적으로 대처하는 사람이었습니다. 형에게는 소극적, 정적인 방면은 전혀 없었습니다. 항상 생기가 넘치고 멈추지 않는 활동력이 전신에 약동하고 있었습니다. 형이 많은 일을 이룰 수 있었던 것은 이 적극적이고, 활동적인 성격의 발로입니다.

형은 또 한편으로 굉장히 수양, 연구 노력하는 사람이었습니다. 형제 중에서 가장 학교 교육을 받지 못한 것을 통감한 까닭인지 통영 교회 목사에게 종교 연구를 한 것을 계기로 많은 것에 대한 질문, 연구를 게을리 하지 않았습니다. 각 방면의 글들을 구독하고 오로지 다른 사람보다 뒤처지지 않겠다며 애쓴 노력은 정말로 칭찬할 만한 일이었습니다. 저희들은 처음에 형이 교육을 적게 받아 말하는 것이나 논하는 것에 대해서 웃었습니다만 그 후 참으로 당당한 논의를 하였고, 문학, 연설 등이 사람들 앞에 나서도 전혀 부끄럽지 않다는 것을 알고, 형제 중에서 가장 발전적이고 앞서가는 사람이라 생각했습니다.

형은 무슨 일이라도 완전한 자신의 것이 될 때까지 포기하지 않는 성격이었습니다. 츠(津) 중학을 중도에 그만두고 집에서 아버지 일을 돕고 있을 때에도 지인의 친구이면서 가상(家相), 방위(方位) 등에 능통한 사람이 있었는데 그로부터 역학(易學)을 다소 배우고, 관상, 수상, 성별 판단 등 비전문가 입장에서 체득했습니다. 근처에 있는 스기모토(杉本)라고 하는 미쓰이(三井) 미에제사장(三重製糸場, 현: 伊藤製糸場) 사원에게서 주산 운명 판단법 전수를 받고, 최근까지 그것을 응용하고 있었습니다. 또 다루자카(垂坂)의 원삼대사(元三大師)를 참배하고 주지로부터 진언비밀법(眞言秘密法)의 가르침을 받았습니다. 에마식(江間式) 심신단련법을 습득하여 상당한 자신감을 얻게 되었습니다. 이같이 어떤 일에서도 그의 마음을 끄는 것은 즉각 가르침을 구했는데 그것은 솔직하고 숨길 수 없는 일면을 나타내는 것이라 생각합니다.

형의 연구심이 왕성했던 예를 한두 개 들면 그가 이미 습득한 성별 판단법에 의거해 글자 획, 생년월일, 글자 음 등을 모두 고려해 귀성(歸省) 중에 당시 태어난 제 아이에게 테츠야(哲也)라는 이름을 지어준 것처럼 그는 항상 연구를 게을리 하지 않았습니다. 고향에 있을 때(이노우에 치카스케 씨에게서) 수학한 주산술에 대해, 그 후 스스로 연구를 거듭하여 전인미답의 분야에 대가가 된 일은 가장 대표적인 예입니다. 위의 연구 성과는 『주산 12강』이라는 책이 되어 세상에 발표되었는데 이런 유의 간행물 중에서도 가장 이색적인 것이었습니다. 훗날 조선 전역을 자비로 주산 순회강연을 하며 그 보급 발전에 공헌한 것은 잊을 수 없는 공적입니다.

통영 주산보급회를 조직하여 매년 여름과 겨울방학 때 다수의 학생들을 모아 주산 강습을 하였는데, 그의 사후 지금까지도 그의 유지가 변함없이 계승, 실행되고 있는 것은 후세에 남겨야 할 것입니다.

제가 형에 대해 가장 감탄하는 것은 정말로 다종다양한 일을 이루었다는 점입니다. 한 개인이 정미업, 수산경영 등에서 상당한 성공을 거두었을 뿐만 아니라, 더 나아가 공인으로서 면 평의원, 학교조합의원, 면장, 도 평의원 그 외 통영 번영회장, 경남 수산조합의원 등의 공직은 물론이고 해산회사, 무진회사, 제망회사, 그 외 통영 토지회사, 칠공회사 등 실로 다종다양한 회사에 관여하였습니다. 더구나 형의 성격으로서 가장 주요한 지위를 점하지 않으면 직성이 풀리지 않아 항상 스스로 진두지휘하면서 많은 사업을 지도, 경영한 것은 저 또한 내심 감탄하는 일입니다.

형이 일하는 모습을 보면 실로 직재간명(直裁簡明)하여 많은 문제들을 바로 바로 처리하였습니다만 대부분은 틀림이 없었습니다. 형이 때마침 고향집에 돌아와 고스기와 욧카이치 마을의 일 등을 하루 이틀 사이에 듣고 거기에 살고 있는 제가 모르는 점까지 잘 간파해 조사하게 하는 수완을 가지고 있었습니다. 제가 수십 일 걸려 겨우 해내는 일들을 하루 또는 이틀에 완전히 요령을 터득하여 처리하는 수완에 그저 감탄만 했습니다. 언제 저렇게 머리가 좋아졌고, 조사 연구 방법을 체득했는지 신기했습니다. 아마도 각종 사업에 관여하면서 스스로 접대응대하며 다수의 사람들을 지휘하는 가운데 자연스럽게 체득한 것이라고 생각합니다.

이렇게 해서 형은 일의 분량에서나, 내용에서나 형제 중에 최고의 인물이 되었습니다. 저는 형의 성격이 너무 거칠다고 생각했고, 어떤 때는 자기 이름을 세상에 드러내고 싶어 하는 자기과시적인 성격이라고 생각되는 행동을 보일 때는 내심 불쾌했습니다. 그런데 요즘 제가 조금씩 신앙을 가지면서 그렇게 생각하지 않게 되었습니다. 아마도 신앙은 사람으로 하여 어떤 의미에 있어서 대담성과, 용기를 부여해 주는 것이라 생각합니다. 그 점에서 보면 형은 신앙 면에서 훨씬 저보다 선행자이었다는 것을 깨닫습니다.

형의 특색은 신앙인이었고, 더구나 활동가였습니다. 아버지의 뜻과 맞지 않아 집을 떠난 형은 배수의 진을 치고 분투했기 때문에 틀림없이 굉장히 힘들었을 겁니다. 그 고난고투는 형에게 진정한 신앙을 배양시켰습니다. 형은 형수의 인도에 의해 기독교 신앙에 입신한 후 부산이나 서울에서 자비로 목사를 통영으로 맞이하여 신앙의 참 길을 열심히 들었습니다. 형이 스스로 통영에서 겪은 고난에서 시작된 신앙은 굉장히 강인한 것이었습니다. 그 후 형의 일거수일투족은 항상 신앙이 중심이 되어 있었습니다. 형이 상하이 병원에서 위독하여 마지막 숨을 몰아쉴 즈음에 곁에 있던 간호부에게 "그저 감사할 따름"이라고 용감히 말한 것은 형이 일상생활에서 신에게 얼마나 감사하고, 감격하고 있었던가를 여실히 보여주는 것입니다. 이미 나고야의 요시카와(吉川) 목사는 형의 추도회 연설에서 형은 감은, 감사, 감격하는 사람이라고 평했는데 그것이야말로 형이 신앙인이었다는 것을 가장 잘 드러내는 것입니다. 신의 은총에 감사하고, 신의 자비에 눈물을 흘리며 수용하는 사람이 아니고서는 진정한 감사, 감격은 할 수 없습니다. 형이 감사 감격으로 사람을 기쁘게 맞이하고, 가르치고 인도한 것은 이 까닭입니다.

형의 신앙은 더구나 활동적이었습니다. 세상에 많은 신앙을 가졌다고 말하는 사람들의 일상의 행동을 보면 대부분은 오로지 스스로 지키는 것만을 하고, 다른 사람에게 그 힘이 미치는 것을 두려워하는 것 같습니다. 저는 신앙은 신의 은총을 느끼는 데서 얻어지는 것이라면 그 느낌이 있는 한 그것에 대한 감사, 보은의 뜻은 자연스럽게 생긴다고 생각합니다.

더구나 그 보은의 뜻은 필연적으로 사회에 대한 활동이 되어 나타나는 것이라 생각합니다. 그런데 많은 신자들은 항상 평화를 가지고 있다고 스스로 말하면서도 세상과 떨어져 은둔 생활을 즐기고 있는데, 저는 오히려 정말 그들이 평화를 가지고 있는지 불만스럽고 동시에 의심이 듭니다. 그런데도 형은 스스로 거리로 나와 세상을 향해 사람들을 위해, 세상을 위해, 헌신 노력하는 것은 형만의 특별한 점입니다. 형에 있어서 신앙은 바로 활동이었습니다. 사회를 위해서 뜻 있고, 가치 있는 활동입니다. 활동하지 않으면 형성될 수 없는 신앙이었습니다. 그것은 오늘날 우리들이 가장 희구하는 것이겠지요. 형은 바로 이 활동적 신앙의 소지자로서 항상 사회 복지 증진을 중심으로 밤낮으로 활동, 노력을 계속하였습니다. 형의 사적, 공적, 공동체적 각종 활동은 이러한 신앙 즉 활동적인 정신에서 나온 것으로 형의 생애 50년 동안 이룬 사업은 규모에서는 사실 작은 것이라 말할 수 있지만 다방면에 걸쳐 있고, 현실적으로 세상에 도움이 되고, 사람을 이롭게 하고, 통영의 위상을 앙양시켰고, 전 조선에 걸친 실제적 기능을 보급하는 등의 공적은 아마도 신앙 즉 활동이라는 신조(信條)의 실천자로서 가장 빛나는 표본이라 말할 수 있습니다.

형의 일생을 훑어보면 소년시절 형제들의 우수함에 비하여 잘나지 못했고, 중년에 들어 아버지와의 의견차이로 굉장히 힘들어 하다가 마침내 집을 나가 그 고난을 피하려고 했지만 오히려 더 심한 고난을 만났습니다. 그러나 형은 노력하여 마침내 극복했을 뿐만 아니라 성공하여 이름을 알렸고, 특히 최근 10년간은 실로 욱일승천(旭日昇天)하여 다방면에서 활보했습니다. 그리고 좀 더 비약하기 위해 세계적인 견문을 넓히려고 유럽 여행을 한 것이었는데 불행히 중병에 걸려 상하이 병원에서 객사했습니다. 인생 50년이라고 말하면 사람의 평균 연령을 얻은 것이라 감히 불평을 말할 수 없겠지만 장래의 가능성과 건강을 잃고 갑자기 병마 때문에 돌아가신 것은 정말 미완의 일생이라고 해야 할 아쉽고 안타까운 탄식을 금할 수 없습니다.

저는 몇 년 전 아버지께서 돌아가신 후 한동안 만나는 사람들은 아버지 칭찬을 하시면서 "부친께서 살아 계셨을 때는 이럴 때 좋은 지혜를 빌려 주셨을 것인데, 이럴 땐 원조를 주셨고, 고난을 쉽게 타개할 수 있게 해 주셨는데……"라고 하실 때 내심 굉장히 곤란했던 적이 있습니다. 요즘 형의 유업을 감독하기 위해 조선에 가면 통영 사람들 모두가 "형님이 계시면 이럴 때 바로 해결되었을 텐데, 이런 일은 일어나지도 않았을 텐데"라든가 혹은 "통영의 위상이 적어도 대외적으로 하락하지 않았을 텐데" 등 형에 대한 칭찬을 해서 저로서는 아버지의 경우와 같이 적지 않은 고통을 느꼈습니다. 왜냐하면 제가 아버지나 형에 비하여 얼마나 왜소하며, 더 나아가 일종의 비애감마저 들기 때문입니다. 반성해야 할 사람은 다른 사람이 아니라 자신입니다. 그러나 비애로 위축되어서는 오히려 죄송하고, 더욱 분투하고, 정진하여 그들의 명성에 부끄럽지 않게 노력해야 한다고 생각합니다.

돌아가신 후에도 항상 저의 격려자이고, 고무자라고 생각하니 감격할 따름입니다.

죽은 형에 대한 추억

형이 돌아가신지 벌써 일 년 반이 됩니다. 이번 형의 전기가 편찬된다하니 틀림없이 각 방면에서 많은 원고가 있을 것이라 생각합니다. 그것들과 중복되지 않도록, 저는 단지 형과의 관계에서 작은 추억을 적어보고 싶습니다.

저는 유년, 소년 시절에 형을 많이도 성가시게 했습니다. 지금 생각해보면 형은 정말로 당시 장사로 바쁜 아버지를 대신하여 형제들을 잘 돌봤습니다. 지금도 분명히 기억나는 것은 제가 어릴 때 눈병에 걸려 좀처럼 낫지 않았는데 형은 매번 특별한 안과 선생님에게 저를 데리고 가 주었습니다. 또 유행성 이하선염(耳下腺炎)에 걸렸을 때는 당시 경락의사로서 이름 높았던 다미츠(田光)에 있는 야다(矢田)씨에게 데리고 가 준일 등은 분명하게 기억하고 있습니다. 그 후 제가 13살이 되던 해 3월, 고등 3년을 졸업한 그 다음날 바로 히노의 백일 수산연습으로 데리고 갔습니다. 7월 그 곳에서 다행히 형에 못지않은 성적으로 졸업할 수가 있었는데 그때 나이가 어려서 그다지 기억에는 없습니다. 히노를 졸업하자여름방학이 끝나는 9월에 욧카이치 상업학교에 2학기 보결입학을 하게해 주었습니다. 나이가 한 살 적었지만 형이 잘 교섭해서 입학 허가를 얻었습니다. 그해 겨울에 있었던 일이라 생각합니다. 학교 앞에 있는 절에하야시 다츠도(林達道)라는 선생님에게 데리고 가서 한문 학습까지 시켰습니다. 그러나 그것은 그다지 즐겁지 않았습니다.

욧카이치 상업학교를 졸업하고 고베 고등상업학교에 입학할 때에도형에게 걱정을 끼쳤습니다. 등기로 하지 않고 수험료를 보냈는데 형이 만일을 걱정하여 학교 회계과로 제대로 돈이 도착했는지를 문의해 주었습니다. 그 편지 문구가 얼마나 잘 적었는지 세상일에 아직 어두운 저는 정말 감탄했습니다.

그 외 관해류(觀海流) 수영법이라든가 기계체조를 할 때 호흡과 기교 등을 가르쳐 준 일 등 생각해 보면 끝이 없습니다.

그 대신 저도 형에게 여러 가지 해 준 것을 기억합니다. 형이 위가 안 좋아 매일 일과로 하루에도 여러 번 위세척을 할 때는 항상 제가 그 조수를 했습니다. 더러운 토하물을 세면대에 받을 때는 결코 좋은 기분은 아니었습니다. 또 어떤 병으로 거머리에게 피를 빨게 하는 일도 있었는데 거머리가 들어 있는 빨판을 20~30분이나 들고 있었던 일도 잘 기억하고 있습니다.

그런 사이였기 때문에 형이 조선으로 가서 본가와 긴 시간동안 소식이 단절 되었을 때 형에게 편지를 보내어 두 번 정도 답을 받고 혼자서 울면서 읽었던 적도 있습니다.

1927년 가을, 형은 도쿄에 와서 주산에 관한 책 저술에 매달렸습니다. 어려운 이론을 저에게 물었는데 저는 2~3개 제 생각을 적고, 또 참고서 등을 알려 드렸습니다. 그것이 『주산 12강』에 잘 도입되어 있는 것을 보고 저로서는 정말 기뻐했습니다. 그 후 형이 원고를 한 번 봐 달라고 해서 저는 설명이 맞지 않는 몇 군데와 전문가가 아니면 알 수 없는 실수를 정정해 주었습니다. 그때 저는 형의 주산 숙달방법에는 어떤 독특한 것이 있다는 것을 알았습니다. 서명에 '핫토리 식'이라는 자를 붙이면 어떨까라고 진언을 했는데 한동안 생각한 형은 '핫토리 식'이란 말을 붙이지 않기로 했습니다. 지금 생각해보면 역시 히노의 옛 스승인 이노우에 선생님에 대한 예의로 굳이 일파를 세울 생각을 하지 않았던 것 같습니다.

형에 대한 추억은 많지만 요컨대 형은 아버지 생전에는 장형으로서 아버지를 대신하고, 아버지 돌아가신 후에는 호주(戶主)로서 많은 동생들에게 매사를 잘 해 주었습니다. 양친이 돌아가신 후 우리들 형제는 형에게 의지하고 있었습니다. 그 형이 – 건강 그 자체인 형이 너무도 뜻밖의 중병으로 여행 중 타국에서 객사했다는 것은 우리들로서는 큰 아픔이고, 또 슬픔입니다.

형의 특색으로 항상 느꼈던 점을 부언하면
1. 매사에 비관하지 않고 항상 낙관적이었다는 것
2. 푸념하지 않고 결단이 빨랐다는 것
3. 언동은 미덥지 않았지만 사실은 견실한 점이 있어서 한 집안의 기둥으로 절대적인 신뢰를 얻고 있었다는 것
4. 할 일이 없을 때에는 언제라도 낮잠으로 심신을 쉬게 했다는 것
5. 특히 배웠다고 하는 것은 없는데도 글을 잘 썼고, 연설을 잘 했다는 것
6. 사람을 부리는 것을 특별하다고 생각하지 않고 마음먹은 대로 일을 시켰다는 것
이번에『주산 12강』의 재판(再版)이 완성되었다. 형의 영전에 이것을 바치며 영혼을 위로하고 싶습니다(1930년 2월 16일).

(편집자 주) 1931년 6월 15일, 이 형도 아직 춘추 높지 않은데도 불구하고 일을 뒤로하고 급서했다. 오호라!

추회

상하이 핫토리 다이조(服部岱三)

제가 어렸을 때 형에 대한 기억은 극히 미비한 것이어서 그다지 분명한 것이 없습니다. 형과는 꽤 나이차도 있고 해서, 나이가 가까웠던 형제와는 상당히 다른 생각으로 형을 대했던 모양입니다. 같이 어울리는 친구라는 기분은 없고, 소학교 성적이 나빠 심하게 혼났다거나 뒷강에서 물고기 잡으러 가서 저녁 늦도록 돌아오지 않자 부르러 와서는 야단치기도 하고, 학교에서 씨름을 하다가 팔 골절이 어긋나 아파서 견딜 수 없는 것을 참고 숨어 있던 저를 찾아 혼내고는 그 날 밤 노다(野田)에 있는 의사 집으로 데리고 간 일 등, 같이 어울리며 놀았던 친구라기보다는 오히려 감독관과 같은 형이었습니다.

그러던 중에 형은 조선으로 가 수년 동안 아무런 연락도 없다가 1913년 제가 조선으로 간 이후 편지 왕래를 하였습니다. 또 제가 대련(大連)에 있을 때에는 대련까지 오셨습니다. 그 후 제가 상하이로 갔을 때는 마침 아버지의 병환이 안 좋아 때때로 병문안 가서 자주 고스기(小杉)에서 만난 적도 있지만 서로 일이 있는 몸이라 잠깐 보고 헤어지는 정도였습니다. 몇 년 전 두 번째 형이 나고야에서 귀 치료를 받고 있을 때 저도 병문안을 가서 어느 여관 한 방에서 며칠 묵은 일이 있습니다. 그것이 가장 최근의 일로서 제가 장년의 형과 가장 길고 친밀하게 지낸 시간이었습니다만 그것보다 형이 유럽에서 돌아오는 길에 병에 걸려 상하이에서 내려, 돌아가실 때까지의 기간이 형과 저 사이에 가장 길고 가장 친밀한 시간이었습니다. 그러나 그것은 이별을 고하는 슬픈 시간이었습니다.

형은 오사카매일신문사의 유럽 여행단에 참가하여 각지를 돌아보고 무사히 귀국길에 올랐습니다. 형이 탄 하쿠산마루(白山丸)가 상하이에 도착하기 전날, 형으로부터 무선 전보로 '발병(發病). 4백 원 가지고 배까지 오길'이라는 전보 내용에서는 어느 정도 아픈지 알 길이 없었습니다. 의사를 데리고 갈 경우를 생각하여 무슨 병이냐고 전보로 물었지만 답장이 없었습니다. 어쩔 수 없이 저는 처와 함께 배로 가 보니까, 무척이나 야윈 형을 침대위에서 발견했는데 장티푸스에 걸려 출혈 때문에 말도 제대로 하지 못하고 눈도 제대로 보이지 않는다고 했습니다. 정말 딱한 모습이었습니다. 형은 "이번엔 죽을 것 같다. 만약 살아서 고베 땅을 밟을 수 있다면, 형제와 친척들을 만날 수가 있다면, 그 보다 좋은 일은 없을 것이다. 너희 두 사람은 나와 함께 이 배로 돌아가자"라고 하고는 하선해야 한다는 말을 듣지 않았습니다. 배에 있는 사람들은 여기서 하선하지 않으면 안 된다고 했습니다. 그래서 의사를 데리고 와서 진찰을 받게 했더니 "이대로 배로 가면 생명이 위험합니다. 하선해서 입원하고 경과가 좋으면 나을지도 모릅니다"라고 말하자 하선을 하여 입원했습니다. 나중에 의사가 입원할 때와 입원한 후 1, 2일간은 용태가 굉장히 안 좋았다고 했는데 정작 본인은 입원할 당시 "배와는 기분이 전혀 다르구나. 굉장히 좋은 기분이다"라며 대단히 좋아했습니다. 입원하자 형제들과 친척들, 조선의 가게 사람들이 위급함을 듣고 많이 왔습니다. 이 사람들의 걱정과 의사의 지극한 간호로 병색은 몰라보게 좋아졌습니다. 의사도 "이 상태라면 괜찮겠습니다. 나을 겁니다"라고 말할 정도였습니다. 병문안 온 사람들 중에는 그 얘기를 듣고 돌아간 사람도 있었습니다. 병세가 많이 호전되었기 때문에 모두가 안심했습니다. 그러나 운명이라는 것은 알 수 없는가 봅니다. 곁에 있던 사람들이 방심하는 것을 보고, 죽음의 사자가 갑자기 덮쳐 온 듯 했습니다. 두 번째 형이 상하이에 도착한 날 아침부터 용태가 급격하게 나빠지더니 손을 쓸 수가 없게 되었습니다. 그 상태로 병세는 빠르게 진행되었고, 10월 8일 심야, 주위에 있던 사람들이 찬송가를 부르는 가운데 이 세상을 하직하고 불귀의 객이 되어 버렸습니다.

제가 재작년 봄, 나고야에서 둘째 형 병문안 갔을 때, 마침 그때 병문안 온 큰 형이 유럽 여행에 대한 상담을 해 왔습니다. 저는 첫마디부터 적극 권장했습니다. "이런 기회는 두 번 다시 오지 않습니다. 다소 지장이 있더라도 가는 편이 좋습니다"라고 했습니다. 형은 "여행 기간이 너무 짧아서 제대로 구경 할 수 있을까"라고 물으셨습니다. 저는 "첫 여행으로 이 정도가 제일 좋습니다. 빠진 부분이 있다면 다음에 몇 번이라도 가 보면 됩니다. 일생에 한 번이라는 인색한 생각은 버리십시오"라고 말할 정도로 권유했습니다. 형이 출발할 때가 다가오자 이상하게도 불안한 생각이 들었습니다. 그래서 누나에게 전보를 보내어 여행을 그만두도록 부탁했는데 그대로 출발해 버렸습니다. 형은 상하이에서 두세 번 그것을 말했습니다. 그리고 여행의 막바지에 상하이에서 처음엔 적극 여행을 권유하다가 출발 직전엔 그만두라고 이상한 말을 했던 동생에게 시중을 받으며, 알 수 없는 앞날의 운명을 걱정했는데 끝내는 그것이 사실이 되고 말았습니다.

저는 형이 조선에서 어떤 일을 했는지 잘 모릅니다. 따라서 그에 관하여 논할 자격이 없습니다. 달리 적임자가 있을 것이라 생각하고, 저는 형의 성격에 대해서 생각나는 점을 적어 보겠습니다.

형은 정말로 쾌활하고 분명하고, 밝은 성격을 가지고 있었습니다. 동작은 굉장히 민첩하고, 매사 처리하는 것이 시원시원했고, 준순지의(浚巡遲疑)와 같은 일은 조금도 없었습니다. 또 말하는 것을 굉장히 좋아했고, 말도 잘 했습니다. 인상에 남는 형의 모습 하나가 있습니다. 그것은 다름이 아니라 형이 진보적이었다는 것입니다. 형은 다른 형제들과 비교해서 학교 교육을 많이 받지 않았습니다. 그러나 진보적인 성향은 어느 형제에도 뒤지지 않을 뿐만 아니라 나이가 들어가면서 더욱 분명하고 현저했습니다. 통영이라고 하면 조선의 지방이지만 부근에 있는 많은 어촌들의 중심지였습니다. 이러한 곳에서 가령 물질적으로 성공을 했다손 치더라고 큰 것은 아니겠지만 좁은 지역에서 소위 성공한 자들은 자칫하면 자신의 성공에 도취되어 그 이상 발전할 수가 없고, 그것으로 끝나버리는 경향이 많았는데 형은 전혀 그렇지 않았습니다. 다소 사업이 궤도에 오르면 바로 만주를 시찰했습니다. 이것은 제가 대련에 있을 때 일입니다. 그리고 몇 년 후 제가 런던에 있을 때에는 중국 남북 각지를 여행하면서, 크게 견문을 넓혔습니다. 그리고 이번에는 유럽 여행길에 올랐습니다. 그다지 학교 교육을 받지 않고, 조선의 지방에서 생애 대부분을 보낸 사람치고는 정말로 보기 드물 정도로 진보적이고 발전적인 성격이었습니다. 아마 조금 더 사셨더라면 틀림없이 미국, 인도, 남양(南洋)까지도 여행을 했을 것이라 생각합니다. 이 같은 발전적인 성격은 나이가 들면서 더욱 뚜렷해졌는데 사회에 대한 태도, 관찰 등 최근에는 달라진 부분이 상당히 많았습니다. 형수가 죽은 후에 『히사코 부인』을 출판한 것도, 정이 많은 성격 외에도 그의 마음 속 깊은 곳에 어떤 강한 힘이 있다는 것을 보여주는 것은 아닌가라고 생각했습니다. 훗날 조선 각지로 주산 강연을 하러 다녔다고 하는데 이것은 단순히 특별한 것을 좋아한다거나, 아니면 이름을 알리고 싶어 했다기보다 어떤 신념에 의한 것이라고 생각합니다. 조선의 시골에서 생애 대부분을 보낸 상인에게 누가 이같이 향상적이고 분투적인 성격을 기대할 수 있었겠습니까. 최근 형의 행동이든 언행이든 물질적인 관계를 잊은 것은 아니지만 동시에 물질이외의 것에도 굉장히 주의를 기울인 경향이 분명한 것 같습니다. 이 경향이 앞으로 어떤 식으로 발전되었을까요. 유럽 여행 견문에 의하면 반드시 한층 더 비약할 것이라고 저는 기대하고 있었는데 여행을 다 마치고 일본으로 귀국하기 며칠 전에 어쩔 수 없이 상하이에서 하선을 했고, 두 번 다시 일어날 수 없었던 것은 너무나도 유감이며 특히 형의 과거보다도 장래에 희망을 걸고 있던 저로서는 정말로 안타깝게 생각했습니다. 형의 죽음은 마치 청년 전사가 개선 도중 병을 얻어 넘어진 것과 같아 틀림없이 많은 사람들이 안타까워했을 겁니다. 그런 의미에서 보면 조금 냉정하게 들릴지는 모르겠지만 형은 죽을 자리를 잘 찾았던 것이고, 객관적으로 보면 행복한 일생이었다고 말할 수 있습니다.

편지 3통

핫토리 마사타카(服部正喬)

형은 정말로 글쓰기를 좋아했다. 더구나 편지는 바로 상대의 감정에 호소하는 진실함 따뜻함이 깃들어 있고, 그 만큼 개인적인 것이기 때문에 공표하기에는 조금 주저됩니다만 아래 세 통의 편지는 비교적 무난하여 본문 안에 넣으려고 했는데 마땅한 장소가 없어서 여기에 싣는 바입니다.

(1)
마사타카에게

가을도 점점 깊어가고 있는데 건강하게 잘 지내는지? 나는 지난 10월 11일 조부의 50주기 법회 참석 겸해서 귀국했었다. 노모도 건강하시고, 누나도 다케오도 무고하더군. 겐이치로는 시의회원 선거로 바빴다. 다행히 5번으로 당선되었다. 14일 밤 출발하여 조선으로 돌아왔다. 조선에 있는 형수가 올해는

나빠지기만 해서 7월 중순부터 8월 말까지는 거의 빈사상태였는데 9월부터 다소 차도를 보여 지금은 거동에 불편함이 없지만 때때로 배가 아프다거나, 열이 난다거나 하곤 해. 평소 거의 소식을 전하지 못했는데 국제서방 근황은 어떤지? 하루카즈 군은 어떻게 경영을 하고 있는지? 시간 있을 때 알려주길. 이쪽은 작년 성과가 좋지 않아 영업 쪽은 긴축을 하고 있다. 현상유지. 풍작인 것과 쌀값이 비싸서 5년 만에 처음으로 손실을 보지 않고 얼마간의 이익이 나지 않을까라고 믿고 있다. 걱정하지는 말아라. 별송 희곡은 이구치 야스오(井口弥寿男) 선생의 작품(주: 오킨의 재혼(お今の再婚))이다. 한 번 보아라.

점점 추워지는 계절 건강 조심해라.

이만.

10월 21일(편집자 주: 1924년경?)

통영 겐지로

(2)

마사타카에게

파란 많은 인생은 곡절이 많다. 올 봄 2월 통영 앞바다에서 난항으로 어선에 구조되었고, 창고를 옮길 때 이유 없이 창고가 내려 앉아 불길하다고 소문이 났고, 병으로 도쿄에서 앓기도 하고, 이제 끝났나 하는 마음이 채 가시기 전에 화재가 났다. 더구나 보험업을 하고, 2개의 큰 회사 대변(代辯)으로 있으면서도 보험에 한 푼도 들지 않아 설상가상의 형국이 되어 버렸다. 이것으로 올해 고난이 다 끝났으면 하는데, 당장 두 개의 회사 정리에 어떤 파란이 일지…… 아마도 상당한 경제적 타격도 있을 것이다.

사업가에게는 사업상의 고민이 있다. 고민을 두려워해서는 세상을 하직하는 길 밖에 없다. 통영의 사람들은 내가 화재로 보험금을 많이 탔을 것이라고 야유하고 있다. 타인의 괴로움을 기뻐하는 것은 아니겠지만 사실이다. 왜 그렇게 얘기하는지…….

화재 전보로 그렇게 대단했던 병세도 좋아져서 지금은 다행스럽게도 건강해졌다. 손해는 생각보다 가볍다. 발동기도 정미기도 주요 부분은 그대로 사용할 수가 있다. 임시 발동기와 그 외를 사서 한창 일하고 있다. 젊은 점원들은 상당히 건강하다. 공장은 연내에 복구하려고 힘을 비축하고 있다. 금년은 풍년이지만 집수리, 여행과 병마, 그리고 화재 등으로 2월 총결산은 겨우 본전치기라고 생각한다. 손해는 아닌 것 같다. 그래서 다행이라 생각한다. 내년에는 좋아지겠지.

10월 27일(1926년?)
겐지로

(3)
급보
마사타카에게

소식이 뜸했다. 한 며칠 집에 있다. 통영은 지금 소요사건으로 유명해졌다. 조선 청년의 사상이 나날이 향상되고 배일감정(排日感情)이 고조되어 당국의 고심이 이만저만 아니다.

나도 '조선민족이 나아갈 길'로서는 뭐니 해도 일본의 보호를 받으면서, 일본과 일체가 되어 동양민족을 위하여 공존공영 방침 아래 단결하지 않으면 안 된다는 결론이 나올 수 있도록 이 기회에 한 번 연구해 보고 싶다는 생각을 했다.

미안하지만 동양민족 발달사, 민족흥망사, 인류 진화사, 세계종말의 이상(理想), 인류 투쟁사, 유럽 각 민족 투쟁사 등의 역사에 관한 서적 5~6권을 챙겨 보내 주었으면 해. 부탁한다.

(1926년 혹은 1927년경)

추억

고스기 핫토리 다케오(服部武生)

형님이 유럽 여행을 떠나기 며칠 전의 일입니다.

저녁을 다 먹고 난 뒤 일하는 아줌마와 같이 형님의 유럽 여행에 대해 이야기를 하고 있을 때 갑자기 달그락달그락 하며 바깥문이 열리고, 성큼성큼 복도를 걸어 들어오는 발소리가 났습니다. 누군지 바로 알았습니다만 장지문 밖에 딱 멈춰 서기에 이상하다는 생각을 하는데 "덜컹" 하더니 이어서 "딸랑 딸랑…" 하는 방울소리가 요란스럽게 났습니다. 후쿠(기르던 개)가 개집에서 달려 나왔던 것입니다. 머리를 흔들며 좋아하는 모습이 장지문 넘어 잘 보였습니다. "좋아! 좋아!"라고 가볍게 애정 어린 말과 함께 무엇인가 종이에 싼 것을 푸는 듯 했는데 곧 멍! 멍! 하면서 후쿠는 맛있는 것이라도 손에 넣은 듯 좋아했습니다. 쓰윽 장지문이 열리고 들어온 사람은 짐작한대로 조선에서 온 형님, 소문의 주인공이었습니다. "아직 식사중인가"라고 하면서 밥상 끝에 종이에 싼 것을 두고, 옆에 있는 등나무 의자에 편하게 몸을 쭉 뻗으면서 앉았습니다. 고맙다고 하면서 포장지를 펼쳐보니 삼색떡(三色団子)이었습니다. 나고야에서 사 온 선물이었습니다. 형님을 발견하고 좋아한 개는 누구보다 먼저 받았습니다. 이런 일은 흔했고, 언젠가는 마루 끝에 빈 우유 깡통을 두었는데 아줌마에게 우유를 어쨌냐고 물었더니 조선에서 오신 어른이 어제 '후쿠'에게 주셨다고 했습니다. 형님은 우유를 매우 좋아해서 와시(ワシ) 상표 우유를 삼일에 하나씩 식후에 마셨습니다. 그리고 삼일 째 마실 것을 개에게 주었습니다.

이렇다 보니 개도 형님을 좋아하여, 여행 등에서 돌아오실 때는 꼬리와 머리를 흔들며 껑충거렸습니다. 다른 사람에게는 발소리만 나도 짖는 녀석입니다.

이런 얘기는 형님의 따뜻한 마음과 짐승에 대한 박애를 드러내는 것입니다. 평소 상거래 세계에서 활약하는 사람인만큼 특히 그렇게 느껴지는 부분이 있습니다.

형님은 사람 관리를 잘 하기로 유명합니다만 주변을 상당히 잘 배려하는 사람이었습니다. 삼색떡에 관한 것은 앞서 적었습니다만 고스기에 있을 때는 2~3일간의 여행이라도 동백기름, 가루비누 등 무엇이든지 선물을 사 와서 일하는 아줌마들은 선물보다 배려 해 주신 그 마음이 고맙다며 무척 기뻐했습니다. 유럽 여행에서 돌아오는 도중, 상하이에서 돌아가셨다는 얘기를 들었을 때는 모두 안타까워 했습니다. 지금도 감이나 밀감이 익으면 조선에 있는 어른에게 제일 먼저라며 불단으로 가지고 가니까 누님이 "아줌마는 항상 조선, 조선 하는데 이래서는 사진이라도 두지 않으면 안 될 것 같아"라며 웃은 일이 있습니다. 이런 얘기는 사람을 잘 부렸다기보다 오히려 형님의 덕이 그렇게 한 것이라고 생각합니다.

상당히 오래전의 일입니다.

8월 여름 방학 때인 것으로 생각합니다. 점심을 끝내고, 오후는 해수욕이라도 갈까하고 생각하던 중에 한 통의 편지가 배달되었습니다. 뒷면을 보니 오랜만에 조선에 있는 형님으로 부터였습니다. '무슨 일이지?'라며 서둘러 뜯어보니(예의 필법으로 바로 본론으로 들어가 있었다) 어려운 질문이 있었습니다. 하나는 세제곱근 풀이 설명과 또 하나는 금융 관계 계산이었습니다. 세제곱에 관한 설명은 바로 책에서 찾을 수 있기 때문에 설명 외에 그에 관련된 서명(書名)을 첨부해 두었습니다. 그런데 그 다음이 약간 자신이 없었습니다. 첫 문제는 대수표에서 답이 나왔지만 다른 한 문제는 완전 질려 버렸습니다. 대수표와 대조하면서 편지지 10장 가까이 써도 아무래도 그 날 마무리가 되지 않아 다음날 오전까지 해서 불충분하지만 답장으로 보냈습니다. 그러나 10장 이상이 되는 계산을 하나하나 다 보실까하고 의심스럽게 생각했습니다. 급하다는 주문이 있어 한여름 오후를 반라의 모습으로 대수표와 눈싸움을 하며 썼기 때문에 읽는 쪽도 이만저만 아닐 것이라 생각했습니다. 세제곱근이든 금융관계이든 주산이라면 뛰어난 사람이니 주산알을 탁탁 튕기면서 바로 정리하지 않을까, 상인들에게 그 순서 설명 따윈 필요하지 않지 않나 등 그때는 이상하다고 생각했습니다. 나중에 들으니 아마 그때 주산 강습을 하고 있었는데, 수학적 설명이 필요했던 것 같습니다. 보통이라면 답만 알면 되는데 근본적으로 조사해 두려는 것은 도저히 다른 사람에게는 쉽지 않은 일입니다. 이런 점에서도 사업가로서의 빈틈없는 성격의 한 단면을 엿볼 수 있어 지금도 마음에 남아 있는 추억 중의 하나가 되어 있습니다.

방문 방법, 팁, 점원 관리, 노인과 아이들에 대해서, 담배 이야기

의형 미즈타니 나오지로(水谷直次郎)

의형 미즈타니 나오지로 씨는 형이 가장 신뢰하던 한 사람이었다. 본서 편집을 위해서 형의 성격, 조선에서의 생활 등에 대한 자료를 건네받은 것은 본문에서 이야기한 것처럼 실제로 상당히 많다. 아래는 그 자료 중에서 중요하다고 생각되는 서너 개를 발췌한 것이다.

방문하는 법

다른 사람 집을 방문할 때, 고인이 다른 사람과 다른 점은 반드시 먼저 저쪽에 통지 해 두고 시간은 예정대로 했습니다. 결코 1시간이라도 쓸데 없이 낭비하는 일이 없었습니다. 아주 오래 전부터 고인은 반드시 아이들이나 어른들에게 선물을 가지고 갔습니다. 급한 용무가 있어 선물을 살 시간이 없을 때는 봉투에 돈을 넣어드렸는데 어디를 가도 똑같이 했습니다. 병문안 갈 때에는 반드시 환자 본인보다도 그 주치의에게 선물을 했는데 이것이 다른 사람과 다른 점이었습니다. 또 환자를 찾아 볼 때도 어디까지나 병을 낫게 하려는 성의를 가지고 병문안했기 때문에 단지 겉치레에 급급한 모습은 조금도 보이지 않았습니다. 특히 제가 알고 있는 한 고인은 지금까지 어딘가를 방문할 때는 결코 무의미하고 형식적인 방문은 하지 않으셨습니다. 분명 정이 넘치는 방문만 했습니다. 그래서 형식적으로 병문안을 하거나 찾아가서도 환자와는 무관한 말만 길게 얘기하는 것을 정말로 싫어하셨습니다.

팁을 주는 방법

고인이 팁을 주는 방법은 효과가 있었습니다. 1924년 여동생(히사코 부인을 말함)이 중태라는 전보가 왔습니다. 저는 노모와 함께 조선으로 갔는데 배 사정으로 밤에 부산에 상륙했습니다. 여관에서 통영으로 전화를 걸어서 부산에 도착했다는 것을 알렸습니다. 그런데 통영에서 후쿠시마(福島) 씨 댁으로 전화해서 밤이라도 특별한 배를 내어 달라고 부탁했다고 후쿠시마 씨가 여관까지 와서 알려주었습니다. 서둘러 배는 준비되었지만 당일은 선원들에게 급료를 지급한 날이라 선원 모두가 놀러가고 없어서 겨우 3~4명을 찾았습니다. 다음날 울산으로 가야 하는 선원들이었지만 특별히 부탁을 했습니다. 그 당시 후쿠시마 씨가 선원들에게 이야기 한 것을 제가 옆에서 들었습니다. 너희들이 오늘 밤 통영에 가 주면 그 대신 다른 사람을 울산에 보내겠다. 그리고 핫토리 씨도 너희들에게 섭섭잖게 해 주실 것이다 라고 했습니다. 배가 통영에 도착하고 우리들은 바로 집으로 들어갔습니다만 나가토미(永富) 군에게 선원들에게 팁을 주라고 직접 봉투에 넣은 것을 들려 보냈습니다. 고인의 이런 방법으로 팁을 주어 부산 후쿠시마 씨를 비롯하여 만일의 경우에 적극 협조해 주었던 것입니다. 고인이 말씀하시는 것 중에 '사람을 잘 움직이게 하려면 일을 잘 할 수 있도록 해 주면 자연스럽게 일한다. 자신보다 아래 사람에게 젠체하는 것은 금물이다. 바보취급을 당해도 진심을 다하면 반드시 상대도 악한 마음이 있다 해도 양심을 느끼게 된다. 재산에 대해 이러쿵저러쿵 말하면서 인색하게만 하면 그것이야 말로 남들로부터 업신여김을 당한다. 사람을 존경하면 스스로도 존경받는다'라고 말씀하신 것은 지금도 잊혀지지 않습니다. '거짓말을 해서 자기 마음을 불편하게 하는 것보다 진실을 말해서 스스로의 마음을 가볍게 하는 쪽이 편할 수 있다. 그래서 자기가 3엔 팁을 주려했는데 그만큼 받을 만한 가치를 하지 않았다고 생각해서 2엔을 주려고 했다면 그 자리에서 너에게 3엔을 주고 싶은데 3엔을 받을 만큼이 아니어서 2엔 준다고 말하면 상대방도 그 진실성을 존경하고 다음에는 3엔을 받기 위해서 일해야겠다는 마음이 생긴다. 말만 좋게 하고 조금 주면 상대는 말 잘하는 사람은 돈에 인색하다고 의심하니까 같은 2원의 팁이라도 주는 방법에 따라 죽은 돈과 살아 있는 돈이 된다. 있는 그대로 고백하는 것이 지위향상 비결'이라고 말씀 하셨습니다.

도요하시(豊橋)에 있는 여관에 머문 적이 있습니다. 츠카모토(塚本)군의 소개로 1등실에 들어가게 되었습니다. 숙박료는 1인당 5엔, 이거 너무 싸군… 하면서 숙박료 10엔, 일하는 사람에게 5엔, 팁을 10엔을 주었습니다. 나중에 제가 팁이 너무 많다고 했더니 팁은 5원으로 괜찮지만 츠카모토 군의 소개로 여기 왔으니 츠카모토 군의 체면을 생각해서 준 것이니 앞으로 이 여관에서는 그를 잘 대할 것이라고 말씀하셨습니다.

기차나 배에서 일하는 보이, 여관집에서 일하는 사람 모두에게 팁은 먼저 주셨습니다. 나중에 주는 일은 가끔 있었지만 대개는 먼저 주었습니다.

점원 관리에 대해서

앞의 내용과 같은 맥락입니다만 점원을 두는 일에도 맞지 않는다 싶으면 바로 해고를 했습니다. 그것은 단호했습니다. 일 잘하는 점원이라도 평상시에는 상당히 어렵게 하고 야단치기 일쑤여서 안 됐을 정도입니다만 그 반대로 대우가 나빠서 점원이 먼저 나가는 일은 없었습니다. 또 점원이라고 해도 연말 상여를 즐거움으로 일하는 것은 아닙니다. 사장님으로부터 불같은 야단을 들어도 안에서 주부가 여러 가지로 위로해주는 일이 종종 있었습니다. 또 야단을 들어도 대우받고 있다는 사실을 일단 점원으로 들어온 사람들은 잘 알고 있었습니다. 점원들에게는 가게를 그만두어도 반드시 찾아가 조금씩 위로금을 주면서 격려하는 일은 잘 알려진 일입니다. 독립해서 자영을 하고 있어도 친자식 같이 찾아보았기 때문에 친부모도 그렇게 못 할 정도였습니다.

노인과 아이들에 대해서

가는 곳마다 아이들과는 사이가 좋았습니다. '나는 아이들과 친해지는 데 돈이 필요하다. 어디 아이들이라도 아이들이 좋아하는 장난감을 많이 사가지고 가면 내 쪽으로 오고 싶어 한다. 또 가면 즐겁다. 한 번에 2~3엔 어치 사서 가면 내가 가는 것을 기다리게 된다. 내 곁에 오는 것이라기보다 장난감이 갖고 싶어 오는 거지. 노인들은 용돈을 조금 드리면 좋아하신다. 불과 얼마 안 되는 돈으로 저렇게 좋아하시니 돈으로 간단하게 해결하면 된다'라고 하면서 노인들에게 반듯이 신사에 가실 때 용돈이라도 하시라며 쥐어 주는 일은 오래 전부터 변함이 없었습니다. 고인이 아이들에 대할 때는 아이와 같은 마음이 되었습니다. 어디에 가더라도 아이들과 숨바꼭질을 하거나, 웃기는 얼굴로 아이들 상대하는 일은 남의 아이에게 힘든 일이어서 얼핏 보면 바보스럽게 보였겠지만 아이들은 고인을 조선의 큰아버지라 부르고 기억하며 기다렸을 것이고 고인 또한 그것을 기분 좋게 생각했습니다.

담배 이야기

한 번은 담배는 아침에 한 개비라고 정하고 스스로 매일 아침 부인에게 한 개비씩 받아서 외출하신 일이 있습니다. 그런데 어느 날 양쪽 소매 자락에 한 개씩 들어있는 것을 부인이 보고 "당신! 밖에서 담배 샀나 보네요"라고 묻자 어디에서도 산 적이 없다고 했습니다. 왜 꽁초가 두 개냐고 하자 그럴 리가 없다고 말해서 그렇거니 했다고 합니다. 나중에 이케다(池田) 씨 부인이 핫토리 씨에게 담배를 드리면 1~2개비 피우고 남은 담배를 소매에 넣고 돌아가신다고 했습니다. 다른 사람의 담배를 가지고 올려고 한 것이 아니라 본인 거라 종종 착각하는 일이 있어 가는 곳마다 부인들이 한마디씩 하곤 했습니다. 얘기에 집중하다 무심결에 그리 했을 겁니다.

어느 날 이야기

의동생 구루베 고레무네(訓覇是宗)

시미즈(淸水) 씨를 비롯하여 큰 누나, 겐이치로 형 등이 큰 형 추도문을 적으라고 했습니다. 오랫동안 가까이 지냈기 때문에 얘깃거리는 많이 있습니다. 그렇지만 글쓰기를 몹시 싫어하는 저는 주저주저하고 있는 사이에 주어진 시간은 흘러 분명하게 거절한 것이 아닌데도 거절한 셈이 되었습니다. 마지막으로 마사타카(正嵩)형의 주문에는 이상하게도 갑자기 쓰고 싶은 마음이 생겼습니다. 그 이유는 쓰지 않으면 큰 형에 대해서 미안한 기분이 들 것 같아서입니다. 그런데 붓으로든 입으로든 욕을 하고 싶은 나의 성질 때문에 천상의 큰 형님은 미소를 지으며 받아주실 것이라고 믿습니다만 추도문을 엉망으로 만드는 비난은 피할 수가 없을 겁니다. 아니 두렵습니다. 우문이 오히려 큰 형의 미덕을 더럽히는 것은 아닌가 하고…….

때는 1919~1920년, 신록이 우거지던 호시절, 형님은 스마코(スマ子)를 데리고 숲 깊은 이 산사를 방문하셨습니다. 원래 한 해 두 번 정도는 꼭 방문하셨습니다만 언제나 급히 왔다 가시는 바람에 도착하자마자 갈 준비를 하지 않으면 안 되었습니다. 그런데 그때만은 그렇지 않았습니다.

형 : 주지스님, 오늘은 자고 갑니다.

나 : 그거 별난 일이군요.

갑자기 오셨는지라 산사에는 대접할 것이 만만찮았습니다. 그래도 시간 여유가 있어서 마스코가 자연 그대로의 소박한 시골밥상을 준비했습니다.

"참 맛있네."

라고 보통이 아니라며 칭찬하시면서 술도 상당히 드셨습니다. 고생을 많이 한 사람인 만큼 다양한 이야기 꺼리에 저 또한 상당히 마셨습니다. 자연 술기가 오르고 얘기도 활기를 띄었습니다.

"아직이야?"라고 마스코가 어이없어 하자

"그냥 내버려 둬."

그렇지만 더 이상 마실 수도 없어, 도중에 젓가락을 놓고는 옆으로 쓰러져 쿨쿨 코를 고는데 코고는 소리가 천둥소리와 같았습니다. 마스코는

"큰 시숙께서 화가 나신 겁니까?"

"무슨… 많이 마셔 그렇지."

이삼십 분 정도 지나자

"목욕 목욕"

"좀 더 주무시는 것이……."

"무슨! 충분해."

들어갔나 싶었는데 바로 나왔습니다. 무엇을 해도 빨리하는 남자였습니다.

초여름 저녁 한 잔 후의 목욕. 그때의 기분은 아는 사람은 압니다. 형님은 반라로 뜰 앞의 신록을 보고 있었습니다.

"기분이 참 좋구만……"

이라고 혼잣말처럼 말했습니다. 눈은 깨어 있어도 술에서 깨지 않는 모양이었습니다. 물론 스마코는 마스코가 돌보고 있어 안심하고 담화를 즐겼습니다. 이야기는 한층 더 재밌어졌습니다.

지금부터 본론에 들어갑니다만 서막이 너무 길었습니다. 원래 서막이 길면 그 다음은 짧은 법입니다… 그런데 술 취한 후의 화제는 일전해서 신앙얘기로 들어갔습니다. 그것이 재밌고 고마워서 지금도 잊혀 지지 않습니다. 산사의 밤은 깊어가 사방은 조용하고 인적도 끊어졌습니다. 밤은 마(魔)의 세계라 하지만 그렇지만은 않습니다. 본당 북쪽 오래된 연못에는 익살스러우면서 속세에 벗어난 듯한 개구리 울음소리도 들렸습니다. 신비적이고 기적적인 이야기도 어느새 마음 깊은 곳으로 들어온 듯한 기분이 들었습니다. 천사의 열반정적(涅槃靜寂)의 경지가 바로 여기가 아닌가 하는 생각이 들었습니다. 단 불행하게도 형님과는 신앙을 달리하고 있었습니다. 대개 이교도와 얘기를 할 때는 대부분의 경우는 가면을 쓰고, 장벽을 치는 것이 보통입니다. 그럼에도 불구하고 그날 밤만은 하등의 장애도 없고, 진실로 허심탄회하게 얘기하고 서로의 신앙을 깊게 이해한 것은 정말 행복했습니다. 즉 형님이 신의 은총을 얘기할 때, 저는 부처님의 자비에 기뻐했고, 제가 부처님의 자애를 노래할 때, 형은 신의 사랑을 얘기했습니다. 신의 사랑과 부처의 자비는 융통무애(融通無礙)인 듯이 그의 생각과 저의 생각이 융통무애였습니다. 형님은 크리스천이었고, 저는 부디스트라고 말하는 느낌은 조금도 없고, 환희는 하나였습니다. 같은 신앙을 가진 사람과 얘기하는 것 보다 더 감사함을 가지고 있었던 것은 불행 중의 다행이라는 느낌이 서로에게 있었던 것 같습니다.

마루에는 제 은사 후지오카(藤岡) 선생님께서 쓴 염불음률서보(念佛書譜)가 걸려 있었는데 거기서 영감을 얻었는지 형님은

형 : 나무아미타불 나무아미타불 이런 거는 고스기의 어머니도 참 열심히 하셨는데 그것으로 안심되는가? 왠지 의지될 것 같지 않는 기분이 들어. 왜 기도를 하지 않지? 나는 기도가 없는 종교는 의미가 없다고 생각하는데…….

나 : 저희 진종에서는 기도, 방위방각점, 수술 등 미신 또는 미신가 같은 행동은 일체 금하고 있습니다.

형 : 흠……. 그럴 듯하군.

나 : 그러나 일본에서 일반적으로 행하고 있는 기도와 크리스트교의 기도와는 상당히 의미가 다르다고 생각합니다만…….

형 : 흠…….

나 : 불교도 대부분은 기도를 합니다. 신사신도에서는 물론이고…….

형 : 그렇고말고.

라고 힘이 들어갔습니다.

나 : 그런데 신불에 기도하는 동기는 어느 것이나 공리주의에서 하기 때문에, 병을 고친다든지, 복리를 구한다든지, 비를 내려달라, 아이를 점지 해 달라, 가내 안전, 장사가 잘 되게 해 달라 등 상당히 염치없는 주문인데 아무리 전지전능한 신불이라 해도 다 들어줄 수 없었나 봅니다. 비가 내렸다는 얘기도 완쾌되었다는 말도 없는 것을 보면…….

형 : 크리스트교에서는 그러한 무리한 기도는 하지 않아.

나 : 조금 더 말씀해 보십시오. 공리주의 단 하나에 의거한 기도는 정말 열심이지만 그렇게 기도한 후에 아무런 효험이 없으면 신이든 부처든 전부 욕하고 헐뜯고 하는 것이 보통 아닙니까. 그것은 믿음 위에서만이 아니고 완전 이기적인 공리에서 출발하기 때문입니다. 그리고 크리스트교의 기도는 그렇지 않습니다. 신앙 위에서

기도하기 때문에 기도하지 않으면 안 되어서 기도하는 것이겠지요. 따라서 효험 유무는 묻지 않는 것입니다. 좋아도 싫어도 기도는 계속하는 것… 한마디로 말해서 감사의 기도라고 저는 생각하는 데 어떻게 생각하십니까?

형님은 다소 감격하는 얼굴이었습니다. 저는 더욱 계속하면서

나 : 그런데 앞서 염불은 의지가 되지 않는다고 말씀하셨는데 염불의 의미를 알고 계십니까?

약간 흥분되어 형님의 약점을 파고들자

형 : 몰라.

나 : 무엇이든 그러하지만 특히 종교 및 그 의식 등을 우습게 보고 의지할 것이 못 된다고 생각합니다. 저는 18~19살 무렵 처음 교회에 갔습니다. 물론 반은 참고삼아 반은 야유의 의미가 있었습니다. 찬송가와 설교는 마음에 들었지만 예의 기도가 왠지 멍청하게 느껴져 미덥지 않은 생각이 들었습니다. 지금 생각하면 완전히 그 뜻을 몰랐던 것이지요. 염불의 근본 뜻, 정통적인 점은 명료하게 설교도 하기 어렵고, 또 그럴 필요도 없습니다. 한마디로 말해서 소위 감사의 염불입니다. 이것을 감사의 기도라고 바꾸어 놓아도 무리는 없습니다.

감사의 기도에서 감사의 염불로. 기도인지 염불인지, 염불인지 기도인지 하나이면서 둘이고, 둘이면서 하나, 저의 어조는 약간 설교적으로 되어 갔습니다.

나 : 신의 구제를 분명히 믿는 단계에서 오직 신이여, 주여, 아버지여,
　　예수여라고 부르면서 감사만 하겠지요. 교의(教義)상 엄밀히 비판
　　을 하면 상이점은 많겠지만 우리들 또한 크리스트교 신자가 주여,
　　아버지여 라고 부르는 그 이름을 나무아미타불이라고 바꾸어 놓
　　으면 그것으로 족합니다. 들어 보십시오. 형님! 저의 부처님은 나
　　무아미타불이라는 이름으로 우선 우리들은 － 심적 번뇌가 가장
　　많은 자부터 괴로워하는 자식을 부모가 가장 깊게 염려하듯이 －
　　불러주시면 감응도교(感應道交) 하고, 또는 반사적으로 분명하게
　　구제를 느끼고 부름을 받은 이름을 그대로 되새기면서 감사합니
　　다. 신앙에 들어 선 후 밤낮으로 좋든 나쁘든 신에게 기도하고, 우
　　리들 또한 밤낮으로 좋든 나쁘든 영겁의 어버이의 이름을 부르는
　　것입니다. 이것이 소위 감사의 염불로…….

　형님은 제 손을 꼭 잡으셨습니다. 저는 놀랐습니다. 잠시 눈을 지그시
감고 있으셨습니다. 가만 보니 기도하는 것이었습니다. 저 또한 가슴깊
이 대자대비의 이름을 속으로 외웠습니다.
　무턱대고 차만 마셔서 배가 불렀습니다. 그렇지만 또 마시고 싶었습
니다. 부엌으로 사이다를 찾으러 갔는데 없고, 시계를 보니 12시. 물론
가게도 닫았을 것이고, 녹차는 그 물이 다 빠졌고 해서 그냥 참자고 했습
니다.

나 : 이제 잘까요?
형 : 호… 벌써 12시군. 고상한 얘기에 시간가는 줄 몰랐네. 그런데 묘
　　하게 자고 싶지 않아. 그럼 자리 깔고 누워서 얘기 할까나.

둘은 나란히 누웠습니다. 형님께서 삼위일체를 말씀하셨는데 아무리해도 이해할 수 없었습니다. 윤회전생의 의미를 질문하셨는데 충분히 설명할 수 없었습니다. 그러다보니 서로의 머리가 멍해졌습니다. 형님은 이제 잠든 것처럼 보였는데 갑자기 "무신앙! 야비한 인격!"이라 하며 저를 공격하기 시작했습니다. 유감스럽게도 급소를 찔렸습니다.

나 : 졌습니다.

형님은 득의에 찬 미소를 지으셨습니다. 저도 덩달아 웃었습니다. 솔직히 말하면 노파심이 고마운 데도 있지만 미운 곳도 있었습니다. 졌다면서 핑계를 늘어놓는 것은 조금 우습지만 진종 승려 입장에서 한마디 더 하겠습니다.

(너무 길어지므로 요점만 말하면) 메이지유신 이전부터 타성과 인습이 그렇게 했다는 것입니다. 일본의 문화가 구미와 비교해서 뒤처진 것처럼 불교계도 그렇다는 논리. 가까운 장래를 기다리라는 것. 사이비 종교가 많다는 것. 신란주의(親鸞主義)[54] … 이것은 조금 더 설명해야 합니다. 그때는 지금 마르크스가 유행하는 것처럼 데모크라시가 선전되고 있었습니다. 마침내 종교 문예계까지 들어와 구라다(倉田)의 「출가와 그 제자」,[55] 이시마루(石丸)의 「인간 신란」[56] 등이 나와 소위 신란주의가 고조되었습니다.

종조(宗祖) 신란은 비승비속주의(非僧非俗主義)였습니다. 술과 담배를 하지 않는다는 정도를 자랑하는 째째한 남자는 아니었습니다. 신란은

---

54) 신란(1173~1262)은 가마쿠라시대의 승려. 정토신종의 종조.

55) 구라타 하쿠조(倉田百三, 1891~1943, 평론가이자 극작가)의 『出家とその弟子』. 신란과 그의 제자 유이엔(唯円)을 그린 희곡.

56) 이시마루 모토야스(石丸元康, 1941년생, 인생창조철학의 계승자로서 활동)의 『人間親鸞』.

어디까지나 지상의 인간이었고, 많은 인간 고뇌를 느끼면서 구제를 청하였습니다. 아니 구제의 고마움에 감사하면서 항상 인간고뇌에서 떠나지 않았던 남자였습니다. 그리고 이것이 곧 특색 있는 종풍이 되었습니다.

진종 이외 승려뿐만 아니라 제종교의 교사, 목사 등은 바로 속세를 초월하여 충분히 사람의 스승으로서의 자격을 구비하지 않으면 안 되지만 인간은 십인십색, 백인백색이기 때문에 신심일치 위에서는 온 세상은 모두 형제입니다. 우선 첫째로 신심을 얻는 것이 선지식(善知識)이고 지도자입니다. 이 사이에는 승속(僧俗)의 구별은 없습니다. 진실로 오직 평등입니다. 신심 없이 다른 사람에게 신앙을 권하는 것은 손으로 물건을 가지지 않고, 물건을 드리는 형국이라고 중흥의 조(祖)인 렌뇨(連如)는 말씀하셨습니다. 이 말씀은 사이비 승려와 사이비 목사에게는 바로 한 모금의 청량제입니다.

나 : 형님 어떻습니까?
형 : 쿨~쿨~
답은 만점. 아침 새는 맑은 소리로 찬미하고 있었습니다.

하늘에 계신 영께 고합니다. 형님, 써야 할 것이 너무 많습니다. 그렇지만 저는 가장 인상 깊었던 그날 밤 이야기를 골라 있는 그대로 썼습니다. 형님은 지금 천상의 영광 속에 계시겠지요. 저도 기다리고 기다리는 영겁의 땅에 가는 날이 다가 오고 있음을 알고 있습니다. 바라건대 서로 융통무애(融通無礙)의 경지에 들어 다시 서로 얘기할 날을 기다리겠습니다. 합장.

추회 와카(和歌)

구와나(桑名) 故 다케우치 규타로(竹內求太郎)

고 핫토리 대인이 저의 초암을 방문했을 때 우연히 주산에 대한 얘기를 듣고

주산에 있어/기이하며 뛰어난/그대의 기량/불가사의 정도로/놀랍기 그지없네

유럽 여행기를 읽는 중에 고 핫토리 대인이 세계 각국의 계산기를 연구하고 일본의 주산을 능가하는 것이 없다며 그 방법을 실연하여 런던의 명사들을 놀라게 했다.

다른 나라의/앞선 계산기기와/비교하여도/뒤지지 않는 기량/그대 나라의 명예

『히사코 부인』을 읽고

병석에 누워/그토록 아름답던/검은 머리가/하얗게 변하여도/부부 맹세는 영원

중국 여행 간/그대에게 보내 온/히사코 편지/진심 애정 넘치며/소중한 둘의 관계

『한 상인의 중국 여행』을 읽고

잊고 있었던/그대의 중국 여행/잠자리에서/눈물이 베개까지/적시는 꿈 뒤숭숭

홀로 된 여행/저 세상 간 아내의/꿈속에서나/눈뜬 현실에서나/항상 함께한 모습

고 핫토리 대인의 유럽 여행에서 귀국길 상하이에서 돌아가신 것을 애도하며

젊어서 일찍/세상에 그대 이름/널리 알렸고/하지만 요절해도/그 향기 영원하리

유럽 여행 선물을 유품으로서 저에게 보낸 독일제 면도기를 받고

그대의 유품/수염 깎는 면도칼/기념품같이/매번 면도할 때에/마음에 깃들이네

고 핫토리 대인 고별식에 참석해서

천국 간 영혼/그대의 고별식에/진심을 담아/보내 드리겠어요/보고 계시나이까

외국 가는 길/행운과 안전 위해/기원했었죠/사내다운 그대를/그리는 슬픔이여

고 핫토리 대인 1주기 법회에 참석해서

이제 곧 먼저/저 세상으로 떠난/그대와 약속/같은 극락 연화로/웃음 나누겠지요.

추회

부산상업회의소 회두 가시이 겐타로(香椎源太郎)[57]

핫토리 군과는 이래저래 십 년 지기입니다. 그가 조선수산조합 대의
원으로서 통영 방면의 대표자로 선출되었을 때 저 또한 같은 대의원으
로서 부산지역 동업자 대표자로서 선출되어 그때부터 알게 되었고, 그
후 경상남도 도평의원이 되어, 같은 의원으로 교류를 했습니다. 즉 그와

---

57) 가시이 겐타로는 일본 후쿠오카 출신으로 1905년 무렵 부산으로 건너온 자본가이다.
수산업에 투자하여 진해만 어장을 손에 넣었으며, 부산수산주식회사, 일본경질도기
회사, 조선가스전기회사 등에 투자하였다. 1920년 부산상업회의소 회두가 된 이후 약
20년간 활동하였다(釜山名士錄刊行會, 『釜山名士錄』, 1935, 60~61쪽).

는 공인으로서 서로 알게 되었고, 사업을 함께 한 것은 아닙니다만 10여
년 간 사귄 친구로서 제가 느낀 것은 그가 굉장히 이해력이 풍부하고, 조
리정연하여 쉽게 이야기 했다는 것과 사물 관찰력이 남달랐고, 이해득
실을 바로 판정하여 결정하였지만 결코 잘못된 결정을 하는 일은 없었
습니다. 수리(數理)에 밝았던 것은 세상 일반 사람들이 아는 바이지만
통영, 아니 전 조선에 걸쳐 주산술 보급에 매진한 공적은 영원히 사라지
지 않을 겁니다.

　그는 좀처럼 지기 싫어하는 사람으로서 자기 소신은 당당히 주장하
였는데 일단 실수를 깨달으면 바로 실수를 인정하고 오해를 풀려고 하
였고, 항상 조금의 거리낌도 없이 시원시원하게 큰 소리로 담소했습니다.
많은 제 친구 중에서 한층 뛰어났고, 조선에 거주하는 사람 중에 사후
오늘까지 머릿속 깊이 그의 인상이 남아 있습니다. 요컨대 전도양양하고
비범하고 유능한 인물이었다는 것을 주저 없이 말씀드리고 싶습니다.

　한 번은 제 처와 말싸움을 한 적이 있습니다. 그가 전화로 저를 찾을
때, "가시이 군 있어요"라고 했는데 전화를 받은 아내는 남편을 찾을 때
'군(君)'을 붙이는 사람이 그다지 없어서 "누구십니까?"라고 물으니 "나
는 핫토리요. 가시이 군 있는가요?" 라고 반복하셨습니다. 처는 화가 나
서 "가시이 군이라니요? 실례가 아닌가요!"라고 대답을 하자 상대를 일
하는 여자라고 생각한 핫토리 군은 "뭐라고, 가시이 군이 뭐가 실례인가!
건방지게 여자가 말이야" 라고 하여 분위기는 험악해졌고, 쌍방이 서로
지지 않고 입씨름을 하고 있는 참에 제가 무슨 일이냐고 물었더니 이러
이러하다 하는지라 "아, 그 사람은 통영의 핫토리 씨다. 바로 집으로 오
시도록"이라고 답을 시켰습니다. 그 후 저희 집에 오셔서 그와 아내는 서

로의 오해를 풀고, 크게 웃었던 일이 있습니다만 그의 흔들리지 않고 강단있는 한 모습을 엿볼 수 있는 일이라 생각합니다.

추회

부산 지우 공동사업자 故 오이케 다다스케(大池忠助) 씨

저는 부산에서 여러 가지 사업을 경영하고 있는 사람입니다만 핫토리 씨와 서로 알게 된 것은 해운관계 일 때문이었습니다. 생전에 그와 함께 중역으로서 경영하고 있던 조선기선주식회사(朝鮮機船株式會社)는 설립 당시, 조선 동해안을 항해하고 있던 많은 발동기선을 하나로 통합할

필요를 느끼고, 그에게 이 사업을 의뢰했습니다. 그리고 그는 어려운 일을 여러 가지 절충과 조정을 하여 멋지게 해결했는데 지금도 감사하고 있습니다.

또 경상남도 평의원으로서 함께 공인의 길을 걸었습니다만 그는 항상 있는 그대로 거침없이 논의를 하였고 가치가 있는 주장을 하셨습니다. 공인으로서도 정말 신뢰되는 사람이었습니다. 그는 식견으로 봐도 인격으로 봐도 남들보다 뛰어났다고 생각합니다. 도평의원 선거 때 그는 부재중이었고, 조선인의 경쟁은 심하여 낙선된 일이 있습니다. 저는 크게 유감으로 생각하여 그때의 지사(知事)에게 이러한 유능한 인물을 탈락시키는 것은 큰 실수가 아니냐고 힐난한 적이 있습니다.

그의 특별한 점은 뭐라고 해도 주산술에 뛰어난 것이었습니다. 그는 항상 상인으로서 가장 필요한 과단, 실천적 성격은 주산술 수행에 의해 양성된 것이라 주장하는데 저도 그 점은 동감합니다. 그가 말년에 주산 보급 발달에 진력하여 전 조선 각지를 자비로 순회강연하신 것은 아마도 그의 일생을 빛내는 아름다운 공적이라고 생각합니다.

저는 또 항상 그에게 부산으로 나와 사업을 하는 것이 어떤가라고 말했습니다. 그와 같이 유덕하고 유능한 사람이 통영에만 있는 것이 아깝기 때문이었고, 부산이라면 전 조선의 사업 중심지이고 또 일본 현지와 접촉 관문이라서 큰 수완을 발휘할 여지도 있어, 함께 사업계를 위해서 힘을 다 해보려고 했기 때문입니다. 겨우 50에 애도해야 한다는 것은 참으로 안타깝기 그지없습니다.

핫토리 군을 생각한다

욧카이치 시 지우(知友) 구키 몬주로(九鬼紋十郎)

고 핫토리 겐지로 군의 전기를 편찬하니 그에 대한 경력 또는 일화를 적어 달라고 했습니다만 원래 글을 잘 못쓰다 보니까 난처했습니다. 그러나 고인과 친한 사이였기 때문에 약간의 추억을 말하면서 그 책임을 다하려고 합니다.

제가 핫토리 군을 안 것은 상업상 관계였고, 20여 년 전입니다. 초대면을 할 때 굉장히 의지가 굳건하고, 사람을 대하는데 벽이 없었으며, 솔직하고 지극히 쾌활한 분이라는 것을 알고 장래 반드시 성공할 사람이라고 생각했습니다. 이 예상은 빗나가지 않았고, 조선에서 상거래 분야에서 활발하게 활동하고, 분투노력하여 마침내 대성공을 이루었습니다. 그것은 즉 그의 특성의 발로이지, 결코 우연이 아니라고 생각합니다.

어느 날, 본인 경력을 말씀하신 적이 있습니다. "나는 어릴 때 중학을 중도 퇴학하자마자 히노에 있는 이오우에 치카스케 선생님의 사숙(私塾)에 주산 배우러 다녔다. 그러나 일심 노력하는 것도 전혀 효과가 없고, 발전이 너무 없어 완전히 절망했었다. 그러나 그대로 그만 둘 수는 없고, 생각다 못해 히나가촌(日永村)에 있는 스님에게 방법을 물으니 매일 반야심경을 읽고 마음을 단련하라고 권하셨다. 그 후 이 가르침을 지키면서 주산에 매진했더니 그 공이 헛되지 않아 수석으로 졸업하고, 마침내 대리교사까지 하게 되었다"라고 말씀하셨습니다.

이렇게 그는 무엇이라도 열심히 하고 의지가 강건한 것으로 알려져 있습니다. 그 후 주산에 정통하여 현묘의 경지에 도달했고, 인생철학을 주산에서 익혔다고 시종 말씀하셨습니다. 그 체험에서 주산 보급을 생애를 건

일이라 생각하여, 조선 전역에 보급하셨고, 또 일본에 돌아와서도 여러 학교에서 강연하셨습니다. 그 결과는 수 천 명의 문하생을 얻게 되었습니다. 말년에 주산에 관한 유익한 저서를 발표하였고, 또 문학에도 취미를 가져, 이전에 중국을 돌아보고 『한 상인의 중국 여행』을 출판하셨습니다.

오늘 유럽 여행을 무사히 끝내셨다면 반드시 사회에 도움이 되는 일을 많이 하셨을 겁니다. 아무리 생각해도 안타까운 일입니다.

핫토리 겐지로 씨의 옆얼굴

문예가 야마나카 미네타로(山中峰太郎)

'생명사(生命社)'라는 인쇄소가 있다. 그곳 주인이 츠치야 기사쿠(土屋喜作) 씨인데 어느 날 밤 나를 찾아왔다. 이전부터 아는 사이여서 만나자마자 바로 용건을 이야기했다.

"자비출판 원고를 부탁받았는데 출판을 '동광회(東光會)'에서 해주지 않겠는가?"

'동광회'는 제 친구가 경영하는 정말로 비영리적인 출판소이다. 인쇄물을 생명사에 부탁한 관계로 츠치야 군이 '자비출판'이라고 소개한 것이었다.

"어떤 원고이신가?"

"중국 여행기일세."

"저자는?"

"조선에 있는 실업가."

"실업가가 여행기를 썼단 말인가?"

"그렇네. 여기 가져왔으니까 아무튼 한 번 보시게."

츠치야 군이 신문에서 오려낸 것과 3~4권의 잡지를 보여 주었다.

핫토리 겐지로 씨의 이름을 나는 그때 처음 알았다.

중국은 나로서도 그리움이 있는 곳이었다. 핫토리 씨가 『부산일보』에 기고하신 중국 여행기를 나는 호감을 가지고 읽었다.

"이들 잡지에는 핫토리 씨의 경력이 쓰여 있네"라고 츠치야 군이 계속해서 소개했다.

"기다려 보시게. 한꺼번에 다 읽을 수 없지 않은가!"

"아무튼 두고 가네"

츠치야 군은 떠맡기듯 내려놓고는 돌아가 버렸다.

중국 여행기는 일찍부터 여러 곳에서 출판되었다. '실업가가 적은' 것도 몇 갠가 출판되었기도 하고, 이것은 핫토리 씨라는 사람이 취미 삼아 출판하는 것인가? 그렇게 생각하면서 읽어 내려가는 중에 나는 핫토리 씨의 관찰력에 상당한 흥미를 느꼈다. 솔직하고 신랄한 비판도 있고, 깊이도 있고 예리했다.

여행기에서 내가 받은 핫토리 씨에 대한 첫인상은 '일종의 기발한 재인'을 상상하게 했다.

경력이 적혀 있는 잡지를 읽으니 핫토리 씨가 얼마나 '고생한 사람'이고 분투적 생애 그 자체라는 것에 큰 감동을 받았다.

결국 그 날 밤, 나는 '핫토리 겐지로 씨'라는 사람에게 특별한 흥미를 가지게 되었다. 지금까지의 친구에게는 없는 독특한 취향을 이 '사람'이 가지고 있다 라는 흥미도 있었다.

2~3일이 지나자 츠치야 군이 와서 말했다.

"핫토리 씨는 제국호텔에 묵고 있는데 출판해 줄 것이라면 한 번 보고 싶다고 하네."

"자네도 간다면 오늘 2시에 가 보겠네."

마침 그때 '부인세계'의 이와시타 고요(岩下小葉) 씨와 만날 약속이 있어서 그 쪽으로 가기 전에 제국호텔로 가서 핫토리 씨를 만나기로 했다.

"그럼 먼저 가서 핫토리 씨에게 그렇게 말해 두겠네."

츠치야 군은 서둘러 가 버렸다.

2시에 나는 핫토리 씨를 만났다.

호텔 복도에서 핫토리 씨가 나와서 나를 맞이했다. 싹싹한 미소에 빈틈없는 남성적인 응대가 시원시원하여 나를 움츠러들게 했다.

"어떻습니까? 야마나카(山中) 씨. 제 여행기는 괜찮은 것 같습니까?"

조금 관서지방 사투리가 섞여 있었다.

"네, 그렇게 생각합니다."

나는 솔직하게 말했다.

"출판해 주시겠습니까?"

"이익을 볼 생각이시라면 거절하겠습니다. 취미삼아 출판하시는 것이라면 수수료만 받겠습니다."

"음… 재밌군. 어차피 취미이긴 합니다만 저만의 책을 내고 싶어서 하하하."

"자신을 선전하려는 의미입니까? 대의원 후보 준비라도……."

"무슨 당치 않은 말씀을!"

아이스크림을 먹으면서 두 사람은 처음으로 웃었다.

"그리고 취미출판으로서 어떤 조건이 붙습니까"라고 물으며 핫토리 씨는 시키시마(敷島 : 담배이름)를 피우기 시작했다.

"조건이라니요?"

"당신들의 수수료 말입니다."

"그런 것은 필요 없습니다."

"그렇다면 곤란하지요."

핫토리 씨는 의외라는 듯이 눈을 크게 떴다.

"그러나 취미출판에는 수수료를 받지 않습니다."

"그렇다고 해도 여러 가지 비용이 필요하지 않겠습니까?"

"물론 비용은 듭니다. 그렇지만 동광회라는 곳이 좀 특이한 사람이 하니까 무조건 맡겨 주십시오. 경영하는 자도 같은 생각일 테니까요."

"그 참 묘하군요……."

아무래도 납득이 가지 않는 표정으로 눈을 가늘게 뜨고 핫토리 씨는 가만히 나를 응시하고 있었다.

"특별히 이상할 것도 아닙니다. 당신도 돈벌이 할 목적이 아니고, 받아들이는 동광회도 수수료 따위는 받지 않고 책 읽고 싶은 사람을 위해 출판한다고 생각하시면 됩니다."

"헤에? 별나네……. 하하하."

아무튼 그렇게 하고 그날 헤어졌다. 츠치야 군과 세계문고 간행회의 하코기(箱木) 씨가 옆에서 웃고 있었다.

『한 상인의 중국 여행』이 마침내 생명사에서 인쇄되었다. 핫토리 씨는 근처 여관에서 기거하며, 생명사로 나와서 끊임없이 교정을 계속하셨다. 제본도 지적하셨다. 표지 그림 등 3~4번이나 그림 그리는 사람에게 바꿔 그리게 하고, 사진 인쇄에도 상당히 곤란한 주문을 하는 등 츠치야 군이 놀라서 보고를 해 왔다.

정력가이고 한 가지 일에 열중하는 성질로 무엇이라도 온 힘을 다해 스스로 돌파해 가는 사람. 그 위에 남다른 재주와 솜씨를 가만히 억누르고 있는 사람. 성공가의 전형적인 사람. 그런 느낌이 츠치야 군의 보고 속에서 읽을 수 있었다.

그러는 중에 핫토리 씨가 나를 방문해 오셨다. 이때는 느긋하게 반나절 얘기하고 가셨다.

"이제 책이 나옵니다만 야마나카 씨, 여기에 오는 것은 즐겁지만 아무래도 공짜로 출판하는 것이 마음에 걸립니다. 해 주신 이상 수수료는 받았으면 합니다."

이 날은 핫토리 씨는 담배를 피우지 않았다.

"경영자에게도 얘기했습니다만 역시 필요 없다고 해서……."

"그러면 광고와 발송은 누가 해 줍니까?"

"그것은 사무원이 합니다."

"장부도?"

"그렇습니다."

"좋습니다. 그 사무원에게 수수료를 받게 해야겠군요."

"사무원은 월급을 받고 있습니다."

"하하하 그렇다면 임시 상여금으로 하죠. 뭐!"

아무래도 핫토리 씨는 모든 수수료를 내어야 한다고 주장했다.

"그러면 그렇게 하기로 합시다."

"좋습니다. 이제야 저도 마음이 가벼워졌습니다."

"당신은 금연하신 겁니까?"

"끊었습니다."

"그렇게 피우시던 분이…… 힘들지 않으십니까?"

"아뇨. 피우고 싶은 마음을 없애면 아무 것도 아닙니다."

당연히 금연할 수 있는 사람처럼 보였다. 역시 극기에 익숙한 사람. 그것이 때에 따라 뭉클하게 이쪽으로 다가오는 것을 느끼게 했다.

책이 2천 부 완성되자, 모두 일임받아 조선으로 보냈다.

아마추어가 쓴 글 치고는 상당히 괜찮았고, 괜찮은 모양새였다. 광고 문안도 익숙했고, 취미로 하는 것으로는 끼가 넘치는 핫토리 씨에게 놀랐었다.

완전히 위임받았기 때문에 나는 사무원을 격려하여 충분히 조치를 취해 두었다. 그리고 조선의 핫토리 씨에게 일일이 보고하였다. 그러자 재인(才人)에게는 맞지 않을 정도의 정중한 감사의 편지가 받는 즉시 보내왔다.

그 전후로 해서 서로 우정이 깊어졌다.

결산 때가 되어 보고를 해도, 송금에 관한 것은 아무 말도 하지 않아서 사무원이 곤란해 했다.

"핫토리 씨 말인데요. 어떻게 하지요. 어디로 송금하면 좋을까요?"

"다시 한 번 더 통영으로 보내는 것이 어떨까? 조회해 봐."

"답이 안 오니까 답답합니다."

"장사꾼이라고 하더니만 전혀 장사꾼 같지 않구만……."

"장부 정리가 곤란하니까, 전보를 쳐 보는 게 어떻겠습니까?"

"그렇게 해 봐!"

'돈 어디로 부칠까요?'

이런 의미로 전보를 보냈다.

'아직 필요 없음. 기다려.'

라고 답신이 왔다. 나는 이상한 생각이 들었다. 경력에는 아주 사소한 것까지 소홀히 하지 않는 사람처럼 쓰여 있었는데 그런 사람이 이래서야… 너무 심하군. 그렇게 생각하고 있었는데 10일 정도 지나서 갑자기 가지바시(鍛冶橋)호텔인가 시내 여관에서 전화가 왔다. 핫토리 씨의 목소리였다.

"오늘 왔습니다. 여러 가지 감사했습니다. 돈을 보내주십시오."

"알겠습니다. 내일 어떻습니까?"

"내일 오후라면 있습니다. 뵙고 싶네요. 오시지 않겠습니까. 점심이라도 같이 하시게……."

"감사합니다. 일주일정도 너무 바빠서…… 실례입니다만 내일은 사무원을 보내겠습니다."

"그렇습니까. 그럼 다음에 올 때는……."

"그럼 안녕히……."

"안녕히 계십시오."

핫토리 씨는 상경하실 때 마다 연락해 주었다. 『한 상인의 중국 여행』은 잘 팔려서 재판을 찍었다. 결산은 상경 때마다 하는 것이 되어 버렸고, 그 외는 마치 신경 쓰고 있지 않는 것 같았다. 기분이 사무적으로 정돈되어 있어서 일 것이다.

내가 교외로 사무실을 이전했는데, 갑자기 찾아오셨다.

"잘 찾아 오셨습니다!"라고 하면서 나는 역에서 상당히 떨어져 있는 사무실까지 한참 찾았을 것이라고 생각했다.

"무슨! 바로 알았는걸요."

"츠치야 군이 가르쳐 주었습니까?"

"하하하! 당신이 고를만한 집을 찾으면 츠치야 군에게 묻지 않아도 충분히 알 수 있죠. 여긴 몇 평입니까?"

그리고 나서는 토지와 가옥 얘기가 나왔다. 관찰이 기발하고 예리했다. 나는 대부분 새롭게 배웠다. 그때 남아 있는 책을 조선에서 기부할 것이니까 모두 보내달라고 했다. 그리고 헤어진 것이 마지막이었다.

한동안 소식이 없었다. 그 사이 모스크바에서 그림엽서가 왔다. 이름은 한 자도 쓰여 있지 않았지만, 필적으로 핫토리 씨라는 것을 잘 알 수 있었다. 아무래도 핫토리 씨다웠다. 유럽 여행 가 있는 건가…… 라고 생각하며 미소 지었는데 2개월 남짓 지나서 상하이에서 영면하셨다는 것을 통영에서 알려왔다.

애석하고, 암담하고, 기가 막혀서 나는 근처의 미즈치사(三土社)서점으로 가 보았다.

미즈치사의 도리타베 요타로(鳥谷部陽太郎) 씨도 핫토리 씨의 친구이고, 여러 가지 추억담을 나누었다. 새삼스럽게 핫토리 씨를 아쉬워하면서…….

남은『한 상인의 중국 여행』부수를 보내고, 모든 결산이 끝났을 때가 핫토리 씨와 나와의 이별이었다. 그렇지만 그러한 사무적인 교우는 아니었다고 생각한다. 사무 중에 우정이 포함되어 있었다. 사무와 우정이 하나가 된 기분이 든다. 일종의 따뜻함, 나는 핫토리 씨의 따뜻한 옆얼굴을 지금 보고 있는 것 같다.

포성과 아타미의 여관 등

— 고 핫토리 겐지로 씨를 기억하는 글
동경 아사히(旭) 인쇄주식회사 사장 나카무라 모리오(中村守雄)

핫토리 마사타케 형!

겐지로 형님의 전기 편찬을 하는데 저에게도 뭔가 쓰라고 하셨는데 저에게 있어 겐지로 형님은 상거래 상의 단골이고, 진심으로 흉금을 터놓고 지내는 사이입니다. 더구나 큰 교훈을 받은 은인으로서 기꺼이 쓰고 싶었습니다. 아니 쓰지 않으면 안 되는 책임이 느껴질 정도였습니다.

형이 전화해서 겐지로 형님이 주산 저서를 출판하고 싶으니까 한 번 만나 달라고 말씀 한 것이 재작년(1927년) 가을도 깊어가는 10월경이라 생각합니다. 비가 오는 날 저녁 무렵에 시모야(下谷)에 있는 하치만도(八幡堂)라는 여관으로 겐지로 형님을 찾아뵈었습니다.

겐지로 형님에 대해서는 형으로부터 부인을 잃었다는 것, 중국 만유기를 지었다는 것을 듣고 있었고, 또 그 만유기에 돌아가신 부인을 생각하는 정서를 면면히 기술하고 있다는 것, 관찰력이 평범하지 않다는 것 등은 알고 있었기 때문에 전혀 예비지식 없는 면회는 아니었습니다. 마음은 물론 풍체도 진퇴응접(進退應接)에서 목소리까지 알고 있는 사람, 즉 옛 지인을 만난다는 생각으로 나갔습니다. 그렇게 생각하면서도 하카마(袴) 차림으로 만나러 간 것은 거래차 만난다는 잠재의식이 있었음을 지금도 분명히 기억합니다.

하치만도에 가자 지금 목욕중이라고 하면서 방에서 기다려 달라고 해서 저는 핫토리 형님의 방이라는 곳으로 안내되었습니다.

마사타케 형!

저는 놀랐습니다. 방은 어수선하게 이부자리가 펴져 있었는데 어제 저녁부터 펴진 채로 있는 것 같았습니다. 아니 일주일이나 열흘 아니 그 이전부터 개지 않았다고 생각될 정도로 먼지투성이에다 주름투성이이었습니다. 그 이부자리 베개 바로 옆에는 역시 이전부터 있었던 것 같은 오래된 책상 위에 책과 펜들이 말할 수 없을 정도로 어지럽게 흩어져 있었습니다. 잉크병이 있고, 펜대가 누워져 있고, 이부자리 한 가운데에는 원고용지가 펼쳐진 채로 책이 엎어져 있기도 했습니다. 딱 하나 좋았던 풍경은 책상 옆에 있는 화로만이 활활 불을 일으키며 철기에 뜨거운 열기를 전하고 있었습니다. 10여 년 전 학교 다닐 때 하숙하는 친구를 찾아간 것 같은 기분이 들었고, 지금까지 가지고 있던 예비지식과 조금도 맞지 않았습니다. 눈앞의 광경과 예비지식을 통해 만들어진 상상 사이에 어떤 착각이 일어났습니다. 분명히 여기는 하치만도이고, 분명 내가 조금 전에 '핫토리 씨 계십니까?' 라고 일하는 사람에게 물었었지 라고 확인해야 될 것 같은 느낌이었습니다. 그때 복도 멀리에서 일하는 여자의 목소리와 별도로 큰 남자가 이쪽으로 오는 것을 느꼈습니다. 핫토리 씨인가 라고 생각하는데 크고 거리낌 없는 음성에 저의 예비지식은 긍정으로 바꾸기 힘들었고, 아마 다른 객실 손님일 것이라고 단정하려는 순간 장지 문이 열렸습니다.

"이거! 이거! 나카무라 씨입니까?"

라며 들어오는 울룩불룩 근육질을 느끼게 하는 큰 남자를 잠깐 봤습니다(보기는 봤지만 바로 눈을 감아버렸습니다. 왜냐하면 벌거벗고 있었기 때문에). 그는 분명 핫토리 씨였습니다. 이렇게 되자 저의 예비지식은 낭패도 그런 낭패가 없었습니다. 용기를 내어 바로 올려다봤습니다. ─ 생략 ─ 각오하고 있었지만 정말로 저의 시선은 번개를 맞은 것 이상으로 당황했습니다. 역시 핫토리 씨는 전라이었고, 배 허벅지 가릴 것 없이 전신에 물기가 남아 있었습니다. 물기 투성인 육체를 다른 사람이 보고 있다는 것에 전혀 개의치 않은 듯 했고, 이부자리에 던져져 있던 훈도시를 길게 펴는 것이 아니겠습니까! 차를 가지고 온 일하는 여자는 장지문 밖에서 방으로 들어올 수가 없어 서 있었습니다.

도테라[58]에 옷차림을 갖추자 핫토리 씨는 듬직하고 위엄 있는 인물이었습니다.

"당신에 관해서는 마사로 부터 자주 듣고 있어요."

라고 '마사로부터' 라는 말이 흡사 손자라도 말하는 것처럼 친밀감 있게 얘기할 때는 마음씨 좋은 할아버지라고 말하고 싶을 정도의 기분이, 온몸에서 느껴졌습니다. 저는 이런 형님이 있었던가 라고 생각하며 '마사' 라고 불리는 형이 부럽다는 생각을 했습니다. 마사라고 부르고, 때로는 마사 씨라고도 부르며 형의 얘기를 많이 했습니다.

"마사도 아이 아버지가 되어 일가를 이루게 되었어요. 당신도 마사와 사이가 참 좋다고 들었는데…….마사와 친하다는 것은 조금 특이하구만…….그렇지요…….하하하"

---

58) 좀 길고 크게 만든 솜옷.

저의 예비지식은 아까부터 전개되는 일들로 모두 부정되어 완전히 손을 들고 말았습니다. 이렇게 적극적으로 비(非) 예비지식으로부터 공격을 받게 되자 당황하여 마침내 이러지도 저러지도 못하고 웃어버렸습니다. 이렇게 해서 핫토리 씨와 저는 하룻밤 사이에 백년지기가 되었습니다.

용무가 끝나고 돌아오면서 저는 생각지도 않았던 교훈을 받았습니다.

마침내 『주산 12강』을 제 쪽에서 인쇄하게 되었습니다. 교정을 서둘 필요에서 핫토리 씨는 교정쇄를 읽고 제가 원고를 체크하는 보조역을 하게 되었습니다.

어느 저녁의 일인데 숫자만 있는 곳을 교정했습니다. 핫토리 씨는 갑자기 998890이라 적혀 있는 곳을 "구 구 팔 팔 구 십"이라고 또박또박 읽기 시작했습니다. 일찍이 이렇게 읽는 방법을 모르는 저로서는 놀랍기도 하고 이상해서 견딜 수가 없어졌습니다. 그렇지만 거기서는 고객에 대한 예의상 터져 나오는 웃음을 억지로 참으면서 아무튼 원고지에 눈을 돌릴 수가 있었습니다.

핫토리 씨는 제가 그 정도로 이상함을 억누르고 있다고 전혀 눈치 채지 못 했습니다. 그는 열심히 그것을 계속 읽었습니다. 가을밤도 깊어가고 낭랑한 음성에 긴장되어 오히려 적막감을 느낄 정도로 엄숙한 분위기가 되었습니다. 그런데 이 긴장되고 엄숙한 방안의 공기를 깬 대포 소리가 한 발 울렸습니다. 이 대포가 어디에서 나왔는지 저는 알았기 때문에 더 이상을 참을 수가 없었습니다. 아까부터 웃고 싶었던 저는 더 이상 참지 못하고 명중되어 허물어진 성벽에서 "푸하하하하"라고 방정을 떨며 실소하고 말았습니다.

마사타케 형!

그때였습니다. 핫토리 씨는 읽는 것을 중지했습니다. 큰일났네! 저의 방정맞은 웃음소리가 소중한 단골의 비위를 건드리는 것은 아닌가하고 저의 장사꾼의 의식은 걱정되어 전운을 조심스럽게 엿보는 것에 예민한 신경을 움직이기 시작했습니다. 핫토리 씨는 아주 잠깐이었지만 처녀같이 부끄러운 듯이 얼굴을 붉혔습니다. 그것이 이번에는 위압감으로 변해가는 것이 아니겠습니까. 마침내 싸움은 저에게 불리하다며 침을 삼키며 핫토리 씨를 향해서 온 신경을 총동원했습니다. 이 순간 핫토리 씨의 얼굴은 이번에는 위엄서린 눈 속에 미소를 지어보이는 것이 아닙니까.

'살았다!'라며 저는 마음속으로 휴~했습니다.

"아무래도 실례했습니다. 토란을 좀 많이 먹어서……. 앞으로 또 그럴지 모르니까 미리 양해를……."

적의 공격은 의외로 약했습니다. 아니 처음부터 적은 아니었고, 무단 발포 한 것도 선선히 사죄하고, 앞으로 할 것까지 사전 승낙을 얻을 정도의 친밀감이 통했습니다. 그리고 다시 원래 자리로 돌아가 "사 구 영 구 칠 칠 영" 하면서 조금 전의 일 따위는 전혀 신경 쓰지 않는다는 듯이 당당하게 읽어 내려갔습니다. 그것은 흡사 핫토리 씨가 개선가를 부르고 있는 듯 했고, 또 그러한 속된 일에서 벗어난 고답적인 독경처럼 들렸습니다. 더구나 포성은 변함없이 간간히 들려왔습니다. 때로는 축포인가 할 정도로 큰 소리를 내는 것도 있었는데 본인은 전혀 개의치 않았습니다.

이쯤 되자 저도 전혀 개의치 않고, 경청(?)하면서 교정을 끝낼 수가 있었습니다.

지금 생각나는 것입니다만 제가 돌아간 뒤에도 이 축포는 간간히 그 방 장지문을 파르르 떨게 했을 겁니다.

마사타케 형!

저는 핫토리 씨의 축포가 아무리 커도, 또 아무리 엄숙하다해도 아무렇지 않게 생각합니다. 단지 저는 그것이 지극히 작은 부분이라 해도, 이 뇌락활달(磊落闊達)한 핫토리 씨에게서 처녀 같은 수줍음을 봤을 때, 그 후에도 태연하게 행동하던 당당한 태도에 감탄함과 동시에 그 레벨에 가치 부여를 해야 할 핫토리 씨의 아름다움 그리고 고귀한 일면을 본 것 같이 생각됩니다. 그리고 발포에 대해서 얼굴을 조금 붉힌 핫토리 씨도, 당당하게 자연스러운 생리현상에 몸을 맡기는 핫토리 씨도 모두 안아주고 싶을 정도의 친밀함을 저에게 깊게 남겨 주었습니다. 저는 오히려 제가 실소한 것을 지금 새삼스럽게 부끄럽게 생각합니다. 위대한 사람은 축포를 쏘고도 사람을 가르친다고 저는 생각합니다.

400페이지 분량이나 되는 것을 1개월 동안에 인쇄하고 제본까지 한다는 것은 저의 공장으로서 상당히 힘든 일입니다. 따라서 매일 저녁 늦게까지 야근을 계속하기로 했습니다. 핫토리 씨께 교정분을 가지고 가는 것은 그날 야근이 끝나고 나서 갔기 때문에 항상 10시경이었습니다. 그리고 항상 저는 공장에서 일하고 있을 때 목깃에 도쿄아사히(東京旭) 인쇄주식회사라는 사명(社名)이 적혀 있는 작업복 윗도리를 입고 갔습니다.

"열심이시네! 늦게까지 일하시고……."

라고 핫토리 씨는 좋게 말해 주셨습니다. 그런데 제가 한 주에 3일 저녁은 어느 상업학교 야학 교사였기 때문에 학교를 마치고 돌아가는 길에 들리는 일도 있었습니다. 그런 경우에는 작업복 윗도리 대신에 하카마를 입었습니다. 아무리 초대면을 전라로 했거나, 축포를 쏘면서 교정을 한 핫토리 씨도 이 작업복과 하카마라고 하는 굉장히 동떨어진 모습에 조금 의아해 했던 것 같았습니다. 아무리 마사 씨의 친구라고 해도 조금은 별나고 이상하게 생각했음에 틀림없습니다. 제가 학교에서 돌아오는 모습을 보고 이상한 눈을 빛내면서

"당신은 오늘 저녁에 어디 갔었나 보구만……"

라면서 동생 친구의 정체를 검사했습니다. 그리고 제가 야학 교사를 하고 있다는 것을 알고는

"당신 훌륭해! 조선에 있는 나의 회사에서 일하는 사람 3배정도의 일을 하는구만."

이라고 칭찬을 오랫동안 해 주셨습니다. 정말 진심으로 칭찬해 주시는 것 같았습니다.

"일 년 내내 세상 사람들은 마라톤 경주를 하듯이 뛰어 다니며 섣달그믐에서 섣달그믐까지 한 해를 보내고 있습니다만 오히려 생각할 틈이 없다는 것이 행복하다고 생각합니다."

라고 말했더니 핫토리 씨는 호탕하게 웃으면서

"이 세상을 마라톤 경주처럼 살아간다……"

라고 입으로 몇 번이나 반복하면서 칭찬하기도 하고 배를 쥐고 웃기도 하셨습니다.

그리고 나서 얼마 지나지 않은 어느 날 밤, 국제서방을 운영하시는 하루카즈(春一) 형님과 함께 핫토리 씨를 만나러 간 일이 있는데 그때 핫토리 씨는 하루카즈 씨에게

"나카무라 씨는 재밌는 인생관을 가지고 있어. 이 세상을 마라톤 경주처럼 살아가는 데 행복함을 느낀다고 해."

라고 하며 또 소리 내어 웃으시더니 끝내는 배를 잡고 웃으셨습니다.

"세상을 마라톤 경쟁 무대로 보는 것이야."

라며 하루카즈 씨도 눈을 크게 뜨고, 핫토리 씨의 너무 웃는 것에 끌려서인지 결국 같이 웃기 시작했습니다. 저도 함께 웃었습니다만 실은 저는 조금 이상한 생각이 들었습니다.

마사타케 형!

젊어서 고향을 떠나 아무런 배경도 없고, 어떤 후원자도 없는 조선에서 성공했다는 핫토리 씨가 저 같은 젊은 사람이 일하는 정도의 일은 아무것도 아닌 것으로 생각할 겁니다. 세상을 마라톤 경주하듯 보내는 일

은 아무 일도 아닐 것인데 왜 그렇게 감동을 하시는 걸까라고 저는 오히려 이상한 생각이 들었습니다. 아무래도 같이 웃을 수 없는 이상한 생각이 들었습니다.

그러나 지금 생각해보면 핫토리 씨는 다른 사람에게서 자신의 경험과 같은 노력이나 바쁨을 보면 전자가 공명하듯이 마음 깊은 곳에서 어떤 통쾌함을 느꼈던 것은 아니었을까 생각합니다. 타인의 노력과 마라톤 경쟁적 생활을 보고 진정으로 기뻐할 수 있는 사람은 세상에 그렇게 많지 않을 것이라고 생각하니 정말로 존경심이 우러났습니다. 또 저는 그때 막 지기(知己)를 얻은 것이었습니다. 저 웃음은 핫토리 씨 자신이 느꼈던 통쾌함에 대한 미소이고, 개선가이면서 저에 대한 공명의 울림이고 행진곡이었습니다. 분명 웃어도 웃어도 멈추지 않는 유쾌한 일이었습니다.

수많은 어려움을 겪은 사람은 갑작스런 웃음조차도 이만큼 고마움과 진심을 담아 낸다고 생각하니 지금까지 신경 쓰지 않았던 핫토리 씨의 훌륭한 점을 발견한 듯한 기분이 들어 새삼스럽게 그립습니다.

핫토리 씨가 가미오(神尾)병원에 입원하신 것은 『주산 12강』교정이 반 정도 되었을 때입니다. 입원했다고 본인이 직접 전화로 알려 주었기 때문에 바로 거기에 있던 교정본을 들고 병문안하러 갔습니다. 핫토리 씨는 디프테리아여서 입원하자 곧 주사를 맞고 허벅지와 팔에 붕대를 감고, 머리에는 얼음주머니가 올려 있었습니다.

"핫토리 씨! 어떻습니까?"

라고 제가 말을 걸자, 지금까지 눈을 감고 있던 핫토리 씨는 스프링장치를 단 인형처럼 튀어오를 듯한 기세로

"나카무라 씨인가?"

라면서 이불을 걷어차고 일어나려고 했습니다. 마침 기다리고 기다리던

연인의 방문이라도 받은 것 같은 모습에 간호부는 아연질색하며 어찌할 바를 몰랐습니다.

"핫토리 씨 그렇게 마음대로 해서는 병원장님께 혼나십니다!"
라고 간호부가 말려도 듣기는커녕 침대 위에 앉아 버렸습니다.

"자, 나카무라 씨 그거 부탁합니다."
라고 전광석화같이 나에게서 교정본을 뺏어 "사 구 영 구 사 사 팔"이라고 시작했습니다. 간호부는 말리는 것보다도 머리에 있는 얼음주머니를 들어야 할 정도로 일은 순식간에 일어난 것에 화가 난 듯이 입으로는 투덜투덜하면서 얼음주머니를 들고 있어야 했습니다. 저도 난감하고 좌불안석이었지만 이 인왕상과 같은 폭군의 태풍 같은 행동 속에 휘둘려서 마침내 교정을 하고 말았습니다.

교정이 끝나자

"꼬마야! 나카무라 씨에게 차 한 잔 내어 드리지"

"꼬마야! 소변이 누고 싶어"
라고 아직 입원해서 하루도 지나지 않았는데도 벌써 키 작고 젊은 간호부에게 꼬마라 부르며 10여 년 전부터 부리고 있던 아랫사람인 듯 했습니다. 저는 붕대를 감고 있는 모습에 큰 병자처럼 생각했는데 이럴 때 보면 그렇지 않은 것 같아 교정할 때 걱정했던 마음은 어느 새 없어지고 기분이 가벼워졌습니다. 계속 교정본을 가지고 가도 지장이 없겠다고 생각했습니다. 또 핫토리 씨도 제가 가져가는 것을 기다리고 있는 듯 했습니다.

그러나 입원 후 4~5일경부터는 식염주사까지 맞았다고 하면서 교정은 본인이 할 수 없다 하시면 국제서방에 있는 형에게 보내서 봐 달라고 했습니다.

"국제서방으로 보내면 바로 봐 줄지 모르겠습니다……"
라고 제가 걱정하자 핫토리 씨는 당연하단 듯이

"물론이야. 마사는 바로 봐 줄 것이야."
라고 굉장한 자신감을 가지고 단호하게 답했습니다.

"마사는 무엇이라도 내가 부탁하면 바로 해 줘요. 그에게 부탁해서 잘 못 된 경우는 없어요."

정말 형으로부터 교정본이 되돌아 왔습니다. 형에게 전날 이 얘기를 하자

"그 형은 일을 부탁할 때 항상 무조건이고, 이쪽의 사정 등은 전혀 고려하지 않지만 그 대신 무엇이든 절대적으로 신뢰하니까 이쪽에서도 기분 좋게 해 주는 겁니다."
라는 형의 말씀을 듣고 부탁하는 사람, 부탁받는 사람의 규범적 태도라기보다도 훨씬 깊은 인간 생명 안에 있는 진심이라는 것을 생각하게 했습니다.

핫토리 씨가 계셨던 가미오 병원 병실은 그 병원에서 제일 좋은 방이었습니다. 겨울이긴 하지만 남과 서쪽의 창문으로 밝은 햇살이 아침부터 저녁까지 들어와 포근한 10월 같은 느낌이 그 방 가득 넘쳤습니다.

"핫토리 씨, 저 과자 먹고 싶어요."
라고 나이가 조금 든 간호부가 응석 부리듯 말을 하자

"저는 밀감이 먹고 싶어요."
라고 젊은 꼬마 간호부가 눈을 반짝이며 보챘습니다.

"자! 여기 있어요."
라고 핫토리 씨는 마치 부모가 아이를 대하듯 한 어조로 답을 했습니다. 과자와 밀감 장난감 놀이가 시작되었습니다. 창으로 10월의 따뜻한 햇살이 다다미 위까지 비추고 있고, 거기에 줄지어 있는 밀감과 같은 크기의 그림자가 다다미 위에 줄 서 있었습니다. 간호부들은 지금 먹고 있는 것도 재미없다고 생각했겠지요.

"핫토리 씨, 가위바위보 해요."

라고 또 말을 겁니다. 핫토리 씨도 응해 줍니다. 밀감과 과자가 점차로 정리가 됩니다. 그것이 없어지면 진 사람의 얼굴에는 눈썹이 그려지고, 수염이 그려지곤 했습니다. 실은 그녀들은 처음부터 여기까지 하고 싶었던 것입니다.

이러한 장단에 핫토리 씨의 병은 조금씩 좋아졌고, 병실이 아니라 오락실이 되어 간호부들도 즐겁고, 핫토리 씨도 재밌게 그녀들과 놀면서 하루를 보내는 모습이었습니다. 때로는 조심성 없는 간호부들은 핫토리 씨에게 상당히 제멋대로 이기도 했고, 농담도 하고 장난도 쳤지만 핫토리 씨는 전혀 나무라지 않고, 자신도 아이처럼 즐거워하고, 기뻐했습니다.

이러한지 며칠인가 지난 어느 날 저는 핫토리 씨로부터 계산 일부를 받게 되었습니다. 핫토리 씨는

"꼬마야 그 가방을 좀 가져다 줘."

라고 말하고 가방 안에서 수표책과 도장을 꺼냈다. 수표에는 썼는데 인주가 없어 잠시 망설이고 있자 꼬마 간호부는 생각이 났다는 듯이 크게

"제가 아래 사무실에 가서 도장을 찍어 올게요."

라고 하며 손을 내밀었습니다. 지금까지 희희낙락하면서 서로 아이처럼 놀면서 꼬마 간호부 코 밑에 수염을 그려주었던 핫토리 씨의 얼굴에는 50을 넘긴 사람의 얼굴에만 보이는 일종의 침범할 수 없는 엄함이 떠오르면서

"시끄러! 목숨과도 바꿀 수 없는 도장을 너 따위에게 맡기란 말인가!!"

라고 큰 소리를 질렀습니다. 가엾게도 아무것도 모르는 꼬마 간호부는 그 정도 중요한 것이 아니라고 생각한 듯 그저 어안이 벙벙한 모습으로 바로 조금 전까지 같이 희희낙락거리던 핫토리 씨의 변덕이라 생각하고 뾰로통해졌습니다.

저에게는 이 꼬마 간호부들이 도저히 알 수 없는 어떤 것을 알고 있었습니다. 그리고 조선에서 핫토리 씨의 입지전을 바로 독파한 듯한 기분이 들었습니다.

불쌍한 눈에 뽀로통한 젊은 간호부의 얼굴과 사리분별 분명한 중년 남자의 얼굴이 지척에 나란히 있는데 그들 사이에 천만 리 거리를 느끼며 바라봤던 것을 저는 지금도 분명히 기억합니다. 이것도 제 눈에 비친 어느 날 핫토리 씨의 흥미로웠던 모습입니다.

작년(1928년) 기원절(紀原節)59)은 일요일이 바로 뒤에 있어 이틀 계속해서 쉴 수가 있었습니다. 저는 갑자기 마음먹고 두 아이들(9세, 6세)를 데리고 아타미(熱海)60)에 갔습니다. 이틀 연휴이기도 했고, 태어난 이래 누추한 판자집에서만 살면서 한 번도 온천이라고 하는 곳에 데리고 간 적이 없는 아버지가 아이들에 대한 미안함도 있었고, 약 한 달 전에 핫토리 씨를 만나기 위해 아타미의 미즈쿠치엔(水口園)을 방문했을 때 느낌이 굉장히 좋아서 꼭 한 번 아이들을 데리고 가고 싶었던 것이 그때 아타미에 간 이유였습니다. 아타미에 도착한 것은 저녁 무렵이었습니다. 자동차로 바로 미즈쿠치엔으로 향했습니다. 이틀 연휴로 아타미가 만원이었습니다. 미즈쿠치엔도 모든 방이 다 차서 일하는 사람들의 방까지 손님에게 내어준 상황이었습니다.

"모처럼 오셨는데……"

라고 한마디로 거절했습니다. 저는 아이들을 데리고 있으니까 다시 한번 더 사정을 하면서 얼마 전에 여기에서 묵으면서 정양하고 있던 핫토

---

59) 2월 11일. 1872년 메이지정부가 제정한 국경일. 신무(神武)천황이 즉위한 날에 유래한다고는 하지만 역사적 근거는 빈약. 패전 이후 '건국기념의 날(建国記念の日)'로 부활.
60) 일본 시즈오카 현(静岡県) 이즈반도(伊豆半島)에 있는 온천 휴양지.

리 씨의 지인이라는 한마디도 덧붙였습니다. 때마침 핫토리 씨를 방문했을 때 일하던 여자가 왔기 때문에

"저를 기억하시죠?"

라고 말했습니다.

"정말이네요. 핫토리 씨의 손님이었어요"

라고 반가운 듯이 저의 신분증명을 해 주었습니다. 지금까지는 뜨내기손님에 불과했는데 핫토리 씨의 손님이 되자, 지배인은 굉장히 미안해하면서 태도를 확 바꾸어서 지금까지와는 다르게 너무 공손한 태도로

"이거 몰라 뵈었습니다. 실례했습니다."

라며 고개를 숙였습니다. 그러나 미즈구치엔에서는 처음부터 거짓말을 한 것이 아니었습니다. 실제 입추의 여지도 없다는 것과, 아마도 제 신분이 증명되었다 해도 어떻게 할 수가 없는 상황이었습니다. 지배인은 안에 있는 주인과 상담하러 들어갔습니다. 이번에는 주인이 나와서 황송스럽게도 인사를 했습니다. 그리고 여기저기 전화를 걸어 물어보겠다고 했습니다. 제가 타고 있는 자동차까지 차(茶)를 가져왔습니다. 굉장한 환대였습니다. 도쿄에서 작업복 입고 있는 반노동자 같은 자신의 생활이 조금 초라해지는 듯 했습니다.

"아무래도 힘들군요. 오늘밤만 저희가 알고 있는 객사에서 보내셔야 되겠습니다."

라고 마치 손님을 대하는 아타미 여관의 친절함을 대표하듯 부탁하듯이 말씀했습니다. 저는

"상관없으니까 어디라도 부탁합니다."

라고 말했습니다. 조금씩 비까지 내리기 시작했습니다. 아이들을 데리고 기운빠진 상태로 도쿄로 야간운전해서 돌아갈 일도 걱정이기도 하고, 무엇보다 2월 밤의 찬 공기에 아이들이 감기라도 걸리면 큰일이라는

생각이 들자 울고 싶을 정도였습니다. 여관이든 농가든 마다할 이유가 없었습니다. 아타미를 즐기고 싶은 마음까지 없어졌습니다. 아이들에게 춥다는 생각이 안 들 정도라면 어떤 곳이라도 괜찮다고 생각했습니다.

"그럼 안내해 드리겠습니다."

라고 우리 자동차에 탄 사람은 많은 객실 손님 접대에 정신없을 미즈쿠치엔의 주인이 아닌가! ― 저는 정말로 황송했습니다.

2, 3칸의 객사 앞에서 자동차를 세우면 미즈쿠치엔의 주인은 가능한지 물으러 갔습니다. 모두 방이 없다고 거절했는데 미즈쿠치엔 주인이 동행하여 안내해 주었기 때문에 모두 너무 친절하게 해 주어서 굉장히 기분이 좋았습니다. 겨우 오유(大湯) 가까이에 어느 객사를 찾은 것은 완전히 해가 넘어가 깜깜해진 7시경이었습니다.

객사에서 묵는다, 아니 객사 문을 들어간다고 하는 것은 태어나 처음 있는 일이라서 객사에 대한 호기심도 있었지만 객사의 모습을 몰라 당황해하지는 않을까 등 왠지 모르게 불안했습니다. 특히 다른 방에서는 게이샤들과 함께 흥이 오른 단체 손님이 있었기 때문에 아이들에게 그러한 곳을 보이고 싶지 않다는 생각도 들고 해서 아타미에 온 것을 마음깊이 후회하고 있었습니다. 그런데 이 객사에서는 아이들을 데리고 오는 손님이 흔한 탓인지 아니면 오늘 미즈쿠치엔 주인이 직접 안내 한 손님이어서 의리 때문인지 여주인과 일하는 사람 모두가 아이들 옷을 벗겨주기도 하고, 목욕을 시켜주기도 하여 굉장히 융숭한 대접을 해 주었습니다. 저는 오히려 여관 쪽으로 가는 것 보다 훨씬 좋았다고 생각했습니다. 지금까지의 기우와 난감함이 우스울 정도였습니다. 세 사람 부자는 그렇게 태어난 이래 처음으로 덮어 보는 듯한 비단이불 속에서 조금 전까지 두려웠던 마음도 잊은 채 목욕으로 나른한 몸을 뉠 수가 있었습니다. 아이들은 쌔근쌔근 잠을 잤지만 저는 아타미에 도착한 이래 2~3시간 동안 생겼던 일에 대해 생각했습니다. 경우에 따라서는 도쿄까지 밤 운전을 해서 돌아가지 않으면 안 되는 상황 속에서, 어디를 가도 정중한 대접을 받는 미즈쿠치엔 주인의 안내를 받아 이 아타미를 자동차로 돌았고, 또 이 낙원 같은 집에서 환대를 받은 것은 미즈쿠치엔 주인, 또 객사 여주인의 친절한 마음씨 덕분이지만 핫토리 씨의 인격이 지대하다는 결론을 내리지 않으면 안 되었습니다.

『주산 12강』을 읽으시는 분들은 그 책 앞에 있는 저자의 서문을 읽으셨으리라 생각합니다. 그러나 그 서문 끝에 '1927년 12월 10일 원고 종료일 도쿄 가미오 병원에서'라는 문구를 기억하시는 분은 많지 않을 것이라 생각합니다. 또 그 문구는 단순히 그 책의 교정이 가미오 병원에 입원 중에 종료되었다고 하는 사실을 말하는 작은 기념 외 달리 어떤 의미도 없는 것은 틀림없습니다. 그런데 이 작은 한 줄의 문자도 핫토리 씨의 인격을 드러내는 것으로 본다면 결코 작은 기념에 머무르는 것은 아닙니다. 핫토리 씨가 어디에 가도 인기가 있었고, 누군가에게 친절을 받은 것도, 나 같은 사람이 아타미까지 가서 미즈쿠치엔의 주인을 움직이게 한 것도 또 객사 여주인에게 환대를 받은 것도, 핫토리 씨가 입원한 병원에서 자기 저서의 한 귀퉁이에 병원 이름을 새겨 넣는 마음이 있기 때문이라고 생각했습니다. 교정일 끝난 후에 펜을 다시 잡고 '가미오 병원에서'라고 쓰고 미소 지으며

"나카무라 씨, 이렇게 적어 두면 여기 원장이 기뻐할 것이야"라고 한 것은 지금 저의 머릿속에 깊이 남아 있습니다. 지금 『주산 12강』의 서문 끝에 있는 '가미오 병원에서'라는 한 줄은 핫토리 씨의 인격을 새긴 금자탑으로서 존재하는 것은 아닌가 라고 생각합니다.

마사타케 형!

이것으로 붓을 놓습니다만 젊은 사람들이 돌아가신 분에 대해서 자주

비평 비슷한 것을 하는데 제가 생각해도 핫토리 씨의 영전에 죄송한 마음이 들어 몸 둘 바를 모르겠습니다. 제 거래처의 한 분이 이렇게 아름다운 분이었다는 것에 일종의 긍지를 느끼며, 이렇게 만날 수 있도록 만들어 준 부처님의 은혜를 느끼면서 이제는 사업에 정진하려고 합니다.

추억

가을 초저녁 입가의 선을 일그러뜨리는 미소

후호(芙峰)
-1929.9.22-

나의 핫토리 겐지로 관

도쿄상과대학전문부 교수 호리 우시오(堀潮)

세상의 많은 추도문이 그러하듯 저는 이 글로써 고 핫토리 겐지로 씨에 대하여 공연한 찬사를 하지 않을 생각입니다. 그렇다고 해서 결코 비방할 생각도 없습니다. 왜냐하면 제가 알고 있고 또 추측하는 한 그는 상대적 인생관을 조금이라도 넣어 생활할 때는 가장 부자연스럽고 가장 그 답지 않았을 때입니다. 따라서 폄훼하는 기분으로 추도문을 쓴다는 것은 결코 고인의 영혼에 대한 예의가 아니라고 저는 믿기 때문입니다.

그의 상재, 그의 가정생활 등에 대해서는 다른 분들이 말씀하셨을 것이라 생각합니다. 저는 사업가로서의 핫토리 씨를 생각해 보고 싶습니다. 물론 그를 알게 된 것은 반평생 중의 일부분이고, 결코 확신에 찬 것이라고 말할 수는 없습니다만 생전 어떠한 저의 잡담에도 기쁘게 경청해 주셨던 그는 이 거리낌 없는 잡문을 하늘에서 웃으시며 읽어 주시리라 생각합니다.

한마디로 말하면 그는 정신력이 지극히 왕성한, 자기의식이 굉장히 강한, 의욕으로 항상 불타는 사람이었습니다. 이 같은 인격의 소유자가 이 세상에서 해야 할 일은 정치를 제외하고는 실제 사업밖에 없습니다. 그런 의미에서 그는 자기에게 가장 적합한 길을 걸었던 사람이고, 또한 어느 정도까지 성공한 한 사람의 천재라고 말할 수 있습니다(저는 그를 칭찬할 마음은 조금도 없습니다). 저는 천재란 타고난 것과 노력이 일치하는 곳에서 생기는 위대한 존재라고 항상 생각하고 있습니다. 그래서 성공한 사업 내용 여하를 묻지 않습니다. 괴테나 다빈치가 천재이듯이 같은 의미로 나폴레옹과 야스다 젠지로(역주: 安田善次郎 메이지 최고의 사업가)도 천재인 것은 틀림없습니다. 저는 이 사업의 도덕성을 말하기 전에 그들의 당당한 생활태도에 머리를 숙이지 않을 수 없습니다.

핫토리 겐지로의 족적이 야스다 젠지로에 비하면 작다고 말하는 것은 사정이 만약 핫토리 씨로 하여금 통영과 같은 작은 세계에 있지 않고, 중앙 무대에서 활약할 수 있었다면 그 또한 야스다 이상의 혹은 같은 정도의 일을 못했을 것이라고 누가 단언할 수 있겠습니까! 그 만큼 그의 타고난 재능은 사업에 적합했고, 몸과 마음을 기울이고 노력(이 같은 노력은 이미 노력이라고 말할 수 없을지도 모른다) 하는 사람이었습니다.

이러한 인격소유자의 생활양식은 항상 적극적이고, 정복적이고, 독단적입니다. 그의 눈은 끊임없이 밖으로 향하여 빛을 내는 사자의 눈이고, 매의 눈이지, 안으로 지의준순(遲疑浚巡)하는 토끼나 비둘기의 눈은 아닙니다. 그는 틈만 있으면 토끼나 비둘기를 먹어치우는 일 정도는 식은 죽 먹기입니다. 생전의 그들의 행위가 종종 비사회적이고, 비도덕적이라고 말해지는 까닭입니다. 그렇기는 하지만 사람은 사자나 매에게 토끼나 비둘기를 잡아먹지 말라고 명령할 수 있겠습니까! 그들을 향해서 토끼와 같이 온순하게 비둘기처럼 얌전하라고 요구하는 것은 그들의 생활을 없애라고 하는 것과 같습니다. 토끼와 비둘기가 원하든 원하지 않든 상관없이 사자와 매는 그들의 길을 갑니다. 그와 같이 이 세상의 천재는 훼예호폄(毀譽褒貶)에 관계없이 그들 본래의 길을 돌진합니다. 그런 까닭에 그들이 지나온 흔적에는 많은 희생자의 시체가 층층이 누워 있을지도 모릅니다. 그러나 우리들은 비도덕성을 한탄하기 이전에 이 세상이 토끼와 비둘기만으로 되어 버릴 때의 삭막함을 생각해야만 합니다.

— 이렇게 적으니 제가 핫토리 씨를 잔인무도한 존재로 만들어 버린 듯한데, 바라건대 하늘에 계시는 핫토리 씨의 영혼이여! 안심하시라. 단지 저는 지의준순하는 일 없는 사자와 같은 모습에 비추어 당신을 보려고 할 뿐이니 —

여기에서 나는 아담 스미스의 다음과 같은 명언을 상기합니다.

'각 개인은 항상 자신의 이익을 최대한으로 이루기 위해 계획하고 노력하지만 결국 그는 보이지 않는 손에 이끌려 완전히 자신이 의도하지 않았던 이익을 증진하게 된다. 즉 그는 자신만의 이익을 추구하는 것에 의해, 사회 이익을 증진하려고 진정으로 기도하는 사람보다 훨씬 더 사회적 이익을 증진하고 있는 것이다'

세상을 위해, 사람을 위해 항상 말로만 하는 도학자가 진정으로 사회를 위했던 예는 일찍이 없었습니다. 천재는 세상과 사람을 문제로 하지 않고, 오로지 자신의 도(道)를 무서운 기세로 밀고 나갈 뿐입니다. 더구나 그들의 사업이 어떻게 이 세상에서 펼치고, 어떻게 우리들에게 유익하게 할 것인가는 말하지 않아도 명확합니다. 우리들은 오히려 그들이 어떤 뭔가의 동기에 지배되는 좌우고면(左右顧眄)할 때 부자연성과 불합리성을 드러냅니다.

사업 천재 핫토리 겐지로 씨가 과연 어떤 동기로 훗날 기독교에 귀의하셨는지 저는 모릅니다. 그야말로 사업가로서 태어나, 사업과 함께 살고, 사업과 함께 사라질 운명을 가진 사람이 아니었을까요. 깊은 내성내관(內省內觀)을 필요로 하는 기독교는 만약 거기에 오로지 매진하는 일이 그에게 허락되었다면 반드시 독특한 신앙을 구축했을 것이라는 것은 상상하기 어렵지 않지만 그 이상으로 사업은 그에게 있어 너무도 잘 맞는 일이었습니다. 그는 성 아우구스티누스라기보다도 훨씬 니체에 가까웠습니다. 그가 무일푼으로 고향을 떠나 조선의 한촌(寒村) 통영에서 수십 만의 부를 쌓은 것을 경영 중심지에서의 퍼센티지로 계산하면 수천만 원에 상당합니다. 그가 말년에 교회 문을 두드리고, 명예를 원했던 것은 통영 같은 작은 천지에서는 이미 그의 천재성을 발휘할 여지가 없었고, 더구나 그의 활동의욕은 억누를 수가 없었기 때문일 것입니다. 그에게 주어진 붕익(鵬翼)을 펼 수 있는 넓은 천지에서 앞으로 20~30년의 세월을 만약 그가 가졌더라면……라고 저는 항상 그것을 아쉽게 생각합니다.

마을 행정의 후원자, 사회봉사

미에촌장(三重村長) 학우 가토 치카라(加藤主計)

마을 운영의 후원자

(1) 조선에서 본가로 주소를 옮겨 많은 세금을 부담하신 일

나는 핫토리 씨와 동급생인 관계로 소학교 친구 중의 한 사람이었다. 소학교를 졸업 후에 그는 중학교에 진학했고 나는 집에서 농업에 종사했다. 그 후 그는 조선으로 건너갔기 때문에 자연스럽게 소원해졌는데 그의 부친 사후 자주 고향으로 오는 횟수가 증가함에 따라서 나와 왕래도 옛날의 정이 되살아날 정도가 되었다. 그 무렵부터 나는 촌장 직에 있었기 때문에 이야기는 자연스럽게 마을 재정까지 이르게 되었고, 마을 경제가 팽창한 결과 촌민의 부담이 현저하게 늘어났다고 말하였다. 당시 핫토리 가(家)는 부친 야스지로(泰次郎)께서 돌아가신 후여서 동생 겐이치로(源一郎) 씨는 욧카이치(四日市) 시에 거주하고 있었다. 부잣집이니까 겐이치로 씨에게도 마을 분담금을 부탁하였으나 겐지로 씨는 멀리 조선에 있으면서 가끔 고향에 올뿐이어서 마을의 분담금을 부담할 의무는 없었다. 그런데 마을 예산이 늘어난 사정을 그에게 말하자 그는 "그렇다면 본가 쪽은 내가 부담하겠다"라고 말하였다. 그 후 일부러 한 호를 늘려 마을세를 부담하였다. 그 결과 마을 재정을 넉넉하게 하는 데에 굉장히 도움이 컸다. 이것은 나와 같은 나이의 친구가 보태준 힘이었지만 이 때문에 촌민이 받은 이익은 컸으며, 촌장인 나와 촌회의원은 물론 마을 사람 모두가 깊은 감사를 하였다. 이 점은 우리 마을로서는 실로 특필(特筆) 해야 할 고마운 일이었다.

(2) 강당 건설자금 삼천 엔을 제공하였고, 그 덕분에 다른 마을에 앞서
   강당을 지을 수 있었던 것

종래 소학교에는 3대절(1.1일, 紀元節, 天長節[61]) 그 외 각종 단체의 총
회, 강연회를 개최할 때는 몇 개의 교실을 임시로 개방하여 회의장으로
사용함으로, 회의 전후 수업 상의 불편불이(不便不利), 기물 손상 등 담당
자의 고통과 수고가 적지 않았다. 마침 1925년 가을 보통선거 실시가 다
가오자 각 연설 회장으로 소학교 교사를 사용했기 때문에, 나는 강당 건
설이 절실하고 정말로 긴박한 사안으로 통감하고 여러 가지 생각을 하고
있었다. 그래서 나는 학교장, 학무위원과 함께 각지의 강당을 시찰하고
그 하나(욧카이치 고등여자학교)를 선정하여 심중에 생각한 것도 있고
해서 1926년 1월 초 호주회(戶主會)에서 말을 꺼냈지만 자금 관계상 의
견은 지지부진하여 진행되지 않았다. 회의가 끝난 지 며칠 후 때마침 핫
토리 씨가 고스기에 체재 중이었기 때문에 하루 날 잡아 그를 방문하여
사정을 말하고 도움을 청했다. 그는 바로 도면은 어떠한지, 경비의 전망
을 어떠한지를 물었는데 내가 경비는 약 1만 5천 엔이라고 답했다. 그는
소문처럼 독점사업은 좋아하지 않았다. 촌민 일치협력 한다면 언제라도
기쁘게 후원하는 것을 아까워하지 않겠다며 미에 촌은 5개의 부락으로
되어 있으니까 자신이 한 부락 분인 3천 엔을 기부하겠다고 그 자리에서
말했다. 혼희작약(欣喜雀躍)한 나는 바로 마을의회 의원, 구장을 소집하
여 그의 호의를 보고하고 이를 기초로 하여 강당건설안을 상정했는데 전
원 일치로 가결했다. 5월에 들어가 마침내 지사의 인가를 얻어 바로 공사
에 착수하였고, 9월 2일 당시 미에 군 제일의 훌륭한 강당 낙성식을 성대
하게 거행했다. 지금 회고해 보면 그를 비롯하여 촌내 촌민 일동의 기부
에 의해 강당건설비 총액은 조달할 수 있었지만 내부 설비비가 없어 이

---

61) 천황의 탄생일을 기념하는 국경일.

번에는 마을 밖에서 활동하고 있는 촌민에게 격문을 보내 기부금을 모집했는데 모두가 그 뜻에 감격하여 아끼지 않고 수 천 엔의 설비비가 바로 조달되었다. 낙성식 당일, 내빈 모두는 강당의 큰 위용은 차치하고 설비가 의외로 훌륭한 것에 감탄을 했다. 또 이날 신강당 엽서를 내빈에게 드렸는데 이 또한 특별한 기부에 의해 만들어진 것이었다. 강당 건물, 내부 설비에서 그림엽서에 이르기까지 모두 우리 마을사람 전원이 일치 협력하여 만든 것으로 정말로 아름다운 자치정신의 발로라고 해야 하는데 이것 모두 그가 모두(冒頭)에 거액의 기부를 적극적으로 했고, 우리들을 고무편달(鼓舞鞭撻)해서 이루어진 산물이라고 당국자 일동은 깊은 감명을 느끼지 않을 수 없었다. 정말로 강당 건설에 있어서 핫토리 겐지로 씨가 자치공동의 나팔을 불었고, 전 마을 사람이 여기에 화답하며 춤춘 모습이었다.

본 강당이 건설되자 바로 전군(全郡)의 모범 강당이 되었고, 그 후 다른 마을에서 이 강당을 모델로 하여 건설한 곳이 5군데나 된다. 또 이 강당 건설이 마을 전체에 준 큰 영향 하나는 촌민이 기부 정신을 이해했다는 것과, 촌민의 공공적 정신을 함양했다는 것이다. 예를 들면 학교 주변 담의 기부, 칙어봉안전(勅語奉安殿)62) 내 금고 기부 같은 일이다. 더구나 이 같은 기부가 바로 다른 촌에서 따라한 것을 생각하면 하나의 선행과 그 영향이 얼마나 큰 것인가를 알게 해 주었다. '덕 있는 자는 반드시 이웃이 있다'라고 하는 옛말을 실제 경험한 느낌이 들었다.

(3) 각종 공공 단체에 솔선하여 입회하신 것

기부는 누구라도 원하는 것이 아니다. 촌장으로서 힘 있는 관계자로부터 각종 단체 기부모집 지시를 받을 때는 항상 고민되었다. 그럴 때, 그에게 말하면 '자네가 말한다면 어떠한 기부라도 기쁘게 하겠네'라고

---

62) 천황 부부의 사진과 교육칙어 등을 안치한 건물.

이의 없이 그 자리에서 항상 흔쾌히 승낙하는 것이었다. 더구나 그 기부는 스스로 액수를 정하는 것이 아니고, '자네가 희망하는 액수를 듣고 싶다'라고 해서 처음에는 무척 당황했는데 정말 고맙고 마음 든든했다. 우연히 그가 없을 때 방문하면 그 다음 만날 때는 적극적으로 용건을 재촉하는 모습이여서 실로 유쾌하고 기분 좋게 기부를 했다. 그의 정신 및 그때 내가 받은 감격은 도저히 글로서 표현할 수가 없다. 더구나 그의 봉사적 정신이 다른 일에도 많은 영향을 주었고, 이러한 봉사정신이 타인에게도 굉장히 좋은 인상을 주었다.

그가 기부한 공공 단체 예를 들면, 미에 현 해외이주조합, 제국군인후원회(특별회원) 같은 것이다. 제국군인후원회는 이때 제1회 기부금을 내었는데 당시 우리 마을 청년이 이 후원회의 장학자금을 받으며 면학에 힘쓰고 있는 자가 있었던 것을 생각하면 그가 얼마나 살아있는 사회봉사를 했는가를 알 수가 있다.

사회봉사

(1) 오아자 고스기 화재감시 망루대 건설
(2) 오아자 고스기 화장장 건설
(3) 미에촌 청년단 기본금으로서 기부
　　그가 청년단의 필요에 대해 관심을 가진 것은 그 자신이 청년적인 기상의 소유자이고, 그들과 교제하는 것을 즐겨했기 때문일 것이다. 그는 또 『한 상인의 중국 여행』을 전국 청년단에 기부했다.
(4) 그는 주산과 함께 체육의 필요를 통감하고, 마을 청년 및 학생을 위해서 미에 소학교 운동장 확장 의향을 가지면서 '다음에는 운동장 기부다'라고 말씀했는데 그의 죽음을 접하고는 정말 유감스럽다.

그 외 개인적인 그에 관한 기사는 『부산일보』에 가장 많이 기재되어 있기 때문에 그는 『부산일보』를 모두 내 앞으로 보내주어 신문을 통해 나는 그의 동정을 끊임없이 알 수가 있었다. 또 여행지에서 소식을 보내준 일도 몇 번 있었다. 그 외 주산의 달인이라는 것, 강연을 잘 한다는 것, 인상이 좋다는 것 등은 무엇보다도 사람들이 잘 아는 부분이다.

바라건대 그는 정신적으로도 물질적으로도 우리 마을의 대은인인 동시에 그의 죽음은 우리 마을로서 큰 손실이다. 생전을 추억하면서 애상추모(哀傷追慕)의 정(情)이 간절하다.

추억

미에 소학교교장 니시와키 진노스케(西脇甚之助)

·

매력 있는 사람

조선에서 돌아온 이후 핫토리 씨는 굉장히 인상이 부드러워진 듯 했습니다. '만난 느낌이 좋다', '얘기해 본 느낌이 좋다'라는 평판이 자자했는데, 주산 강연을 위해 욘고(四郷) 촌의 소학교와 그 외 소학교에 함께 가면서 '기분 좋은 사람'이라는 정평을 확인했습니다. 그러나 교언영색(巧言令色)은 전혀 없고, 성실이 얼굴에 나타나 있고, 상대를 감동시키는 힘이 강했습니다.

오사카매일신문사에서 발행한 『유럽관광기』는 유럽 견학단원 감상담을 많이 기재하고 있는데 그 감상담 중에 다른 사람 이름은 그다지 보이지 않는데 그의 이름은 3군데서나 보였다. '이상하게 잘 대해 주셨다'

라고 특필한 것까지 있습니다. 또 언제인지 모르나 마을 사무소에 오셨을 때 상당히 복잡한 것을 호적계 사람에게 의뢰했는데 정감 묻어나는 어투에 부탁받은 사람도 조금도 번거롭게 생각지 않고 오히려 흔쾌히 일 하는 모습을 볼 수 있었습니다. 이렇게 만나는 사람들에게 호감을 줄수 있다는 것은 (1)은 종교상 어떤 깨달음을 얻었기 때문이고 (2)는 그의 일생이 가장 낮은 생활에서 소위 고난을 다 겪으면서도 바른 순서대로 단계를 밟아 한걸음씩 나아가 수양 출세했기 때문이고 (3)은 부인께서 돌아가신 후는 타인의 평판 등에는 전혀 무관심했고, 자기가 바르다고 생각하는 것, 선이라고 생각하는 것을 곧바로 행하려고 노력했기 때문이라고 생각합니다.

상인으로서는 보기 드문 문재(文才)

『한 상인의 중국 여행』과 『주산 12강』을 읽은 사람은 여러 군데서 번쩍이는 그의 문재에 놀라고, 이상한 흥미를 느끼며 책을 놓지 못했을 것입니다. 때로는 통영의 서경(敍景)을 말하고, 어떤 때는 중국 곡부 공자림(曲阜孔子林)에서의 발분(發憤)을, 더 나아가 『금생의 이별』을 적으면서, 실감 그대로를 정말 재미있게 표현하는 그의 재주는 전문 문사라 해도 아마 경의를 표했을 것입니다. 어디에서 어떤 문재를 함양했는지는 모르겠으나 생각하건대 뛰어난 소질 위에 엄청난 독서와 여행을 하며 배양한 것이 아니겠는가!

미에 소학교 강당의 은인

1925년 10월 어느 날 밤. 고스기마에 핫토리 가(家)의 거실에서 오랜만에 조선에서 돌아온 핫토리 씨와 저는 여러 가지 얘기에 시간 가는 줄을 몰랐습니다. 그때 한 얘기입니다만

그 : 요즘 조선에서는 소학교에 강당건설 필요를 주장하고 있는데 이쪽은 어떻습니까?

나 : 이쪽도 같아요. 왕성하게 주장하고 있습니다.

그 : 그래서 미에 학교도 강당을 건설하시면 어떻겠습니까?

나 : 우리 학교에서도 강당 건설의 필요는 크게 느끼고 있지만, 어쩔 수 없는 상황입니다. 마을 경비 지출이 많아 도저히 실현할 수가 없습니다.

그 : 만약 건설한다고 하면 그 넓이는 어느 정도가 필요합니까? 또 경비는 어느 정도 들 것이라 생각하십니까?

나 : 히나가(日永) 소학교 강당이 96평입니다. 우리 학교에도 그 정도는 필요하지 않나 생각합니다. 경비는 정확하게는 모르겠습니다만 1만 2~3천 엔에서 1만 5천 엔 정도가 되지 않을까 합니다.

그 : 교장선생님께서 세우고 싶다는 희망이 있고, 촌 당국도 촌민 일반도 찬성한다면 미흡하지만 저도 힘을 보태겠으니 사양치 마시고 말씀해 주십시오.

미에 소학교 강당 건설안이 구체화되고, 그가 건축자금으로서 제일 먼저 3천 엔을 기부한 것은 이 얘기가 나온 지 3개월 뒤의 일입니다. 여기에 힘을 얻어 강당 건설을 위한 제1회 마을회의가 개최되었고, 그 후 바로 공사가 착착 진척되어, 1926년 9월 2일에 성대한 강당 낙성식이 거행되었습니다. 낙성식 중에 감사장이 그의 손에 건네질 때 그 광경은 지금도 제 눈앞에 선하게 떠오릅니다.

기부에 관한 의견

위의 강당 건설을 할 때 그는 강당 건설을 자기 혼자 힘만으로 기부할 것인가 아닌가를 두고 남모르는 고민을 했습니다. 그에게는 혼자 기부할 수 있는 의지도 있고, 재력도 있고, 또 그렇게 한 경우도 있었지만 숙려 끝에 혼자 하는 것을 보류한 것은 다음과 같은 이유에서였습니다.

원래 공공적인 시설을 한 사람이 기진할 때의 단점은 다른 사람들 중에는 때에 따라 이 시설을 공공의 것이 아니라는 생각을 가지고, 심할 때는 냉담한 태도를 보이기도 하고, 혹은 기부한 것에 대해 특별한 노고가 부과될 때에는 모처럼 기부한 것에 대해서 불평 하는 자가 왕왕 있는지라 그는 그것을 좋게 생각하지 않았습니다. 한편으로 자치단체 그 자체의 성격을 생각하면 단체 성원 전부가 각 역량에 따라 힘을 합하여 사업을 하는 것이 본질에 가장 합당하는 것이라고 생각합니다. 그 위에 공동기부에 의해 공공사업을 이룩했을 때는 누구라도 이것이 상호협력의 결정체이고, 자치공동(自治共同)에서 피어난 아름다운 꽃이라는 것을 알아, 서로 기쁨을 나누고 진심으로 축하할 수 있습니다.

그의 개인 기부를 하지 않은 것은 위와 같은 이유에서입니다.

세상에 보기 드문 주산 교육자

그가 주산 교육자로서 세상에 보기 드문 사업을 하신 것을 여기서 길게 얘기하는 것은 그만두고 일찍이 그가 주산교육에 대하여 저에게 말씀하신 것을 열거해 보면

(1) 자신이 주산 야학 60일 강습법을 만들어 구래의 백일 연습하던 것을 겨우 60일간, 더구나 야학에서 잘 해 낼 수 있었던 것은 주산을 순서에 맞춰 계통적으로 가르치는 까닭이다.

(2) 주산교육에는 주산에 흥미를 가지게 하는 것이 중요하다. 거기에는 물질적인 것과 정신적인 것이 있는데 경쟁에 의해 스스로 흥미를 일으키는 것이 가장 좋다고 생각한다.

(3) 호산(呼算)보다도 독산(獨算)을 장려하고 싶다. 요즘처럼 바쁜 세상에서는 독산이 아니면 실제 생활상 불편불리(不便不利)하고 실용에 적용하기 어려운 경향이 있다.

(4) 암산 방법은 주산 계통 즉 주산을 눈앞에 상상하면서 하는 것이 가장 쉽고, 가장 정확하다.

(5) 계산의 신속함을 꾀하기 위해서 스스로 각종 생략법을 연구했다(『주산 12강』에서 운운).

핫토리 씨의 서거는 우리나라 주산 교육계의 큰 안타까움입니다. 적어도 앞으로 10년만 더 세상에 계셨으면 하고 생각하는 것은 단지 주산을 좋아하는 사람만이 아닐 것입니다.

추억

교코학사 교주(校主) 제3대 이노우에 치카스케

1. 핫토리 씨는 1897년 제1기 주산 백일 연습반 졸업생으로 우리 학교에서는 대선배인데 제가 안 것은 1911~1912년경 통영 가게 점원인 우치야마 도시(內山利) 씨를 우리 학교에 처음으로 유학 보냈을 때이다. 그후 나가토미(中富), 우치야마 히사(內山久), 후지타(藤田) 형제, 야노(矢野), 강한조(姜漢朝) 등 계속해서 사람을 보내 교육받게 했을 정도로, 그는 점원 주산 교육에 굉장한 뜻을 가지고 있었다. 그러나 내가 처음 만난 것은 1917~1918년경 저희 집을 내방하셨을 때이다. 그때 주산에 대한 드높은 포부 등을 들었고, 동창회원 전원 일치로 그를 우리 학교 명예회원으로 추천했다.

2. 조선에서는 주산보급회를 조직하여 보급 선전에 힘썼는데 그는 이 것을 은사에 대한 보은의 일부라고 하면서 강습회, 주산 순회강연 등 그 때마다의 프로그램, 성적, 상여(우리 학교 서적 등) 등 모두 저에게 보고 해 주셨다. 우리들은 히노에 있으면서 조선에서 주산 보급 및 발달의 모 습을 손바닥 보듯 알 수 있었다.

3. 조선에서 고향으로 올 때는 반드시 우리 학교를 방문하고, 그 후 히 나가(日永) 촌의 마에다 신키치(前田新吉 어머니 친정) 댁을 방문하였는 데 이것은 옛날을 추억하면서 감사의 정을 새롭게 하기 위한 것이었다.

4. 그가 방문할 때는 화복(和服)차림으로 항상 하카마를 입고, 흐트러 짐 없이 단좌(端坐)하고 있었지만 누구에게라도 거리낌 없이 흉금을 터 놓고 흔쾌히 얘기했을 뿐만 아니라, 상대에 따라 대화를 조율하기도 하 고 내용을 자유자재로 바꾸어 어느 누구도 지겹다 생각지 않고, 지극히 편하게 교제를 원했다.

5. 중국 여행을 끝내고 돌아왔을 때 욘고(四鄕)의 소학교에서 중국 여 행에 대한 강연을 했다. 강연을 위해 강당에 들어갔는데 강당 안쪽에는 고 이토 고자에몬(伊藤小左衛門) 씨와 초대 교장(초대 이노우에 씨)의 사 진이 걸려 있는 것을 보자마자 그는 제일 먼저 초대 교장 사진 앞으로 나 아가 정중하게 경례를 하였다. 무엇을 하는 거지……라고 호기심에 침 을 삼키며 바라보던 아이들은 그의 정성스런 모습에 강연장은 물을 끼 얹은 것처럼 조용히 하였고, 옷깃을 바로 하였다. 강연 후에 '그 이정표 핫토리 씨인가'라고 아이들은 입에서 입으로 말했다. 그의 엄부 야스지 로 옹이 미에 일대에 도로 이정표를 기부 설치한 때문이었다.

6. 또 그는 우리 학교 교사에 들어설 때에는 제일 먼저 교실에 걸려 있 는 초대 교장 사진을 향하여 경례하는 것이 상례였고, 우리 학교 졸업생 1만 4천 명 중에서 가장 빛나고 있었다. 초대 교장을 항상 은사 은사라고 하면서 공경했다.

7. 우리 학교를 방문하실 때는 생도들에게 자주 주산과 정신 수양에 관한 강연을 하셨다. 강연은 항상 유익하고, 모두에게 도움이 되는 것이 적지 않았을 뿐만 아니라 흥미로워 학생들은 조금도 지겨워하는 바 없이, 모두 1시간이라도 2시간이라도 재밌게 들었다. 어느 날 욧카이치 상업학교 교사와 만났을 때 그는 그 학교에서의 주산 강연을 이야기하며 "잘하시데요. 핫토리 씨만의 독특한 것으로 다른 사람은 흉내를 낼 수가 없어요"라는 것이 교사 일동의 정평이라고 했다.

8. 그는 주산 강연 때에 자신은 주산의 초심자라고 하고, 전문가도 아니고 대가도 아니라고 했다. 단 주산에 의해 처세의 정신을 획득하고, 가까스로 비관에서 낙관으로 바꾸어 인생의 광명을 찾았기 때문에 그 감사로서 선전한다고 하셨다. 보통 사람은 처음부터 주산의 효능서(效能書)부터 장황하게 말하는 것이 통례라고 생각하는데 그의 방법은 취지를 달리하고 있고, 형식을 깨고 있었다.

9. 그가 『주산 12강』을 저술했을 때는 저도 볼 일이 있어 상경했는데 예고도 없이 그가 있는 시모야(下谷)의 제2 하치만도(八幡堂)로 방문했는데 그의 방에는 책과 원고지로 한 방 가득 어질러져 있었다. 그 다음날 밤에 교코학사 동창회 동경지부회가 고이시카와(小石川)에서 열려, 전(前) 욧카이치 상업학교장 치노(千野) 씨도 출석하셨다. 그가 이때 상경한 것은 저술에 전념하기 위해서였기 때문에 동창회 전까지 한 번도 외출한 적이 없다고 했다.

10. 그는 글을 부지런히 쓰는 사람으로 자주 편지를 쓰셨는데 마지막 유럽 여행 때에도 런던, 암스테르담, 그 외 여러 곳에서 저에게 그림엽서를 보내셨고, 스위스의 알프스 그림엽서에는 '고향을 생각하는 마음이 간절하다'라고 짧은 문구를 적었다. 그것이 마지막 편지였는데 항상 간결한 문구 중에 넘치는 인정미가 있어 언제나 즐겁게 느껴졌고, 그 문장에 감탄했다.

11. 현재 우리 학교 졸업생과 이쪽 방면에서 활동하는 사람이 전국 각지에 있다. 산요(山陽)에는 히로시마(広島)에 있고, 산인(山陰)에는 마츠야마(松山)에, 호쿠리쿠(北陸)에는 후쿠이(福井)와 도야마(富山)에, 도카이(東海)에는 나고야(名古屋), 관동에는 도쿄(東京), 홋카이도(北海道)에는 오타루(小樽), 또 규슈에도 있다. 각각 주산 교사가 되어 활약하고 있다. 제가 전국에서 주산에 관련하는 사람 모두를 회원으로 하여 주산 연구, 기관 잡지 발행, 그 보급과 향상을 목적으로 하는 전국주산교육회를 조직하려는 계획을 그에게 말했더니 그도 적극적으로 찬성하였고, 고문 자리를 기꺼이 응해주시면서 조선에서는 자기 혼자서 통일했다는 등을 힘 있게 말씀하셨다. 그의 경력, 체험, 그리고 관록이라면 고문으로서 가장 중요한 역할을 하실 것이라 기대를 많이 하고 있었는데 회가 성립되기도 전에 서거하신 것은 안타깝기 그지없고, 그의 죽음은 주산계로서는 막대한 손실이라 말하지 않을 수 없다.

옛 친구를 생각한다

미에 신용조합장 학우 다테 도모에몬(館友右衛門)

핫토리 겐지로 군과는 사카베(坂部) 소학교(현재의 미에 촌 심상고등
소학교) 및 욧카이치 고등소학교(현재 욧카이치 제1심상고등소학교)에
서 동급생으로서 굉장히 친한 사이였다. 그 무렵의 특별한 기억은 없지
만 굳이 말하면 학우에 대해 친절하고, 당시 수업은 필기를 주로 하였는
데 아프거나 그 외의 이유로 학교를 쉴 때는 기꺼이 공책을 빌려 주었고
친절하게 챙겨 주었다.

그는 지극히 활발하고, 밝은 성격이었는데 일반적으로 사귀기를 좋아
했고, 다른 친구들과도 잘 지냈다. 격검이 정규 과목이었기 때문에 나는
격검 상대로서 자주 맞선 기억이 있다. 또 두 해 겨울 우리 집에서 조부로
부터 요곡(謠曲)을 배웠는데 상당히 잘했다.

평소에도 자주 연락했었고, 그 외 고향에 올 때는 자주 찾아 왔다. 눈을
감고 암산하는 듯한 자세로 얘기하던 모습이 눈앞에 선하다. 우정이 두
터운 점에서 그는 정말로 보기 드문 사람이었다.

그가 고향에 올 때는 소학교를 방문하는 것이 통례였는데 이미 소학교
에서 주산강연을 했을 무렵의 일이다. 교장실에서 그를 보고 '굉장히 살
쪘다'라고 말하니 '담배를 끊어서 이렇게 살이 쪘다'라고 해서 저는 '그러
면 나도 담배를 끊어야겠다'라고 말했더니 그는 '아니 자네는 뚱뚱하니
까 안 되네. 야윈 사람이 금연을 하면 살 찌는 것이다'라고 대답했다. 그
후에 들었는데 그는 몸이 야위었을 때는 금연으로 살을 찌우고, 또 너무
비만상태가 되면 담배를 시작하여 살을 뺐다고 했다. 즉 자신의 몸을 자
유롭게 조절하는 법을 터득하고 있었던 모양이다.

나는 미에 촌 신용조합에 재직하고 있는데 이전에 고스기에서 비료 수요가 필요하여 통영의 그의 가게에서 왕겨를 구입한 일이 있다. 그때 그는 여러 가지 편의를 봐 주어 옛 친구의 배려에 고마웠었다.

요컨대 옛 친구는 물론 누구에게나 인정 많고 지극히 진실했다. 그리고 고생한 만큼 스스로 자득한 것이 있는 사람으로 장래 큰 활약을 기대했는데 갑자기 부음을 접하여 굉장히 유감스럽게 생각한다.

추억

옥란회 간사 다테 토모에몬(館友右衛門),
스하라 히로시(須原広),
츠지 이치지로(辻市次郎)

친애하는 동급생 중에서 가장 성공한 핫토리 겐지로 군의 서거를 애도하며, 가능한 한 빨리 총회를 열고 애도회를 해야 한다고 만날 때마다 서로 얘기하던 중에 그의 전기를 편찬한다는 것을 듣고, 우리들은 옥란회(玉蘭會)를 대표해서 소감을 적는다.

그는 어릴 때는 우리들과 함께 고등소학교 4년간을 지금 욧카이치 제일 고등소학교에서 조석으로 친하게 보냈다. 당시 그의 성격은 굉장히 활발하고 원기 왕성하고, 어깨를 으쓱거리며 속칭 팔자걸음이라고 하는 독특한 걸음걸이를 하였다. 친구들 중에는 그 왕성한 기운에 압도되어 길을 비켜 주는 애가 있을 정도였다. 당시 운동으로서는 격검 뿐이었는데 11월 3일 천장절(天長節) 운동회에는 남북 양군으로 나누어 발도대(拔刀隊)를 조직하여, 머리 위 접시 깨기를 하였다. 그때 그는 발도대 대장이었다. 훗날 그의 대성공은 이전에 이러한 활발한 기운이 있었기 때문이라고 생각하니 왠지 모를 그리운 정이 느껴진다. 우리 옥란회는 당시 욧카이치 고등소학교 동기 졸업생 모임으로 가끔 모여서 옛정을 쌓고 있었는데 그는 평소 멀리 조선에 있으면서도 가능한 한 출석하려고 노력하였고, 사업이 성공한 후에도 고향에 올 때에 모임이 있으면 반드시 출석하였으며, 어떤 때는 모임을 위해서 일부러 조선으로 가는 날을 연기하는 일도 있었다. '친구가 멀리서 찾아오면 이 또한 반갑지 아니한가'의 심정으로 우리들은 반겼고, 그도 매우 기뻐하며 예와 같은 담론풍발(談論風發), 유쾌하고 화기애애한 가운데 시간가는 줄을 잊을 정도였다. 그는 또 글을 잘 썼는데 회원 앞으로 끊임없이 편지를 보냈다. 특히 유럽 여행 때에는 자주 그림엽서를 보내왔다. 옥란회는 그의 죽음으로 한 사람의 명물남(名物男)을 잃어버린 것을 우리들 모두는 애통해 하고 있다.

우리들은 그가 유럽 여행을 다녀온 후에 기회가 되면 중의원 의원 후보자로 추천하여, 중앙 정계로 보내, 그의 박문과 식견, 풍부한 재능을 의정단상에서 피력하게 하여, 국가를 위하고 장차 고향을 위해 말년에 봉사하길 바랐는데 천수를 다하지 못하고 불귀의 객이 된 것은 통탄스럽기 그지없다.

핫토리 겐지로 씨를 생각한다

통영면장 야마구치 아키라(山口精)

제가 핫토리 씨를 처음 만난 것은 1918년 2월경, 전 조선의 소공업 시찰(小工業視察) 도중에 우연히 통영의 칠기(漆器) 조사를 위해 머물렀을 때라고 생각합니다. 그 해 여름 칠공회사(漆工會社) 창립에 관해서 경남 권업은행(勸業銀行) 과장인 구루마다(車田) 사무관과 함께 회사 부지 선정을 위해서 다시 통영에 갔을 때는 그는 더위에도 불구하고, 시간을 잊은 채 분주하게 도와주셨습니다. 그것은 제가 잊을 수 없는 추억 중의 하나입니다.

고인의 좋은 점은 한 번 신뢰하면 전부를 일임하는 점입니다. 점원에게는 인감에서 수표수첩까지 일체 맡기고 있었는데 아마도 그것도 누구도 흉내 낼 수 없는 일이겠지요. 굳이 결점을 말한다면 너무 계산이 빨라서 다른 것들도 숫자로서 통제하려 했다는 것입니다.

당대에 거부가 된 사람 대부분은 그 만큼의 무리가 있었기 때문에 세상으로부터 비판받는 것은 어쩔 수 없는 일입니다. 저는 통영에서 10년, 그가 통영에 온 이래의 활동상은 자세하게 알고 있지만 그것은 너무 길어지니까 적을 수 없습니다. 아무튼 핫토리 씨는 초창기 통영에 거처를 정하고, 재정적으로 성공한 만큼 해산회사를 창립하는 것 외에, 통조림 회사, 신탁회사, 무진회사를 일으켜, 모두 사장이 되었습니다. 또 해운회사, 칠공회사, 제망회사, 금융조합, 통상조합 조선기선회사 등에서는 중역 혹은 조합장, 사장이 되어 왕성한 활동을 했습니다. 그 후 또 면장이 되어, 학교조합의원, 면협의원, 도평의원 등이 되었는데 마지막에 도평의원에 재차 도전했을 때 지사 선임에서 누락된 것은 정말 유감이었습니다. 그의 공직방면의 활동 연월은 아래와 같습니다.

· 통영학교조합 평의원 1910년 7월 제1회 당선
· 동 1917년 7월 제2회 당선
· 통영면협의회원 1920년 1월 보결당선
· 통영면장 1920년 6월 임명, 1922년 11월 사임
· 통영학교조합관리자 1920년 6월 임명, 1922년 2월 사임

· 통영면협의회원 1923년 11월 제2회 당선
· 동 1926년 11월 제3회 당선
· 경사남도평의회원 1924년 3월 제1회 당선 임명, 임기 3년으로 종료

핫토리 스마코와 굉장히 친했던 제 아이 교코(京子), 하나코(花子) 자매가 스마코 양으로부터 받았다고 하는 고향 미에 촌 부모님 산소에서 찍은 고인 부부 사진이 있는데, 제 집사람이 아침저녁으로 차를 올리고 때로는 향도 올리고 있습니다. 고인 부부를 추모할 때마다 아내와 함께 두 분의 얘기를 합니다. 이런 저희 마음을 고인께서는 알지 모르겠습니다. 각필(閣筆)에 이르러 추억의 정이 더욱 깊어지고, 목이 매여서 오직 침묵만. 오호라!

지금은 없는 핫토리 씨의 모습을 그리며

조선 마산경찰서장 다무라 가츠이치(田村勝市)

불초 소생이 핫토리 씨를 알게 된 것은 상당히 오래전의 일입니다만 아침저녁으로 그를 만나면서 친교를 맺게 된 것은 1925년 6월, 제가 통영경찰서에 전임한 이후부터였습니다.

핫토리 씨는 제가 통영 경찰서장으로 전임한다는 것을 굉장히 기뻐하시며 여러 가지 보살펴 주셨습니다. 핫토리 씨는 인정이 깊은 일면에 장사하는 눈이 밝았고, 동분서주 항상 부단한 활약을 계속하셨습니다. 그 당시 가정에서는 약간의 불행이 있었던 것으로 압니다만 그것에 조금도 개의치 않고 견인자중(堅忍自重)을 잘 하셨고, 도평의원과 그 외 많은 막중한 공사의 직무를 성실하게 완수하려고 한 것은 누구라도 감탄하는 사

실이었습니다. 그 훌륭한 풍체와 왕성한 원기의 소유주였던 핫토리 씨가 상하이 병원에서 큰 뜻을 가슴에 품은 채 타계하셨다는 말을 들었을 때는 마치 꿈을 꾸는 듯한 심정이었습니다. 그래서 굉장한 슬픔에 잠겼습니다. 핫토리 씨의 생애는 정말로 활동의 생애이고, 뜻있는 인생이었습니다. 분명 조선반도의 일본인과 조선인들에게 고귀한 교훈을 남기셨고, 후배들에게 이바지 한 일이 적지 않다는 것을 깊게 믿고 있습니다. 지금 돌아가신 모습을 생각하면서 어디까지나 명복을 빌 뿐입니다.

세월이 지나도 우리는 눈물을 잊지 않을 것입니다.

핫토리 겐지로 씨에 대한 추억

조선 진주 지우(知友) 오시마 신이치(大島信一)

제가 통영에 있는 소학교에 근무했던 것은 1921년 6월이었습니다. 당시 핫토리 씨는 면장이면서 학교조합의 관리자를 겸하고 계셨기 때문에 직접·간접으로 여러 가지 지도편달을 받았으며 친분도 두터워서 늘 심심한 경의를 표하고 있었습니다. 핫토리 씨로부터 직접 성장과정이나 성공담을 들었던 적도 있는데 여러분은 이미 나보다 더 잘 알고 있겠지요.

뭐라 말씀드려도 핫토리 씨는 정력적이고 영웅호걸 기질이 있는 분이라 여겨집니다. 고금의 인물에 비추어 보면 영웅호걸이라 하면 주변에 많은 무리수가 따르기 마련인데 평범한 사람에게는 무리로 생각할 수 있지만, 확고한 신념과 틀림없는 승산 하에 계획된 것이라면 그들이 볼 때는 무리도 아닐 터입니다. 이것이 소위 영웅이 영웅다운 이유겠지요.

위대한 사람은 시간을 정해놓고 수양하지 않으며 보고, 듣고, 읽거나

하는 사이에 보통 사람 이상으로 배우고 터득한다는데 있습니다. 핫토리 씨의 손익계산과 장사는 젊었을 때부터 충분히 수양된 것일 테지만 농사에 관한 것, 고기 잡는 것, 배 만드는 것, 글 솜씨, 검도, 수영에서도 뭐든지 보통 사람이상의 훌륭한 재능, 식견, 기량을 가지고 있어서 타의 추종을 불허하는 점이 정말로 많았습니다. 이렇게 다방면에 만능인 사람 가운데는 성공한 사람이 적다고 하는데 핫토리 씨는 그 많은 재주를 주산으로 통일하여 다른 사람이 도달할 수 없는 영역에 도달한 것이겠지요. 핫토리 씨는 주산을 생명처럼 여겨 주산을 떠난 핫토리 씨는 없고 핫토리 씨를 떠난 주산은 없다고나 할까. 한반도의 어느 지방에 가더라도 '그 유명하다는 주산에 만능인 할아버지 아닌가?'라고 들을 정도였습니다.

핫토리 씨는 또 통영을 너무나도 사랑하여 주산할 때 핫토리 씨의 주산이 아닌 통영의 주산이게 했습니다. 통영소학교 졸업생이 주최한 주산 강습회때에는 당시 1회에서 5회까지 동창 회장으로 있었던 난 친절하고 극진한 지도를 받은 데다 몇 시간을 같이 있어도 늘 호의적으로 대해줘서 새삼스럽게 감사하지 않을 수 없습니다. 1922년 초여름, 다른 사람은 생각지도 못한 제1회 전 조선(全鮮)주산대회를 사비 수 백금을 들여서 감행했던 것, 또 중국 전국토의 시찰, 유럽 여행 등 이 모두가 대(大) 통영 건설을 위해서였습니다.

개인적으로 생각나는 것은 이것뿐만이 아닙니다. 1921년 9월 3일 현재의 천황이 아직 황태자 전하로 계셨을 때, 유럽 순방을 마치고 귀국한 어느 날, 통영관민합동(統營官民合同)으로 봉축식을 개최할 때였습니다. 봉축문 초고를 적어달라고 해서 하룻밤 내내 궁리해서 가까스로 쓴 졸문을 그에게 보였더니 그 자리에서 '이와 같은 경우에는 이 문자를 쓰는 것이 좋네. 이렇게 돌려서 말하는 것이 타탕하네'라고 여러 군데를 수정해 주셨는데 글 솜씨에 있어서도 달인이어서 탄복했습니다.

1925년 3월부터 6월에 걸쳐 70일간 조선총독부의 위촉을 받아 북중국, 남중국으로 시찰 나서기 몇 일전 어느 날 밤 예비 지식을 알려 달라며 저를 찾아 온 적이 있었습니다. 저는 1924년 가을 북중국을 시찰한 경험이 있었기 때문에 여관, 환전, 물건사기, 여비 등 여행기나 지도를 보면서 소감을 이야기했더니, 눈치와 사리 판단이 빠른 분이라 잘 알고 계셨습니다. 나는 마치 여우에게 속은 기분이 들었습니다. 마침 스가노 사토시(菅野壽) 씨가 찾아와 계셨는데 '당신 뭐 하러 왔는가?'라고 놀렸습니다.

'어이, 교장선생. 당신과 검도 한 번 겨루어 보세'라고 서너 차례 권유받아 한 적이 있습니다. 좀체 지기 싫어하는 분이었기 때문에 힘을 다해 돌진 해 오셨습니다. 평소 몸집이 작고 약체인 저는 단숨에 끝내려고, 칼을 머리위로 번쩍 쳐들고 팔방으로 휘두르는 그 가운데 '허리치기 한판', 두 세판 계속해서 옆으로 후려쳤더니, '아직 이건 아무것도 아니네', '얼굴!' 하면서 등을 비롯해 온 몸을 때려 비참하게 패한 적이 있었습니다.

이 두세 개의 일화가 핫토리 씨의 성격을 아는데 충분하다고 생각하여 실례를 무릅 쓰고 투고합니다.

추억 그대로

조선 통영 지우(知友) 다니모토 도라키치(谷本寅吉)

제가 핫토리 씨와 허물없이 지내게 된 것은 아마 1911년쯤이었다고 생각합니다. 지금의 식산은행(殖産銀行) 자리에서 미곡상을 운영하고 계셨는데 부부 모두 소탈하고 상냥한 분이었고, 또한 굉장한 활동가였습니다. 그 후 핫토리 씨가 돌아가실 때까지 거의 20여 년 계속해서 친밀한 만남을 가졌습니다.

유럽 여기저기를 돌아보기 위해 떠나기 전 송별회를 열었습니다. 그 분의 건강과 성공을 축하하기 위해 열었던 그 연회가 우리들에게 있어서 마지막이 되리라고는 꿈에도 생각하지 못했습니다. 정말로 비통하고 애석한 마음을 억누를 수가 없는 부분입니다.

핫토리 씨는 보통사람보다 뛰어난 근면가였습니다. 특히 부인이 돌아가시고 나서부터 더욱 더 그러했습니다. 어느 때 찾아뵈어도 책상 앞에서 뭔가를 하고 계셨기 때문에 찾아가는 것이 때로는 폐가 되는 것이 아닐까라고 생각한 적도 있었습니다. 속담에 '근면은 성공의 어머니이다'라 했는데 핫토리 씨가 그 한 사례이며 물질적으로도 정신적으로도 만족을 얻을 수 있었던 것은 당연한 것이었습니다.

세상에는 여러 가지 소문이 있습니다만 그것은 정말로 핫토리 씨의 인격을 잘 알지 못하는 사람들의 말입니다. 핫토리 씨는 정말로 정직하고 친절하였으며 게다가 과감하기까지 한 분이었습니다. 그의 이러한 성격은 일부 사람들이 싫어하는 부분이 되었고 적대시하였는데 어쩔 수 없는 일이라고 생각합니다. 나도 핫토리 씨와 번번이 의견충돌이 있은 적도 있었고, 혹은 어떤 때는 서로 붙잡고 싸움을 한 적도 있었습니다. 하지만 관대한 핫토리 씨는 금방 나한테 오서서 아무런 거리낌 없이 자신의 단점을 이야기하고, 또는 종교이야기를 하시면서 유쾌하게 이야기를 나누었습니다. 그리고 이야기를 나누면서 뭐라 말 할 수 없는 정감이 흘렀고 매우 친절했기 때문에 우리 부부도 언제나 기뻤습니다. 또 핫토리 씨의 일과 중의 하나로 매일 아침 산책 도중에 반드시 우리 집에 들러서 여러 가지 이야기를 했습니다. 어쩌다 여행을 할 때에도 여행지에서의 소식을 빠뜨리지 않고 친절하게 전해주었습니다.

핫토리 씨의 유럽 여행은 때마침 통영의 면장 추천(두 번째)문제와 때를 같이 하고 있었습니다. 그 때문에 면 협의회에서 핫토리 씨를 추천하려는 것이 부질없는 노력으로 끝날 수밖에 없었습니다. 우리들도 매우 유감으로 생각했었습니다. 그래서 어느 날 밤 제가 직접 면 협의회 회의 석상에서 간절히 부탁을 했더니 핫토리 씨는 마침내 면장재임을 승낙해 주셨습니다. 일동 모두 겨우 안심했었습니다. 그런데 다음날 아침 일찍 핫토리 씨가 일부러 집에 오셔서 '나는 당신의 간절한 권유 때문에 약속은 했지만 지난 밤 밤새도록 생각한 결과 면장직을 거절하고 싶네', '이 이른 아침에 찾아온 것은 약속을 깨트린 것에 대한 미안함을 감당할 수 없기 때문이네. 양심의 가책을 느껴 가만히 있을 수가 없었기 때문이라네'라고 말씀하셨습니다. 이 일은 핫토리 씨가 얼마나 정직한가하는 한 단면에 지나지 않지만 이것으로 그가 훌륭한 인격자라는 것을 잘 알 수 있습니다.

정해진 운명이라 해도 만약 그때 나의 간절한 부탁이 받아들여졌다면 어쩌면 지금처럼 슬픈 만남이 아니었을 거라고 생각한 적이 여러 번 있습니다. 핫토리 씨에 대한 그리움이 깊으면 깊을수록 그 생각이 더욱 더 납니다. 아무리 생각해도 유감입니다. 핫토리 씨가 통영에 쏟은 공적이 얼마나 큰지는 지금 여기서 긴 말이 필요 없습니다. 남겨진 숱한 사업이 그것을 여실히 말하고 있습니다.

핫토리 씨와 같은 사업가를 잃은 것은 통영에 있어서 일대의 손실이라 하지 않을 수 없습니다.

친구로서의 핫토리 형

조선 통영 지우(知友) 가와노 미네키치(河野峰吉)

제가 핫토리 형과 알게 된 것은 1912년 봄이고, 지금의 통영해산회사(統營海産會社)의 전신 통영해산물조합(統營海産物組合)을 창립했을 때였습니다. 그 전에는 단지 이름만 아는 정도이고 얼굴도 잘 몰랐었는데 조합 창립 후에는 조합장과 부조합장이라는 관계에서 서로 자주 왕래하게 되었습니다. 1913년에는 조합이 주식회사로 조직 변경됨에 따라 거의 매일같이 핫토리 씨의 신축(지금의 식산은행소재지) 건물 2층에서 창립에 관련한 업무나 여러 가지 협의 등을 하면서 더욱 친근감을 쌓기에 이르렀습니다.

그때 부인은 한창 사진 연구를 시작하고 계셨는데 어느 날 우리 둘이서 열심히 바둑을 두고 있을 때 우리도 모르는 사이에 뒤쪽에서 번쩍하고 카메라로 찍어, 뒷날 사진을 보고 크게 웃었던 적도 있었습니다. 그 후에도 각종 사업에 함께 관여하고, 학교조합의원과 면협회의원으로서 서로 공공(公共) 방면에 참여하였습니다. 핫토리 씨가 면장 취임이후에도 일의 크고 작음에 관계없이 상담을 했고, 혹은 사업을 위해 함께 여행한 적도 있었습니다. 때로는 격렬하게 논쟁하고 논의한 적도 많았지만 한편으로는 포복절도하는 우스갯소리도 적지 않았습니다.

그 분은 "승자는 반드시 하늘의 뜻에 따른 것이네. 하늘의 뜻에 따랐기 때문에 승리를 얻을 수 있는 것이라네. 끝까지 분려(奮勵)하여 패자나 약자가 되어서는 안 된다네"라고 늘 말했습니다. 이 기개로써 모든 일에 노력하였고 어떠한 문제, 어떠한 관계에 있어서도 한 번 이해가 상반될 때는 한 치의 양보도 없이 반드시 이겼는데 이것이 핫토리 씨의 가치이면서 결점이기도 했습니다.

핫토리 씨의 업적이나 사업상의 수완을 말하자면 끝도 없을 정도이지만 여기에서는 다만 친구로서 늘 느끼고 보아 왔던 점 2~3가지를 쓰고 고인을 추억하고 싶습니다.

핫토리 씨가 주산이고, 주산이 핫토리 씨라고 말했을 정도로 주산에 관한 한 각별하였습니다. 하지만 그 외 평소 내가 가장 감명 깊고 오늘날에도 규범으로 삼고 있는 것은 핫토리 씨가 주산 이외에 점원과 일반 자제(子弟) 지도에도 항상 뜻을 두고 노력한 것입니다. 이런 것들도 따로 말할 필요도 없이 누구나 다 같이 인정하는 바입니다. 열정적인 핫토리 씨는 점원들에게 많은 일을 시키기도 하고 때로는 심하게 나무라기도 했습니다. 하지만 그에게서 지도 훈육을 받았던 사람들은 그를 자혜로운 아버지처럼 존경했습니다. 오늘날에도 여전히 슬픔에 잠겨 그리워하고 있으니 평소에 얼마나 은혜와 위엄이 겸비한 분이었는가를 엿볼 수가 있습니다.

또 가정에서 고인이 가족에게 얼마나 세심한 배려를 했는가 하면 의식주에 있어 자신을 위한 불평을 하거나 제멋대로 말하지 않았습니다. 그리고 타인의 실패나 불행에 대해서도 얼마나 배려가 깊었는지, 현재에도 도움을 받고 있는 사람들이 상당히 있다고 생각합니다. 하지만 이것을 제쳐두더라도 이전에 내 모친이 돌아가셨을 때 보내준 편지가 너무나 정성스러운 위로의 말이었던지라 나에게 강한 인상을 남겼습니다. 지금 그 한 구절을 적어 보이며 고인의 진실한 정을 그리고 싶습니다.

'가와노 씨, 생모는 당신에게 모든 사랑을 바쳤던 어머니입니다. 당신은 급한 전보를 받고 통영을 나서 부산에 가는 중에도 어머니의 안부가 얼마나 염려되었을까요. 연락선을 타고, 그리고 산요센(山陽線)에서 구레센(吳線)으로, 갈 길은 바쁘고 마음은 달랠 길 없는 쓸쓸한 여정이었죠. 하지만 어머니의 임종을 보신 것은 무엇보다 다행입니다. 어머님도

필시 가와노 씨를 만나고 싶었을 겁니다. 자애로웠던 생모가 눈물을 머금고 고개를 끄덕였을 광경은 실로 위엄 그 자체였을 겁니다. 나도 어머니의 임종을 한 번 보고 싶었습니다. 어머니도 역시 저를 한 번 보고 싶었겠지만 결국 그렇게 못했습니다. 그것만은 지금도 마음 한 가운데 슬픔으로 남아 있습니다. 때와 장소는 다릅니다만 어머니와 헤어지는 슬픔은 같기에 남몰래 흐느낍니다. 가와노 씨! 우리들은 주마등처럼 끊임없이 죽음이라는 문제에 직면하며 마치 죽음의 활동사진을 구경하고 있는 것 같습니다. 어차피 머지않아 언젠가는 모두 영화 속 사람이 되는 겁니다. 그러함에도 자신의 죽음에 관해서는 꿈에서 조차 하지 않고 생을 마감하고 있습니다. 한심스러운 나. 실로 에고이스트인 나를 슬퍼합니다. 가와노 씨, 부(富) 그 자체가 인생을 행복하게 하는 것은 아닙니다. 건강 그 자체가 행복은 아닙니다. 평화로운 가정. 평화로운 임종. 그것이 우리들 인생의 행복이라고 생각해야 합니다. 때문에 저는 임종 때는 많은 형제나 친구들에게 민폐나 불편함을 끼치지 않고 편안하고 평화롭게 이 세상에서의 여행을 마치고 싶습니다.'

핫토리 겐지로 씨에 대한 감상

조선 통영 지우(知友) 에토 다케히코(衛藤竹彦)

대단하다는 말은 그 분의 인격 전부를 두고 하는 말이라고 생각합니다. 인간인 이상 장점이 있으면 단점도 있습니다. 많든 적든 공격을 받지 않는 사람은 없습니다. 그분도 역시 적잖이 비난받은 사람이지만 그렇게 냉담하고 무정한 사람은 아니었습니다. 여기에서 저는 그 분의 따뜻한 정을 한두 가지 기술하고자 합니다.

통영의 어떤 재력가인 아무개가 실패를 하고 재산을 정리 하지 않으면 안 되었을 때의 일입니다. 그 사람은 몫이 큰 주식을 가지고 있었고 값을 시가 이상으로 팔지 않으면 안 되는 상황이었습니다. 그래서 그것을 처분하려 하는데 워낙 덩어리가 큰 것이라 좀체 인수하려는 사람이 없었습니다. 결국 제가 핫토리 씨께 의뢰하게 되었는데 당시 핫토리 씨와 아무개와는 그다지 좋은 관계는 아니었습니다. 그러나 저는 확신을 가지고 핫토리 씨에게 상담을 했는데 역시 저의 예상은 빗나가지 않았고 너무 안타까워하며 흔쾌히 인수해 주었습니다.

그 후 재산 정리를 끝낸 어느 날 핫토리 씨는 저에게 아무개의 상황을 묻길래 상세하게 이야기를 했더니 매우 안타까워하시며 어떻게 해주면 좋을지 고민하시더니

'당분간 그 아들을 내가 관여하고 있는 조선제망회사에서 일하도록 하게'라고 말씀하셨는데 나는

'아무개의 가정은 한 달에 120엔에서 150엔의 경비가 꼭 필요한데 회사에서 그 정도로 줄 수 있습니까?'

라고 여쭙자 핫토리 씨는 생각한 끝에

'그렇게는 줄 수 없지만 부족분은 내가 줄 터이니 본인의 의사를 물어봐 주게'라고 답하셨습니다.

그래서 저도 얼른 아무개에게 달려가서 이 뜻을 전달하니 아무개도 매우 기뻐했습니다. 하지만 그때는 이미 다른 직장을 정해 놓고 있어서 이야기는 매듭짓지 못했지만, 이를 보면 핫토리 씨는 얼마나 진정한 사람이었던가를 엿볼 수 있었습니다.

핫토리 씨의 반면(半面)

조선 통영 지우(知友) 야부키 사다키치(矢吹貞吉)

핫토리 씨와 저와의 만남은 제가 조선에 들어온 후, 반 여년이 지난 19
13년 7월 현 통영해산주식회사(統營海産株式會社)의 전신 통영해산물
주식회사(統營海産物株式會社)[63]의 설립 허가를 받기 한 달 전부터입니
다. 그 후 유럽으로 출발하게 된 작년까지 핫토리 씨와 관계된 회사, 조합,
그 외 단체의 장(長)이 되신 곳 대부분의 경우 그 밑에서 일하게 해 주셨
습니다. 영원히 이별한 지금, 추억에 젖어 과거를 되돌아보면 그때 너무
나 많았던 일들이 주마등처럼 머리를 스치고 지나가 감정을 추스르기 어
렵고, 단지 우리들의 계획만으로 끝난 게 많았다는 것을 느낄 뿐입니다.

사업가, 노력가, 또 재력가로서의 핫토리 씨, 그리고 최근 순회강연하
게 된 산수가(算數家)로서의 핫토리 씨는 너무나도 두루 잘 알려진 사실
입니다. 대부분의 경우 요담(要談)을 나눌 때 쓸데없는 잡담은 제외하고
그 요령과 결론만 말하라고 할 만큼 실무본위의 활동가여서 근접하기
어려운 사람이라 말하기도 합니다. 하지만 사적인 관계에 있어서는 전
혀 다른 사람처럼 아주 친절한 면도 가지고 계셨습니다. 제 평생 잊을 수
없는 것은 제 딸 사다코(貞子)를 스마코(須磨子)와 똑같이 예뻐해 주셨습
니다. 사다코가 눈병으로 도쿄의 병원에 입원하고 있었을 때도, 그 후 후
쿠오카에 입원 중에 있었을 때도 약 1년여 동안에 본인이 2번, 부인과
스마코와 함께 1번, 모두 3번이나 일부러 병문안 와 주셨고 그때마다 여
러 가지 위로해주셨던 것은 딸 사다코의 마음속에 깊이 남아 좋은 사람
을 손꼽을 때에는 핫토리 아저씨를 항상 먼저 떠올렸습니다. 장례식 때

---

63) 통영해산물동업조합의 오기.

사다코가 스마코와 함께 눈물을 흘리면서 장례식장에 서 있던 모습은 잊혀지지 않는 인상으로 남아있습니다. 그 외 지금까지 우리 일가가 신세진 일은 수없이 많습니다만 지금은 모두 추억거리입니다. 부인도 그렇고 핫토리 씨까지 아직도 앞길이 구만리같이 남아 있는데 돌아오지 못할 길을 떠나신 것은 아무리 생각해도 억울해서 견딜 수가 없습니다.

아아!! 아무리 탄식해도 이제는 되돌릴 수 없기 때문에 다만 명복만을 빌 뿐입니다.

추억

지우(知友) 미즈타니 하루지로(水谷治次郎)

핫토리와 미즈타니는 견원지간

'핫토리와 미즈타니(水谷)는 견원지간'이라며 사람들 사이에 험담으로 오르내릴 정도로 옛날에는 서로 맞지 않았습니다. 그러면서도 평생 떨어질 수 없었던 것을 생각하면 상당히 깊은 인연이 있었던 것이겠죠. 그만큼 핫토리 씨가 일찍 세상을 떠난 것이 남보다 갑절로 절절히 슬픕니다.

같은 소학교에 다녔고 머나먼 조선의 한 읍에서 또 15년간을 함께 생활하였고, 게다가 그가 회사 사장이 되면 반드시 그 밑에서 제가 지배인으로 일하며 그림자처럼 항상 붙어 다녔습니다. 마지막에는 중국의 상하이까지 가서 문병하였고 욧카이치 장례식에도 참가하는 등 정말로 마지막까지 같이 있었던 사이였습니다. 그런데도 무슨 연유로 견원지간으로 소문이 났을까요?

옛날에 핫토리 씨가 한창인 때에는 꽤나 제멋대로라는 말을 들었습니다. 저도 젊었고 옛 친구라는 생각도 있었기 때문에 마음에 들지 않으면 사장의 말이라도 따르지 않아 때때로 싸움이 되었습니다. 제가 통영해산주식회사(統營海産株式會社)를 뛰쳐나온 것도 그 때문이었습니다. 제가 회사를 나와서도 만나면 논의하고, 부딪히면 싸우고, 마치 찻잔과 찻잔이 부딪치는 듯한 때가 있었기 때문에 그런 소문이 난 것입니다. 그런데 핫토리 씨에게는 시원스런 면과 한편으로는 천진난만한 면이 있어서 저도 마음속으로는 핫토리 씨는 말은 엄하지만, 마음은 선한 사람이라는 것을 잘 알고 있었습니다.

어느 날 부산의 어느 여관에서 만나 식탁을 두고 마주 한 적이 있었습니다. 그때 "미즈타니 군, 나는 자네와 오가와(小川)를 제일 좋아해"라는 의외의 말에 저는 "어라! 뜻밖이군. 자네가 나를 좋아한다니 그것 참 귀가 솔깃해지는 이야기이네"라고 반문하자 "화가 나면 바로 회사를 그만두기 때문에 시원시원해"라는 이야기. 저는 무심결에 마시고 있던 술을 내뿜은 적이 있습니다. 견원지간이라도 싸움만 한 것은 아니고, 특히 히사코 부인을 잃고 나서부터는 마치 딴 사람처럼 되어 저도 존경하고 따르며 말년에는 원만한 주종관계가 되었습니다.

여하튼 핫토리 씨는 일을 좋아함

그는 돈이 되는 일이라면 손을 가만히 놀리고 있지 못하는 사람이었습니다. 매립에도 간여하고, 통조림사업, 주물회사, 어로회사, 해산회사, 제망회사는 물론 정치까지 진출하였습니다. 마지막에는 특기인 주산보급을 위해 조선 전국을 돌아다니는 등 아무튼 일을 너무 좋아하였기 때문에 당대에 기십 만의 재산도 남겼고 사회적으로도 꽤 큰 사업을 남겼습니다. 그 가운데 가장 위대한 것은 주산 보급입니다. 오늘날 통영은 물론 조선 전 지역에서 주산의 열기가 발흥하여 사무능력을 배로 높인 것은 전적으로 그의 공입니다. 여기에는 틀림없이 그의 사비가 막대하게 들어갔겠지요.

부하를 사랑하셨다

일단 화를 내면 그 주변에 있을 수 없을 정도입니다. 저도 모쪼록 그러면 안 된다는 것을 진언했습니다(이것이 견원(犬猿)의 출처). 점원에 대해서도 똑같이 엄격했기 때문에 핫토리 씨의 가게에서 참고 견디면 성공한다고까지 수근거리는 사람이 있었을 정도입니다. 그 정도로 엄격했지만 그 반면에 남보다 갑절로 따뜻함이 있었고 아래 사람의 앞날을 진심으로 마음 써주었습니다. 때문에 모두 잘 따랐고, 독립한 자는 훌륭한 자들뿐이고 골고루 재산을 모았습니다. 제가 감동했던 것은 어느 날 "미즈타니 군! 내 가게에서 키운 사람 하나가 아직도 고생하고 있어. 그를 어떻게 해서든 도와주고 싶네. 이왕이면 부산에서 독립을 시키고 싶네. 잠시 제망회사 부산지점으로 보내 주지 않겠는가?" 저도 찬성하였고 즉시 실행하게 되었습니다. 그 사람이 성공한 것은 전적으로 아랫사람을 아끼는 핫토리 씨의 마음덕분입니다.

그는 사람을 믿으면 기분이 좋을 정도로 맡겼다

제가 가장 존경하고 따랐던 것은 그는 일을 맡길 때 상대적이 아니라 절대적인 것입니다.

제가 제망회사(製網會社)의 지배인이 된 것은 1922년, 그가 사장이 되었기 때문에 제가 지배인 역할을 하였습니다. 침체상태에 빠진 회사를 처리하기 위해서는 돈이 필요했고 은행에서라도 빌려야만 했습니다. 그래서

나 : 핫토리 씨, 현금 일만 엔만 빌려 주십시오.

그 : 그러지.

나 : 은행도 돈을 빌려 줄 수 있도록 해 주십시오.

그 : 그러지.

나 : 은행 거래는 사장님 명의로 하실 거지요?

그 : 아니네. 직접 자네가 거래하는 것이 좋겠네. 우리가 보증을 하니까.

나 : 그래도 각 회사는 모두 사장님이 거래의 주체이고, 지배인은 대리 인일 뿐입니다.

그 : 그런 형식은 필요 없네. 자네 스스로 거래의 주체가 되면 좋겠네.

나 : 그래도 괜찮겠습니까?

그 : 괜찮다마다. 자네가 나에게 손해를 끼칠 일은 하지 않을 테니.

이 한마디. 저는 그때 이렇게 생각했습니다. 이 회사에서 사장님에게 심려도 끼치지 않고 손해도 입히지 않겠다고. 그 후 회사가 궤도에 오를 때까지 부부인 듯, 부자간인 듯 완전히 일심동체가 되어 주야로 일했습니다. 그는 모든 일을 그렇게 했습니다. 히사코 부인 사후(死後), 큰살림을 젊은 사람에게 맡기고 자신은 대개 여행만 했습니다. 남에게 말은 쉽게 합니다만 이만큼 도량이 넓은 사람은 찾기 힘듭니다. 입으로는 맡긴다고 하면서도 뒤에서는 의심하고 있는 사람이 많기 때문입니다.

자제력이 강했다

그 : 미즈타니 군, 나는 담배 끊었네.

나 : 네에? 저는 못 끊어요. 무슨 재미로…….

어느 날 부산의 여관에서 반주를 하면서

나 : 저도 담배를 끊을까요?

그 : 자네가 담배를 끊는다면 내가 백 원 내놓겠네.

나 : 좋아요. 끊겠습니다. 백 원 주세요.

그 : 1개월 기다리게.

어쩔 수 없이 1개월 동안 끊고 백 원을 받아야지 했는데 도저히 참을 수가 없었습니다. 백 원을 청구 할 수가 없었습니다. 그 후

그 : 어이! 미즈타니 군, 백 원은 어쩔 것인가?

나 : 아이고, 저는 포기 했어요.

라고 했습니다.

그는 '나는 술을 끊는다', '담배를 3개월 끊는다', '앞으로는 이렇게 한다.' 또는 '하지 않는다'라고 말하면 반드시 실행하셨습니다. 그러나 저는 할 수 없었습니다.

히사코 부인 별세 후에는 딴 사람

핫토리 씨로 말하면 술도 마시지 않고, 다른 사람과 교제도 하지 않는 사람처럼 생각되었습니다. 연회에는 애써 출석하였지만 정말 얼굴만 비춰 줄 정도이고, 사람들이 적당히 한잔 마시고 거나한 기분으로 노래 부르며 흥겨운 시간이 될 때쯤이면 이미 그 자리를 빠져나와 돌아갔습니다. 당시 무심코 여자 이야기를 꺼내기라도 하면 싫은 얼굴을 했던 너무나 모가 났던 사람이었습니다. 제가 술을 마시고 농담하는 것을 기분이 나쁘다는 듯이 옆눈으로 째려봤습니다.

그런데 히사코 부인이 돌아가시고 나서는 이 세상을 달관이라도 한 듯 마치 딴사람이 되어 유연하고 거침없었고, 교제도 잘 하시고 세련되어 갔습니다. 저는 상하이의 병원에 병문안 가서 4~5일 병원에서 기거하였

습니다. 상륙한 것이 아침 8시였습니다. 지난 밤의 꿈자리가 나빴습니다. 병원 도착할 때까지 핫토리 씨는 살아계실까? 애써 중국까지 왔는데 살아있는 모습으로 만날 수 없다면 너무나 억울한 일이었습니다. 적어도 한마디만이라도 나누기를 바라며 내렸습니다. 서둘러 병상으로 달려가서 굳게 악수를 나누었습니다. 그리고 대기실로 정해진 옆방으로 물러나왔습니다. 너무 기뻐서 지금까지 마음 졸이고 있었던 긴장이 풀어지자 어느새 평소의 제 모습으로 돌아와 저녁 먹을 때는 한잔 하고 싶다는 생각이 들었습니다. 하지만 지금은 핫토리 씨가 생사의 갈림길에 있으므로 참고 있는데 나가토미(永富) 군이 생글생글 웃으면서 왔습니다. "미즈타니 씨, 사장님께서 미즈타니 씨는 술을 좋아하니까 술만큼은 사서 갖다 드리라고 말씀하셨습니다." 저는 그때 '세상에! 자신의 생사는 잊고 친절하게도 나를 생각해 주다니' 하고 핫토리 씨의 진정에 감동하여 울었습니다. 그 정도로 사람이 변해 있었습니다. 그 뜻을 받들어서 매일 밤 위스키를 홀짝 홀짝 마셨습니다.

진보한 사람

상인이면서 철학자다운 논리, 문학은 두말할 것도 없고 뭐든지 새로운 것을 추구하고 계셨습니다. 본래 여행을 좋아해서 새로운 것을 듣고, 새로운 것을 봐서 그러하겠지만 그의 진보는 하루도 멈추지 않았습니다. 돈 걱정 없이 여행도 가능했고, 머리가 있었기 때문에 진취적이었겠지만 저는 그만큼 진취적인 두뇌의 소유자는 아직 보지 못했습니다.

아이들이 좋아했던 사람

제 집에 뛰어 들어오신 적이 몇 번 있었습니다. 아이들을 보면 '히사 (久) 이 녀석이 엉뚱하고 별나네.' 하는 식입니다. 저는 다른 집 아이들의 이름은 커녕 부모이름도 종종 잊어버립니다. 하지만 그는 그렇지 않았습니다. 한 번 들으면 꼭 기억하는 것 같았습니다. 특히 아이들을 좋아해서 각별히 잘 기억하셨던 것 같았습니다.

유골을 맞이하여 감정에 복받쳐 울다

서로 활동하고 있는 동안은 의견의 차이도 있었고, 때로는 반발하고, 때로는 뭉치기도 했습니다. 하지만 사람들의 타고난 성질은 그다지 큰 차이가 없지만 습관이나 교육 등의 차이에 따라 그 차가 점점 커진다고 하는데 젊었을 때 사이가 나빴던 것은 아마도 천성이 서로 가까웠기 때문인지도 모릅니다. 어쨌든 많은 사람들이 그의 유골을 맞이했고, 통영의 본가로 오셨을 때는 만감이 교차하여 말을 할 수도 없어 집에 돌아온 후 감정에 복받쳐 실컷 울었습니다. 아내는 '핫토리 씨가 돌아가셨으니 당신은 이제 어떻게 되죠?'라고까지 하며 슬퍼했습니다. 핫토리 씨가 돌아가시고 난 후는 참으로 쓸쓸합니다.

추억

부산 상업은행 통영지점장 가타야마 사이치(片山佐一)

저는 핫토리 씨에게 보살핌을 받았다기보다는 아낌을 받았습니다. 물론

특별히 보호해주셨지만 거래관계 이상으로 친근하게 해주었습니다. 그것이 돌아가신 후에도 늘 그의 인정과 따뜻함을 기억하고 있는 이유입니다.

인간에게는 여러 가지 장점과 단점이 있습니다. 그도 칭찬과 비난이 반반이었는데 그 중에는 의도적인 비난도 있어서 그때 저는 일부러 욕하는지도 모르고 진지하게 변호를 한 적도 있었습니다. 저는 그 분에 대해 노골적으로 여러 가지 쓴 소리를 말한 적도 있는데 조금도 화내지 않고 잘 받아들이셨습니다.

제가 가장 놀랐던 것은 면장에 취임하셨을 때 활동사진 행사가 있은 후, 시장의 광장에서 조선어로 연설을 하고 계셨습니다. 저는 조선어를 잘 이해하지 못하고 있었기 때문에 옆에 있는 조선인에게 '지금 저분이 조선어를 잘하고 있는 것이냐?'고 물었더니 일본 본토사람으로서는 상당히 잘 하신다고 하였습니다. 일본인 중상류계급이면서 조선어로 연설이 가능한 사람은 거의 없다고 해도 좋을 것입니다. 또 그는 사람들이 그에게 진심으로 따르게 하는 대단한 힘을 가지고 있었습니다. 우리 은행의 행원인 이미즈(井水) 씨의 경우는 그로부터 주산을 배웠습니다. 이미즈 씨는 언제나 그를 고맙게 여기고, 그 분의 좋은 점을 받아들였으며 한편으로 은혜를 갚는 의미에서 주산 연습회 때에는 언제나 조교로서 헌신적으로 기쁘게 일했습니다. 특히 그의 점원 양성에 대해서는 더욱 감탄했습니다. 오가와(小川), 우치야마(内山), 요코야마(横山), 야마모토(山本), 나가토미(永富) 등은 모두 분투노력하여 훌륭한 실업가로서 독립해서 자신의 가게를 운영하거나 그렇지 않으면 점원으로 바쁘게 일을 하고 있습니다. 만약 저도 젊다면 그의 점원이 되어 가르침을 받고 싶다고 생각한 적이 종종 있었습니다. 그의 점원이라면 틀림없는 사람입니다. 이것은 부산의 오가와 씨에 대하여 전무가 물었을 때 핫토리 씨의 점원이었다고 답을 해 두었는데 과연 조금의 실수도 없이 착실하게 거래하고 있습니다. 이것이 아마도 그가 점원 양성에 힘을 다한 이유인 것 같아 감탄했습니다.

말년에는 통영에 정주하지 않고 자주 여행을 나가셨는데, 만약 다른 대도시로 가서 활동하셨다면 그 활약은 더욱 더 발전을 이루었을 것이라고 생각합니다.

그 분이 상하이의 병원에서 사망하셨다는 전보를 받았을 때 저는 본점으로 금융월보(金融月報)를 써서 보냈습니다. 그때 불의의 죽음에 통영 전체는 걷잡을 수 없이 술렁거렸고 재계 · 정계 모두 굉장한 쇼크를 받았습니다. 사람들은 앞으로 통영은 어떻게 되는가, 특히 다수의 관련 사업 회사는 어떻게 될 것인지 매우 당황해 하고 있었습니다. 하지만 저는 그의 사업은 언제 어느 때라도 결산할 수 있도록 준비하고 있기 때문에 아무 염려할 필요가 없다고 금융월보에 적어 보냈던 것을 기억하고 있는데, 과연 조금의 동요도 없이 그 후에도 순조롭게 경영되고 있습니다. 생각하건데 이것은 그가 분명하게 언제 어느 때든 상세하고 정확하게 결산할 수 있는 경영을 하고 있었기 때문입니다.

그가 돌아가신 지금은 생전과 비교해서 통영의 대외 세력 즉, 위상이 현저히 떨어졌습니다. 생전 그가 얼마나 위대한 인물이었나를 웅변하는 것이며 그의 죽음은 우리 통영에 있어서는 너무나 큰 손실입니다.

핫토리 씨와 나

『부산일보』 편집국장 마시로 고요(間城香陽)

핫토리 겐지로 씨가 상하이에서 객사하셨을 때 저는 크나큰 비통함을 이기지 못했습니다. 저와 핫토리 씨와는 오랜 친분이 있었던 것은 아닙니다. 단지 그가 총독부의 위탁을 받아 만주와 중국 여행을 했을 때 그 여행기를 본지에 연재하게 되었고 후에 그것을 출판했었습니다. 저도 『부산일보』에 입사할 당시였고, 그때 어떤 기행문을 쓰고 있었는데 그것을 대단히 마음에 들어 하시며 보잘것없는 제 문장력에 문호적(文豪的) 존칭까지 써 주셨습니다. 거짓말이라도 칭찬을 들으면 기쁜 법, 자신에 가득찬 어린애 같은 마음과 뽐내고 자랑하고 싶은 마음에 저는 핫토리 씨가 좋아지게 되었습니다. 그 후 통영으로 가서 야마구치 아키라(山口精) 씨와 함께 엄청 마신 적도 있습니다.

그의 주산 순회에 대한 통신도 꾸준히 본사로 보내주셨습니다. 어느 날 부산상업학교에서 주산·암산 강연과 실연(實演)을 보고 처음으로 그 신기(神技)에 놀랐습니다. 상업학교 학생도 놓지 못하는 몇 만 몇 천 단위를 빠른 말로 불러주는데도 핫토리 씨는 암산으로 백발백중으로 맞혔습니다. 주산도 이상한 구구단을 사용하여 잘했습니다. 완전히 천재, 귀재라고 밖에 말할 수 없는데 그에게 물어보면 천재도 귀재도 아니고 노력과 분발의 결실이라고 하였습니다. 그리고 언젠가 새 부인을 맞아들여 부산의 스테이션 호텔에서 피로연이 있었습니다. 저도 참석하여 그 행복을 빌어주었는데 그 부인과는 너무나 빠른 파경 소식을 접해 놀랐던 적도 있습니다.

여기서 제가 가장 감탄한 사건 하나가 있습니다. 그것은 핫토리 씨가 경남의 관선 도평의(官選道評議) 회원으로서 의장(議場)에서 기염을 토했던 적이 있습니다. 가끔 제가 쓴 사설의 일부분이 의원을 모욕하고 있다고 하면서 의장에서 『부산일보』 문책위원을 만들라는 조선인 의원의 제안이 나오자 여기에 동감하는 조선인 의원 대부분 분위기가 험악했습니다. 그러나 저는 결코 모욕한 사실이 없다고 재차 소신을 논한 바 있는데 그때 핫토리 씨가 많은 조선인 의원을 상대로 싸워 우리 회사를 위해서 분투해 주신 노력은 감사하지 않을 수 없었습니다. 그 이후 저는 핫토리 씨를 더욱 더 좋아하게 되었습니다. 하지만 늘 여행을 즐겨 하셔서 서로 만나서 이야기 할 기회는 거의 없었습니다.

『오사카매일신문』의 유럽견학단에 참가해 시베리아, 모스크바에서 유려한 필치로 소식을 보내왔습니다. 이번이야 말로 중국의 여행 이상으로 훌륭한 여행기가 나올 것이라 생각하고, 귀국하면 여행기 작업을 도와주고 싶다고 생각했었습니다. 그런데 귀항 도중에 병으로 결국에는 불귀의 객이 되시다니. 문병을 간 사람들의 말에 의하면 와병 중에도 회사나 저에 대해서 걱정해 주었다고 했습니다. 고마움과 슬픔은 지금도 계속되는 평생 잊지 못할 일입니다. 기회가 되면 핫토리 씨의 고향을 방문해 그를 품었던 자연을 접하면서 영원히 잠든 영혼의 명복을 빌어야겠다는 것을 항상 마음에 두고 있습니다.

가난한 소상

고지마(小島) 故 구루베 가즈오(訓覇一雄)

돌아가신 백부의 윤곽은 너무 복잡해서 저로서는 도저히 그 모든 모습을 표현할 수는 없습니다. 하지만 저 나름으로 백부의 작은 소상을 만들었습니다. 저는 지금 그 볼품없는 소상이라도 여러분에게 보여드리며 백부에 관해서 함께 이야기 나누고 싶습니다. 다만 이 소상은 여러분이 그린 것과는 크게 차이가 있을지도 모릅니다. 아니, 백부의 진짜모습과도 굉장히 다를지도 모릅니다. 그리고 이것은 백부에 대한 제 인식의 얕음에서 비롯한 오류에 의해 만들어진 것인지도 모릅니다. 하지만 상관없습니다. 이것은 제가 만든 백부의 소상이기 때문입니다. 정말로 모든 것은 제 마음의 태양이 될 수 있다는 것입니다. 그리고 태양을 인정할지 안 할지는 그것을 보는 사람의 마음에 의한 것이기 때문입니다. 저는 지금 억지로 제 시야를 좁히려는 것은 아닙니다. 단지 이 소상을 만들어낸 제 마음을 이야기하는 것에 불과합니다. 그리고 깨끗한 마음으로 이 소상 — 만든 것을 보니 정말로 볼품없는 이 소상 — 을 돌아가신 백부의 영전에 바칩니다.

가만히 백부를 생각합니다.

제 마음속에서 떠오르는 몇 개의 백부 모습 가운데 제 기억에 남아있는 제일 첫 모습은 1914년인가 15년 가을, 제가 태어난 집에 오셨을 때의 쾌활한 모습입니다. 바구니에 가득 담은 감을 무겁게 백부 앞으로 가지고 갔던 제 손에 제일 크고 맛있어 보이는 것을 집어주셨던 백부였습니다. 천진난만한 신(神)처럼 우리와 함께 빨간 잠자리를 쫓아다니며 놀아주셨던 쾌활한 백부였습니다. — 풍선과 같은 추억입니다.

그 다음 제 기억은 1926년 여름으로 달려갑니다. 그 여름, 지금은 돌아가신 우즈나와(埋繩)의 나오이치(水谷直一) 씨와 지금 도쿄에 계신 구와나(桑名)의 다케우치 슈헤이(竹内秋平) 씨와 함께 통영에 계신 백부의 집에서 즐거운 3주간을 보냈습니다(즐거웠던 그때의 하루하루가 지금 떠오른다). 백부는 그해 여름부터 주산 강습회를 열었는데 그 회기(會期) 중에 어느 날 백부는 몇 명의 회원으로부터 교수법에 대한 불평을 들었습니다. 그 사람들은 경쟁연습법을 몹시 불만스러워 했습니다. 이것에 대한 백부의 답변태도는 실로 당당하고 게다가 지극히 정중하였습니다. "과거 십 수 년에 걸쳐서 주산 연습법을 연구하고 있지만 인간 심리를 교묘히 응용한 경쟁법보다 나은 것은 아직 한 번도 볼 수 없었고 이 방법에 따를 때 숙달되는 모습은 실로 뛰어나고 특별합니다. 과거의 경험은 모두 이 방법으로 훌륭한 성적을 거두었습니다. 주산삼매경에 빠져드는 데에는 이 방법에 따라 자신을 주산기술에 몰입시키는 것 외에는 좋은 방법은 없습니다"라는 것을 상세하고 지극히 정중하게 설명하였습니다. 그 다음 회원들이 원하는 교수법을 열심히 들었습니다. 이리하여 체계가 정돈된 이론과 실천, 강한 의지력과 보다 정확함을 요구하는 학구적인 태도에 회원 모두 경이와 감탄의 소리를 내었습니다. 실로 백부의 주산에 대한 깊은 조예는 강한 의지력에서 비롯한 정확함을 희구하는 마음에서 쌓여진 것입니다. 아니, 백부의 인생 그 자체가 이 위에 축적된 가람(伽藍)이었습니다. 진지한 '생활자'라고 해야 할지? 그렇지 않으면 신의 유막(帷幕)에 머무르는 신의 나라를 계승할 사람이라고 해야 할지?

다음으로 제 마음에 인상 깊게 새겨진 백부의 모습은 1928년 9월, 제 어머니가 패혈증으로 그만 돌아가셨을 때 자애로움이 넘쳤던 모습입니다. 몇 번인가 어머니를 위로하셨고, 더군다나 교통이 불편한 고향까지 와 주셨습니다. 돌아가신 후에는 장의(葬儀) 지도까지 해 주었던 백부였습니다. 그리고 어머니가 없는 우리들을 얼마나 사랑하고 위로하고 격려해 주었던가? 저는 지금도 따뜻한 백부의 편지에 눈물을 흘립니다.

'낳아 준 어머니, 사랑해 주셨던 어머니를 먼저 보내고 초겨울의 찬바람이 부는 이 겨울 하늘에 틀림없이 적막한 생각에 빠져 인생무상을 느끼고 있을 거라 생각이 든다. 한 번은 헤어져야만 하는 것이라 해도 슬프기 짝이 없을 거야. 그렇지만 어머니는 행복했었다. 자신의 자식들을 어떤 어려움 없이 키웠고 건강한 자식들의 모습을 바라보며 이 세상을 떠났으니 말이야. 우즈나와의 어머니처럼 11명의 자식을 낳고 10명의 손자의 죽음을 봤다면 너무나 슬프겠어.

이 세상의 행복에 감사하고, 가정을 축복하고 왕생한 어머니는 생각해 보면 행운의 인생이었다네. 어머니는 형제 가운데 행복한 사람이었을 것이네.

어머니의 법요에 참가하고 싶었지만 그때는 인쇄를 처리해야 하는 때라서 너무 바빠 나는 올라 갈 수가 없겠네. 부디 잘 부탁하네.

누나와 스마코도 잘 부탁하네.
11월 8일 핫토리 겐지로

이것은 백부가 『주산 12강』 출판 때문에 동경에 계셨을 때 바쁜 시간을 쪼개어 보내주셨던 편지입니다. 위의 내용은 편지의 뒷부분입니다. 앞부분은 이 항목에 크게 관련은 없지만 당시 백부를 그리는 모습이라 생각되어 다음과 같이 넣게 되었습니다.

'한동안 소식을 못 전했다. 일념발기(一念發起), 무념무상(無念無想). 아니 내가 이세상의 기념서로서 주산서 집필에 촌음을 아낄 정도라 나의 가장 사랑하는 스마코에게도 아직 한통의 편지도 쓸 여유가 없다.

다가오는 세모(歲暮), 50살이 된다. 소변 눌 시간조차 아까우리만큼 이리저리 분주하게 돌아다니고, 또한 명상하고 실험하는 지금이야말로 피를 짜는 듯한 고통을 겪고 있다.

문장이 엮어 지지 않는 슬픔과 학교를 길게 다니지 않은 관계로 자신이 생각하고 있는 것을 10분의 1 조차도 발표할 수 없는 괴로움.

하지만 이제 도쿄에 온 지 한 달 반이 된다. 나도 바쁘지만 연구를 게을리 하지 않고 있다. 잠자리 이불은 마냥 펴 놓고 주산서 완성을 목표로 주야로 꼼짝하지 않고 있다.

이러한 나의 살풍경과 같은 모습에 아버지나 고스기에 있는 누나가 "겐짱(原)은 골치 아픈 애야"라고 탄식하셨을 것이다. 하지만 내 일생의 작업이기 때문에 어설프고 귀찮더라도 방법이 없다. 쓰고 지우고 고치고 하면서 요즘은 이 일을 해결하지 않으면 조선으로 돌아가지 않을 각오로 하고 있다.

그리운 편지가 곳곳에서 와도 제대로 답장을 할 수가 없다. 오늘은 널려 있는 일이 해결되어 저녁밥 먹기 전 30분간의 휴식을 이용해서 소식 전한다.'

그리고 마지막은 작년에 백부가 유럽 여행길에 올랐을 때였습니다. 바쁜 준비 기간에도 유쾌한 이야기가 오고가고 와자지껄한 2~3일이 고스기에서 있었습니다. 하지만 욧카이치를 출발하는 6월 25일은 비가 내렸습니다. – 출발을 알리는 기적이 울자 배웅하는 많은 사람들 사이에는 활발한 인사가 오갔습니다. 그러나 그것이 슬픈 최후의 만가(挽歌)가 될 줄은 누가 생각했겠습니까! "가즈(一)야, 공부 잘 해" 백부의 목소리는 활기찼지만 저는 마음속으로 "잘 다녀오세요"라고 하는 것 외는 아무 것도 말할 수가 없었습니다. 문득 고개를 들자 기차는 이미 상당히 앞으로 나아가고 있었습니다. 백부의 얼굴이 다소 쓸쓸해 보였습니다. 기분 나쁜 장송조(葬送調)의 행진곡을 연주하면서 기차는 조용히 사라져 갔습니다. 눈물이 뺨을 타고 흘러내렸습니다.

그리고 백부를 실은 기차는 두 번 다시 돌아오지 않았습니다. 야위고 쇠약하여 옆으로 누워계신 백부의 움푹 파인 임종한 얼굴이 제 마음속에서 고통스러운 추억으로 되살아났습니다. '불사의 신의 술'의 향기를 모르는 우리들에게 지상과의 결별은 피할 수 없는 필연의 슬픔입니다. 불멸의 성국(聖國)에 영원한 사랑을 쏟아 부으시는 숭고한 신의 섭리라 해도 당황스런 이별은 쓸쓸하고 과감 없는 인생의 한 과정입니다.

그렇기는 하지만 한 번 골고다 언덕에서 이슬로 사라진 인간은 더 이상 소생할 수가 없습니다. 이리하여 백부와 지상과의 관계는 예리한 가위로 잘려졌습니다. 그러나 그 동안에 제가 기억하고 있는 10여 년 동안의 백부는 바쁜 생활가운데서도 여러 가지로 우리들을 돌봐 주셨습니다. 우리들을 귀여워해 주셨습니다. 밝고 애정이 깊고 게다가 의지가 바른 강한 백부에 대하여 조용히 저 세상에 잠든 어머니 때문에라도 저는 깊은 감사의 마음을 바칩니다.

그렇지만 백부의 평생은 다른 많은 사람들이 생각하고 있는 것처럼 화려하지는 않았습니다. 적어도 나만큼은 그렇게 생각하고 있습니다. 쾌활하고 밝은 백부의 목소리에 공허하고 쓸쓸한 울림을 느낀 것은 저 뿐이었을까요? 백부가 걸어온 길은 험한 가시면류관의 삶이었다고 저는 생각합니다. 게다가 그 고통과 번민을 안으로 숨기고, 겉으로는 항상 '낭랑한 웃음'을 지으며 쓸쓸한 인생을 화려하게 보내려고 하셨던 것은 아닐까요?

지금 생각해 봅니다. 고통스러운 자신의 마음을 태양의 흰 옷으로 둘러싸고 씩씩하게 돌아다니는 외로운 인생의 순례자 모습을. 저는 백부가 걸어온 생활 속에서 그 순례자의 마음을 발견합니다. 번갈아 엄습하는 육체적, 정신적 고뇌의 폭풍 속에 서서, 헤매거나 한탄하는 일 없이 과감하게 그것을 타파하고 자신이 길을 더듬어 가는 백부를 인생의 순례자로 비유할 수 있을 겁니다.

죽음을 맞이하여 크고 깊게 깨달은 부분이 있었던 것 같습니다. 실로 수십 년의 힘든 인생의 편력 후, 마침내 '고귀한 자'의 아들로 살아가는 길을 발견했을 것입니다. 운명과 바둑을 둘러싼 그리고 그 운명을 극복한 순례자의 마음 — 신의 마음 — 을 이 볼품없는 소상에 담고, 다시 한번 더 백부를 위한 소박한 기도를 올리면서 글을 맺습니다.

죽음을 기억하다

도쿄 다케우치 슈헤이(竹内秋平)

먼 땅에서 쓸쓸하게 돌아가신 핫토리 씨를 추억해 봅니다.

생전의 숙부는 아량이 넓고 시원스러우며 끊임없이 향상을 위하여 정진하는 생활을 한 것을 무엇보다 존경합니다. 넘치는 정열의 약동과 모두에 대한 뜨거운 사랑의 마음이 — 그런 까닭에 특히 그리운 숙부이지만 — 정진하는 생활을 뒷받침하면서 완성으로 이끌었습니다.

외유(外遊)가 그러한 의미를 많이 가지고 있었던 점을 생각하면 더욱더 그 젊음에 감탄했던 저였습니다. 그때그때 소식을 통해서 유쾌한 여행을 하고 있음을 알 수 있었고, 그리고 올림픽경기장에서 보여주었던 장난기 가득한 응원단장과 같은 모습을 상상하거나, 구상이 크고 독특한 기담(奇談)을 듣기를 기대하면서 무사히 돌아오시기를 기다렸습니다.

그랬는데…… 그랬는데…….

걱정스러운 전보는 계속해서 날아들더니 끝내 통절한 죽음이 전해졌습니다. 비통함을 절규하면서도 마지막 모습은 아름다웠을 것이라 믿었습니다. 믿었던 만큼 충분한 각오를 했습니다.

예전에 통영에서 친한 친구 다섯 명이 함께 보냈습니다. 즐거웠고 인상이 깊었던 여름이었습니다(그런 후 불과 2년 사이에 아오키(靑木) 씨, 미즈타니(水谷) 씨, 그리고 이번에 숙부까지 고인이 되어서 오히려 애수(哀愁)의 마음을 자아내는 그 여름).

그해 가을 오후의 태양 열기가 아직 남아있어서 온화하면서도 상쾌한 미풍이 불고, 긴 그림자가 강기슭의 풀을 스치던 어느 날, 고스기의 댁으로 아버지와 함께 방문했습니다.

여름 이후 첫 만남이어서 추억 이야기에 빠졌습니다. 그때였습니다. 그는 아버지에게 "인생 50, 이제 슬슬 죽음을 생각하지 않으면 안 되네" 라고. 평소의 큰 웃음대신 가슴속에 절절히 스며드는 큰 침묵이 이어졌습니다.

고요함 또 고요함.

침묵 또 침묵.

감격이 깊었던 시시각각.

아무 말 없이 전해지는 죽음의 그림자. 하지만 누가 불과 얼마 후의 죽음을 생각하겠습니까.

그때부터 죽음까지 정말로 얼마 안 되었습니다. 입으로 한 번 내 뱉은 말은 반드시 실행한 숙부에게는 안정된 죽음의 관념은 일찍부터 확립해 있었던 것입니다. 그렇기 때문에 몸이 구제된 죽음, 기쁜 죽음으로 나타났던 것을 저는 확신합니다.

아~, 아름다운 죽음을 기억합니다.

추억기

조선 마산 전 점원 야마모토 곤에몬(山本權右衛門)

불과 20여 년 동안에 많은 부를 쌓고, 숱한 사업에 관계하여 정말로 여유롭게 공공사업에 진력하신 옛 주인 핫토리 겐지로 씨의 비범한 재능과 탁월한 지혜는 세상 사람들이 두루 알고 있는 사실입니다. 저는 5년 동안 같은 가게에 일하면서 직접 지도를 받았고, 지대한 은혜를 입음과 동시에 사장님의 행동에 대해서는 세세한 것까지 그 실정을 직접 보고 들어왔습니다. 지금 그 두세 가지를 생각해 봅니다.

사장님의 탁월한 선견지명과 과감한 행동은 실로 경탄할 만합니다. 상거래에 대해서는 언제나 강한 기세로 돌진하셨습니다. 쌀 매입 등에 관한 상담을 할 때마다 십중팔구는 "사 두게"라고 답했습니다. 평소 가게 업무에 대해서는 어떠한 간섭도 하지 않고 인감도장까지 맡겨두고 가게에는 얼굴도 내밀지 않았지만 만약의 경우 형세가 아니다 싶으면 하루에 몇 번이라도 가게에 와서 "빨리 팔아라, 싸게라도 팔아라"라고 서두르십니다. 잡주(雜株) 같은 것은 사들인 값의 반도 안 되는 가격으로 되팔아버려 점원들이 어이없어 할 때도 있었는데 2~3개월이 지나면 가격이 없는 것과 다름없이 하락하는 실례도 결코 적지 않았습니다.

활동적이고 근면한 사람이어서 매일 아침 날이 밝기 전에 일어나, 종일 동분서주하며 짧은 틈도 소홀히 하지 않았습니다.

자택에서도 하는 일 없이 지내는 모습은 거의 찾아볼 수 없고, 언제나 최신 서적을 읽으며 신지식 함양에 힘썼습니다. 그의 『한 상인의 중국 여행』 그 외 신문의 투고문 등을 읽어보면 그 일면을 미루어 알 수가 있습니다.

두뇌가 명석한 것은 거의 경탄할 지경입니다. 즉, 평상시 가게의 장부조차 거의 보지 않는 사장님이지만 2~3년 전의 사건, 수많은 주식매매(주식의 수, 가격, 대출, 금액, 거래관계 등) 거의 모두 기억하고 계셔서 부기를 담당하는 사원을 놀라게 한 적도 여러 번 있었습니다. 절약가로서 결코 낭비를 하지 않는 것도 늘 감탄하는 부분이었고, 여행지에서 돌아오시면 반드시 영수증을 가게에 제시하는데 거기에는 자세한 항목까지 기록하고 있어 한 치의 헛된 비용도 인정하지 않았습니다. 하지만 점원에게 긴급한 경우가 생겼을 때에는 재산을 아낌없이 지출해 주었습니다.

이렇게 추억을 떠 올리면 보통사람을 초월하여 남달랐던 사실은 일일이 거론할 수 없을 정도입니다. 일을 하면서 가장 감격했던 것은 주산 순회강연에서 였습니다. 조선 전역에서 그에게 배운 청소년의 수는 막대했고, 이것을 위해 사비를 지출한 일은 결코 적지 않았지만 그 명성은 영원히 빛날 것입니다.

또한 우리들은 특히, 유럽 여행에서 돌아오신 뒤의 활약상을 기대하고 있었는데 불행하게도 상하이에서 객사하신 것은 오랜 세월 한이 되는 부분입니다. 영혼은 영원히 잠들어 다시는 만날 기회는 없지만 사장님에 대한 존경하고 그리워하는 우리들의 마음은 점점 깊어 갈 뿐입니다.

주인과 나

조선 통영 점원 나카토미 요이치(永富陽一)

저는 사장님의 추도문을 써 보려 해도 무엇부터 쓰면 좋을지 모르겠고, 다 쓰지도 못할 정도로 자료는 많은데 막상 펜을 들고 쓰려고 하니 쓸 수가 없습니다. 그것은 제가 글을 잘 쓰지 못 하는 것이 첫 번째 이유이고, 두 번째 이유는 저는 사장님으로부터 자식처럼 사랑받았기 때문에 자식이 아버지의 추도문을 쓴다는 것이 어렵다는 것과 같은 의미입니다.

고인은 저의 사장님임에는 틀림없습니다. 그러나 14살부터 지금까지 사장님 곁에서 모셨습니다. 모셨다고 하기 보다는 저를 키우셨습니다. 어릴 때부터 주변에서 개구쟁이로 평판이 나 있었던 저는 한창 개구쟁이 짓을 할 때부터 25살이 된 지금까지 신세를 졌습니다. 저에게 있어서는 너무나 소중하고 큰 은혜를 입은 제2의 어버이였습니다. 저의 양친도 통영에 있었습니다만 집 생각은 전혀 나지 않았고 가게에서 기거하는 것이 즐거웠습니다.

사장님은 그때부터 우리들 동료 가운데서도 제 장난이 마음에 들었는지, 아니면 어느 부분이 좋았었는지 알 수 없지만 특별히 더 사랑해주셨습니다. 따라서 저는 어떤 일을 해도 잘 하려고 했습니다. 8월에 가게에 들어가서 그 해 연말에 히노(日野)의 백일 주산연습반에 파견되었습니다. 징병검사까지 신세를 지기로 하고 견습 생활에 들어간 저였는데 아직 세상물정을 모르는 애송이에게 적지 않은 비용을 들여 학교를 보낸다는 것은 점원에 대한 주인의 대우가 보통이 아니었음을 알 수 있습니다. 히노의 백일 주산연습반으로 공부하러 간 점원은 모두해서 4명입니다. 다음해 4월, 사장님은 고향인 고스기에 부친의 병문안을 위해 마침 와 계셨는데, 제가 졸업하고 찾아뵈었을 때 성적표를 보고 비록 꼴찌였지만 갑조(甲組)에서 졸업한 것을 대단히 기뻐해 주셨습니다.

졸업을 하고 조선으로 돌아올 때 날짜 기한이 없는 2등석 표를 저에게 주셨습니다. 당시 15살인 저는 득의양양하게 2등석에 올라탔던 것도 추억의 하나입니다.

사장님은 시간을 굉장히 중요하게 여겼던 분으로 우리들이 언제 방문을 하더라도 책상에 앉아서 독서를 하거나 또 뭔가를 쓰고 계셨습니다. 그 정도이기 때문에 우리들이 가게일이 한가할 때에 무의미하게 시간을 낭비하는 것을 굉장히 싫어하셨습니다. 그래서 저는 애송이 시절에도 시간이 있으면 가게에서 사 주신 강의록을 공부하거나 습자공부를 했습니다. 그 무렵 오후가 되면 가게일이 아무리 바쁜 날이라 하더라도 반드시 가게에 오셔서 숙직실에서 우리들 동료 세 사람에게 한 시간씩 중용(中庸) 강의를 해 주셨습니다. 그리고 우리들이 공부하는 것에 대해서는 가능한 한 자유롭게 가게의 시간을 활용하는 것도 허락하셨습니다.

사장님은 격검을 좋아해서 도구 한 세트를 사서 점원에게도 함께 하기를 장려하시고 때때로 우리들에게 가르쳐 주셨습니다. 오후 3시나 4시쯤 되면 가게로 오셔서 "나가토미(永富) 군 검도하러 갈까" 하고 권하셨는데 그때마다 저는 경찰 연무장으로 같이 갔습니다. 저는 어떠한 곳이라도 사양하지 않고 여기저기 쳐들어갔는데 오히려 재미있어 하시며 실력이 많이 늘었다고 항상 말씀하셨습니다. 사장님으로부터 배운 격검은 제가 군대에 들어가서(히로시마 기병대) 크게 위력을 발휘한 적이 있었습니다. 약간 자질이 있었던 저는 군도술(軍刀術)이 빈번한 기병대에서 다른 동년 병사에 비해서 상당히 빨랐던 것은 당연합니다. 병졸 중에 연대에서 1~2위를 다툴 수 있었던 것도 모두 사장님과 함께 검도를 한 덕분이었습니다.

사장님이 면장으로 재직할 당시 체육을 장려하는 의미에서 수영회를 조직하고 스스로 회장이 되어 청소년을 지도하셨습니다. 저도 그 회원 중 한사람이 되어 가게 일이 바빠도 매일 사장님을 따라 나갔습니다.

그때는 일요일은 가게를 쉬게 하고 점원 모두를 교회에 가게 하여 신앙을 권했습니다. 항상 예배를 갈 때는 가게에 들러

"자아, 가자" 하면서 모두 데리고 가셨습니다.

저의 소년기는 이와 같이 핫토리 상점의 꼬맹이로서 근무하고 있었다기 보다는 핫토리 기숙사에서 자랐다고 하는 편이 맞습니다. 저는 사장님으로부터 야단은 그다지 듣지 않았는데, 제 기억에 남아 있는 것은 네 번 정도입니다. 저는 20살부터 미흡하긴 했지만 가게에서 주임으로 일했습니다. 그때 저는 사장님을 정말로 저의 제2의 아버지라고 생각하고 있었습니다. 사장님도 가게일이라면 무엇이든 맡겼습니다. 해가 바뀌어 21살 때, 사장님의 권유로 결혼을 했습니다. 우리 부부가 사장님으로부터 사랑받았던 것은 글로 다 표현할 수가 없습니다. 사장님이 상하이에서 입원 중에 있을 때 저는 그 곁에서 10일간 간호를 했습니다. 그 당시 때마침 운 나쁘게 제 아내가 중병에 걸려 생사의 기로에 있다는 연락을 받았습니다. 그런데 이 소식을 들은 사장님은 자신의 중태는 아랑곳 하

지 않고 저를 걱정해 주셨을 뿐만 아니라 타국의 하늘아래, 그것도 중병 중의 쓸쓸함도 생각지 않고 "어서 돌아가게" 하시면서 선물 걱정까지 해 주셨습니다.

저는 떨어지지 않는 발걸음으로 돌아왔는데 3일 후, 사장님의 임종 전보를 받았을 때는 비통한 눈물이 끊임없이 흘렀습니다. 이럴 줄 알았다면 차라리 그 곳에 있으면서 더 간병했더라면 좋았을 텐데 라고 후회가 되어 견딜 수가 없었습니다.

끊임없이 은혜와 사랑을 베풀어 주신 사장님은 이제 영원으로의 여행을 떠나셨습니다. 언제쯤이나 그 은혜에 보답할 수 있게 될런지, 이것저것 생각하면 가슴이 막막하여 어느새 눈시울이 뜨거워집니다.

감상 1, 2

조선 진수(進水) 전 점원 요코야마 기요시(橫山清)

부하를 신임했던 핫토리 씨

현대의 사회인으로서 살아가는 이상 가장 중요한 것은 자기를 공식적으로 표현하는 '인감도장'이다. 특히 핫토리 씨처럼 복잡한 사회관계를 가지고 있고, 많은 재산을 소유한 사람에게 있어서는 말할 필요가 없습니다. 그런데 그는 이 '인감도장'(익(翼)이라고 새긴 것)도, 금전출납도, 전부 점원에게 맡기고도 태연했습니다. 그런데 한 번의 실수도 발생하지 않았다는 것은 정말로 이상합니다.

우리들은 극단적인 반동정치가 오히려 불온한 행동을 격렬하게 야기하기 쉬운 것임을 보아 왔듯이 세상의 가게주인들이 자칫하면 점원을 도둑으로 보아 오히려 범죄사고가 빈번히 계속해서 일어나는 것을 보았습니다. 하지만 핫토리 씨의 이와 같은 태도에 대해서 세상 사람은 크게 배워야 할 부분이라고 생각합니다.

핫토리 씨의 치부관(致富觀)

핫토리 씨는 일요일마다 질문회(質問會)라고 하면서 점원들을 모아놓고서는 "모르는 것은 물어라" 하면서 완전히 사회학 선생님이 되었습니다. 그래서 우리들은 꽤 기발한 질문을 하고서는 이 선생님을 곤란하게 했었는데 아래는 제가 당시 질문한 요지입니다.

문 : 가령 지금 여기에서 법에는 저촉되지 않으나 사람들의 비난을 받으며 부를 축적하는 자가 있는데 이 사람을 과연 인정해야 합니까?
답 : 부를 얻는다고 하는 것은 인생의 마지막 목적이 아닐세. 부는 인간이 살아가기 위한 하나의 방편이고 하나의 도구에 지나지 않는 것이지. 그러니까 부를 위해서 자기 자신의 인격과 품성까지 상처 입히는 것은 옳다고 할 수 없고, 그렇기는 하지만 이미 부를 축적한 자가 이것을 자기 일신의 향락에만 쓰지 않고 널리 사회공공을 위해서 유효하게 사용되었다면 그 죄를 용서해야 한다네.

옛 주인을 그리며

조선 원전(院田) 점원 구보 마사노부(久保正信)

저는 1922년 4월부터 1928년 가을까지 만 6년 반 동안 점원으로서 사장님의 가르침을 받았습니다. 사장님은 일 년에 반은 대부분 여행을 하셨습니다. 특히 사모님이 돌아가시고 난 이후는 중국, 조선, 일본을 여행하셨고, 도쿄에서는 『주산 12강』의 저술 때문에 머물러 만나는 일은 일 년에 2~3개월 정도밖에 없었습니다. 하지만 주인과 점원사이의 친밀함에는 결코 틈이 생기는 일이 없었습니다. 멀리 중국이나 유럽의 여행지에서 보내 온 근황과 점원들을 걱정하는 마음과 사랑이 가득 찬 편지를 보면서, 비가 오나 바람이 부나 사장님을 걱정하는 우리들과 사장님의 마음은 항상 서로 감응하여 멀리 떨어져 있는 느낌이 없었습니다.

어느 일요일 집회에서 "나는 자식이 없기 때문에 가게 사람이 자식처럼 사랑스럽네." 하면서 점원에 대한 느낌을 말했을 때 저절로 눈시울이 뜨거워졌습니다. 사장님은 항상 그런 마음으로 가르쳤고, 또 나무랐습니다. 사장님이 야단칠 때는 정말로 심하게 하셨습니다. 그리고 자신이 생각한 것을 말하고 난 후에는 아무 일도 없었다는 듯이 하셨고, 다른 일을 말씀하실 때에는 일말의 노여움도 남아 있지 않았습니다. 정확히 하늘의 일각에 일어난 검은 구름이 순식간에 하늘전체로 퍼지면서 천둥소리를 수반하는 사나운 비 같지만 이것이 지난 후에는 광풍제월(光風霽月)처럼 한 점의 먼지와 티끌도 머물지 않고 활짝 갠 가을 하늘과 같았습니다. 이처럼 호쾌함이 있는 반면에 면밀한 세심함과 자상한 애정을 갖추고 계셨습니다.

아직 추위가 심한 2월 어느 날이었습니다. 저는 사장님의 명으로 숯을 샀습니다. 그런데 그 숯을 화로에 넣으면 금방 꺼져 버렸습니다. 너무 딱딱한 것인지 아니면 덜 구워졌는지 좋은 숯은 아니었습니다. 나중에 사장님은 저를 불러 "자네는 저 숯을 어디서 샀지?" "예, △△상점에서 샀습니다." "자네는 저 숯을 보고 샀는가?" "아니오, 사장님의 명을 듣고 바로 전화를 걸어서 주문해 두었습니다"라고 답을 하자 사장님은 자세를 고쳐 앉으며 "자네는 매사에 성의가 없네. 어떤 일에 있어서도 적당히 하는 것은 가장 좋지 않네. 자네는 어째서 그 가게에 가서 좋고 나쁨을 판단한 후에 사지 않았지? 사물에 대해서 매사 성의를 가지고 세심한 주의를 기울이고 연구적인 태도를 갖지 않고서는 몇 년이 지나도 그 사람은 진전이 없다네"라고 말씀하셨습니다. 그것은 저의 결점을 통찰하고 내리신 교훈이었습니다. 저는 깊은 감사와 감격에 젖어 지금도 그 말을 저의 교훈으로 삼고 있습니다.

또 어느 해, 주산 강습회 조교 위로회(慰勞會)가 있던 때였습니다. 사장님이 말씀하시기를 "나는 읽는 공부보다 묻는 공부 쪽을 많이 한다네. 경찰제도에 의문이 있으면 경찰에게 가서 묻고, 법률은 변호사에게, 문학은 문예가에게 묻지. 대체로 물었던 것은 잊기 어려운 법이라네. 나는 어떤 것이라도 전문가를 찾아가 묻네"라고 말씀하셨다. 독서가인 사장님은 서적에만 의존하지 않고 실무자로서의 연구도 게을리 하지 않았습니다. 사장님이 남긴 위대한 업적과 고결한 인격은 이와 같은 노력에 의해 생긴 것입니다. 저는 지금 독립해서 보잘것없지만 사업을 하고 있고, 생전의 사장님이 하신 일언일행(一言一行)이 유익한 교훈이 되어 자주 생각납니다. 영혼은 허무하게 천상계로 가고 지금은 통영의 한 구석에 십자가의 묘표(墓標)만이 쓸쓸히 서 있습니다. 가끔 묘 앞에 배례하고 생전의 사장님을 그리워하며 깊은 감사와 그 인격을 찬양할 뿐입니다.

옛 주인을 생각하며

조선 마산(馬山) 점원 故 구로미야 이치로(黒宮一郎)

하나

1922년 초가을 어느 날 제가 아직 핫토리 상점의 점원으로 있을 때 가게에서 일을 하고 있는데 본댁에서 전화가 와 잠깐 댁으로 오라고 했습니다. 저는 무슨 일이지? 하고 집으로 갔습니다. 사장님은 그때 2층 거실에서 뭔가 독서를 하고 계셨습니다.

"무슨 일로 부르셨습니까?"

라고 말하자

"아, 왔는가. 거기 앉게."

하고 독서에서 눈을 떼지 않고 계셨습니다만 잠시 후 읽는 것을 끝냈는지 책에서 눈을 떼고서는

"자네 몇 살이 되었지?"

라고 물었기 때문에 '이상한 질문을 하시네……' 하고 생각하면서

"25살입니다"라고 답하자

"25살인가. 딱 좋네. 자네 결혼하지 않겠는가?"

아닌 밤중에 홍두깨로 갑작스런 결혼 얘기에 다소 당황했습니다. 저는 마음의 아무런 준비도 없고, 물질적으로도 결혼해서 살아 갈 자신도 없는 때였기 때문에

"저는 아직 결혼하기에는 빠른 것 같다고 생각합니다. 28살 정도 되어야…… 라고 생각하고 있습니다"라고 말하자 주인은 언짢은 듯

"28살은 어디에서 산출한 것인가?"라고 말씀하셨기 때문에

"보통 대학을 졸업하는 것은 28살 정도라고 생각합니다. 저도 지금은 핫토리 상점이라는 대학에서 수업받는 기분으로 근무하고 있기 때문에 졸업을 하고나서 결혼하고 싶습니다"라고 답을 했더니

"자네가 가게에 있을 심산이라면 내가 말하는 것을 듣고 결혼하게. 싫다면 가게를 나가기 바라네." 라고 하시는 그 어조가 너무 단호하여 적잖이 놀랬습니다.

"시키는 대로 하지 못 해 죄송합니다만 저는 아직 처를 둘 능력이 안됩니다."
라고 말하자

"그런 것은 걱정하지 않아도 되네. 생활의 보증은 내가 해 주겠네."

저로서도 그때 당시 결혼을 하더라도 꼭 나쁠 이유도 없었기 때문에

"그렇게 저를 걱정해 주신다면 일체 모든 것을 사장님께 맡기겠습니다. 모쪼록 잘 부탁드립니다." 라고 말하자

"좋아, 해결됐네. 가게로 돌아가도 좋네."

인사를 하고 저는 가게로 돌아왔습니다.

사장님 부부의 노력으로 지금은 고인이 되신 서울의 이구치(井口) 목사님의 주례로 제가 결혼식을 올린 것은 그로부터 수개월 후의 일이었습니다.

사장님 부부는 당신 자식 결혼처럼, 식 준비에서부터 식을 올리는 당일까지 보살펴 주셨고 굉장히 기뻐해 주셨습니다. 보잘 것 없는 저 같은 놈이 사장님의 후광을 받으며 정말로 성대한 결혼식을 치렀습니다. 게다가 결혼식이 기독교식이었고 통영에 기독교가 들어온 이래 처음 하는 것이어서 굉장했습니다.

제 결혼에 대해 사장님께 신세를 졌을 뿐만 아니라 결혼 비용의 절반까지 사장님이 부담해 주었고, 월급도 그 달부터 이전의 두 배를 받았습니다.

둘

돌아가신 사장님은 한편으로 해학이 매우 풍부하셨습니다. 그 일례를 들면

몇 년 전 마산 고토부키좌(壽座)에서 강연회가 열렸을 때 화제(話題)는 '이승의 이별'이었습니다. 이야기가 흥미진진해지자 단상에 있던 사장님은 이미 청년 시대로 돌아가 본인도 웃음을 참을 수 없었는지 무대 위에서 제자리걸음을 하면서 손수건으로 웃음 눈물을 닦으며 강연을 하셨습니다. 듣는 사람도 "아하하하······아이고 배야······아하하하······아하하하" 하며 모두 포복절도하였고, 마치 만담이라도 듣고 있는 것 같은 모습이었습니다. 웃음소리도 가라앉고 결론에 들어가자 지금까지와는 다르게 엄숙한 태도로 열의를 가지고 말하고자 하는 바를 정연하게 세차게 내뿜어 내는 순정!

강연장은 물을 끼얹은 듯 오로지 사장님 얼굴만 응시하며 귀담아 듣고 있었습니다.

구구절절하게 사람들의 마음에 주산의 필요성을 확실하게 심어주고 강연을 마치자 우레와 같은 박수소리가 끊이지 않았고 교훈이 넘치는 재미있는 강연에 크나 큰 감명을 받았습니다.

셋

"사장님, 식사입니다."

라고 여자 하인이 말하면 "어이" 라고 쾌활한 답과 함께 즉시 식탁으로 오셨습니다. 반찬에 대한 잔소리 따위는 한 번도 들었던 적이 없습니다. 특히 의외인 것은 생콩된장(된장에 아무런 조미를 하지 않은 것)을 좋아하셨습니다. 요코스(橫須)의 어머니가 콩된장을 만들어서 본댁에 가지고 와서 사장님께 드셔보라고 권했더니

"와 맛있어, 이렇게 맛있는 것이 어디에 있었단 말이야."
라고 하면서 선 채로 접시에 수북이 담은 된장을 드시고는
"좀 더 주게."
하고 이번에는 밥공기를 내밀고서는 더 달라고 하셨습니다.
이 콩된장 이야기는 요코스의 어머니가 지금도 손짓까지 하면서 즐겨 이야기하는 것입니다.

(하늘에 계시는 고 구로미야 이치로 씨의 영혼께 고합니다. 그대가 쓴 「슬픈 추억 속의 핫토리 선생 유럽 여행기」는 추모의 마음이 절절이 들어 있어 편집자가 적잖이 눈물을 흘렸습니다. 추모의 글을 적고 그대 또한 세상을 떠나고 말았습니다. 아아.)

부산대학교 한국민족문화연구소
로컬리티 자료총서 4

식민지 조선의 이주일본인과 통영 – 핫토리 겐지로

초판 1쇄 인쇄일	2017년 2월 16일
초판 1쇄 발행일	2017년 2월 17일

엮은이	핫토리 마사타카
옮긴이	우정미
역주 및 해제	차철욱
자료협조	(사)통영사연구회
펴낸이	정진이
편집장	김효은
편집/디자인	박재원 우정민 백지윤
마케팅	정찬용 정구형
영업관리	한선희 이선건 최인호 최소영
책임편집	백지윤
인쇄처	국학인쇄사
펴낸곳	국학자료원 새미(주)
	등록일 2005 03 15 제25100－2005－000008호
	서울시 강동구 성내동 447－11 현영빌딩 2층
	Tel 442－4623 Fax 6499－3082
	www.kookhak.co.kr
	kookhak2001@hanmail.net

ISBN	979-11-87488-46-0 *93900
가격	26,000원